Yilin Classics

RUTH BENEDICT

经／典／译／林

The Chrysanthemum and the Sword

菊与刀

[美国] 鲁思·本尼迪克特 著

陆征 译

译林出版社

图书在版编目（CIP）数据

菊与刀 /（美）本尼迪克特(Benedict, R.)著；陆征译．—南京：译林出版社，2015.1(2024.4重印)
(经典译林)
ISBN 978-7-5447-5070-7

Ⅰ.①菊…　Ⅱ.①本…②陆…　Ⅲ.①民族文化-研究-日本
Ⅳ.①K313.03

中国版本图书馆 CIP 数据核字（2014）第 242669 号

菊与刀：日本文化模式［美国］鲁思·本尼迪克特 / 著　陆　征 / 译

责任编辑　张海波
责任印制　董　虎

出版发行　译林出版社
地　　址　南京市湖南路 1 号 A 楼
邮　　箱　yilin@yilin.com
网　　址　www.yilin.com
市场热线　025-86633278
排　　版　南京展望文化发展有限公司
印　　刷　南京新世纪联盟印务有限公司
开　　本　880 毫米 × 1240 毫米　1/32
印　　张　8.375
插　　页　4
版　　次　2015 年 1 月第 1 版
印　　次　2024 年 4 月第 21 次印刷
书　　号　ISBN 978-7-5447-5070-7
定　　价　35.00 元

译林版图书若有印装错误可向出版社调换。质量热线：025-83658316

《菊与刀》的传奇：无关风雅与杀伐

李永晶

一、出 身

如果说每一部"名著"的诞生都多少有些传奇色彩，那么作为文化人类学的经典名著，《菊与刀》的这一特征尤其突出。

著者鲁思·本尼迪克特早年毕业于美国名女子大学瓦萨尔学院，学习英国文学；后来进入美国社会研究新学院，在被后世誉为"文化人类学之父"、当时任职于哥伦比亚大学的弗兰兹·博厄斯指导下学习人类学。值得一提的是，在上世纪二三十年代的欧美，"人种决定论"大行其道。当时人们普遍认为，不同人种之间具有本质的差别，而这种差别又决定了文明程度的高低。针对这种本质主义的决定论，博厄斯以其人类学研究为根据驳斥了人种不变的观念，提出了相反的"文化相对主义"学说。该学说主张，异文化的价值只有从其内部的视角才能获得理解。本尼迪克特正是在这种知识氛围中开始其人类学研究的。

由于本尼迪克特在社会研究新学院学业成绩优异，她被推荐攻读哥伦比亚大学人类学博士课程。不久，她即以北美的祖尼族神话为题材，撰写了博士学位论文。毕业后，她出任哥伦比亚大学的讲师；1937 年，她成为该校第一位获得副教授职位的女性。1948 年她晋升为教授，但天不假年，不幸于同年 9 月辞世。

第二次世界大战后期，受美国政府战时情报局的委托，本尼迪克特开始了日本研究。战时情报局成立于 1942 年，是一个以进行“白色宣传”为宗旨的、进行心理战的机构。“白色宣传”是指通过散发具有明确信息来源，因而具有高度真实性的信息，来打击敌方兵士战斗意志的宣传活动。它与消息来源不明，具有谋略性质的“黑色宣传”相对。因此，本尼迪克特受邀进行的日本研究工作，最初就有明确的战略与战术目的。1944 年 8 月，战时情报局新设“外国军民士气分析班”；9 月，本尼迪克特成为该研究班的兼任研究员，同样进行日本方面的分析工作。

由于无法进行人类学研究必不可少的实地调查，本尼迪克特不得不动用一切手段收集资料。最终，她依据包括“传说、电影、对美国国内的日裔居民及日本战俘的采访、（日本）研究作品、新闻记事、广播节目、‘好事者的文章’、小说、议会演说、军事情报局的报告书”等在内的资料，探究了日本文化的独特性。1944 年她完成了研究报告，并于两年后出版了以该研究报告为基础的本书，题名为《菊与刀：日本文化模式》。该书出版后，在美国官员、知识阶层乃至一般民众中引发广泛反响，被认为影响了二战后美国的对日占领政策。迄今为止，该书仍是美国大学众多文化人类学专业的必读作品。

有趣的是，本尼迪克特当初认为，本书的寿命大约十年——真正的学者首先考虑的是自己研究的局限与不足。本尼迪克特或许清楚该书因资料方面的局限，可能充斥着对日本文化的误解，因而有此一说。然而时至今日，该书仍被读者持续阅读，可以说远超过了著者预想的时效，而且读者亦远超出了英语文化圈。本尼迪克特未曾预料到的是，无论该书里面有多少“误解”(不少后世学者对这一点耿耿于怀),美国政治精英却正是依据这样充满特定“误解”的日本认识,制定了包括“象征天皇制”在内的对日占领政策;这种政策也正是战后日本的出发点。可以说,本尼迪克特以自己在文化人类学领域的学术研究,出色地塑造了当时美国的日本认识,进而影响了战后美日关系框架的形成。

因此,《菊与刀》这种独特的出身非但使其成为人类学领域的必读书,还使自己成为战后美日国际关系史中的关键文献。毋庸说,这是学者无上的荣光;《菊与刀》成为这位伟大学者的墓志铭。

二、传 奇

然而,《菊与刀》的故事并非仅限于此;在该书的对象国日本,它演绎的传奇别开生面。1946 年 11 月该书出版后,驻日本盟军最高司令官委托日本学者进行翻译。两年后的 1948 年,该书由日本学者长谷川松治完成翻译并出版,随即引发日本国民的阅读与讨论热潮,并多次再版。1967 年,译者重新修订了译文,作为“现代教养文库”的一本由社会思想社出版。2005 年,日本著名的“讲谈社学术文库”取得版权,继续出版发行。2008 年,日本光文社将其作为“光文社古典新译文库”的一种,出版了由角田安正翻译的新译本。角田是日本防卫大学的教授,专攻俄罗斯研究。据“译者后记”所言,这位俄罗斯专家翻译《菊与刀》的契机正是该书新近出版了俄语译本。不过,该版本腰带上写的“盼望已久的新译!”更让读者注意乃至感慨:时隔六十年后,日本第二个版本终于姗姗来迟。

与版本稀少的状况相比,该书发行量似乎更能说明问题——截至 2008 年角田的新译本出版时为止,据统计,长谷川松治的译本发行量超过了两百万册;该书对日本国民的影响由此可见一斑。

实际上,早在1947年,日本学者鹤见和子就在左翼刊物《思想》(4月号)上率先发表书评“《菊与刀》:美国人眼中的日本道德观”,向日本学界介绍了该书的主要观点。《菊与刀》日译本出版后,日本知识界开始了对它历时漫长的评论、讨论与研究,迄今不绝如缕。在1950年《民族学研究》(第14卷第4号)特刊中,当时声望如日中天的数位学者,比如民俗学家柳田国男、哲学家和辻哲郎、汉学家津田左右吉等纷纷发表评论,盛况空前。其后,直接或间接讨论该书的论文与著作层出不穷。比如作为单行本,在二十世纪八十年代出版有《日本文化论试论:阅读本尼迪克特的〈菊与刀〉》,九十年代出版有《〈菊与刀〉的新解读方法》等。

另外,外国学者研究《菊与刀》的作品也得到了日本学者的关注。比如,美国学者道格拉斯·拉米斯的批判性著作《内化的外国——〈菊与刀〉再考》(1981年)得到了翻译出版。在该书中,拉米斯批评本尼迪克特仅凭借诗人的直观写作,因而认为《菊与刀》不是根据确凿的学术研究作品。拉米斯还率先指出本尼迪克特犯了“自民族中心主义”的错误;在这个意义上,他被认为早于后来大名鼎鼎的文化批评家爱德华·赛义德,开启了此后以揭露“自民族中心主义”为主旨的文化研究的先河。拉米斯的观点在日本引发了正反两个方向的争论,至今不休,但否定性的意见居上。

其实,日本学者对《菊与刀》的内容褒贬亦始终不一。比如,作为批评性的观点,前面提到的和辻哲郎指出,如果给“日本人”加上限定,诸如“日本军人的思考方法”、“日本俘虏的思考方法”等,那么本书所说的“日本人集团”就可以获得一定程度的理解与认可。然而,该书将历史、地区、集团、阶层等因素一概排除在外,采取了一种整体主义的视角,讨论了一般化的日本人,因而书中的“日本人的思考方法”、“日本文化的类型”这些说法就过于暧昧了。这种批评颇具有代表性，毕竟，任何对一般化的“日本人”的描述都很容易将现实中的个体脸谱化。

在众多的研究与评论中，森贞彦的解读尤其值得关注。在2002年刊行的《〈菊与刀〉新探》中，他分析了日本学者对《菊与刀》的各种典型误解，进而对该书进行了全面的辩护。比如，“菊”被解释为“掩饰起来的意志的自由”，而“刀”则象征着“自我责任的态度”。在接下来2003年出版的《孤儿〈菊与刀〉的感叹：学界巨头们犯的大错》中，作者将柳田国男、和辻哲郎、津田左右吉等学术巨人的评论放到了显微镜下，将他们的错误条分缕析。在他看来，这些巨人们仍未真正理解作者的本意。2004年，他继续推出新著《日俄战争与〈菊与刀〉：历史的新视点》。他依据自己对《菊与刀》的解读，以著名作家司马辽太郎的小说《坂上之云》为主要资料，重新分析了日俄战争中一些著名人物的行为方式。他认为自己依据《菊与刀》开发了一种新的历史分析方法，因而看到了迄今为止历史学家、社会学家所未见到的一面。2010年，作者再接再厉，出版了长达千页的《〈菊与刀〉注解》，完成了全新解释，并将日本的《菊与刀》研究推向了高峰。

这里要强调指出的是，一部由外国人撰写的讨论日本文化的著作持续得到日本学者的关注与讨论，这本身就构成了一种独特的日本文化现象。可以想见，《菊与刀》的传奇仍将在日本继续展开。

三、奥　秘

那么，演绎上述《菊与刀》传奇的要因是什么？或者说，这部作品得以流行的奥秘何在？除了上面提到的本书独特的出身这一要因外，我们可以从以下三个方面进行说明。

首先，本书书名与文体具有独特的魅力。据称，这本书本来打算命名为《莲与刀》，但本尼迪克特最终还是将其定为《菊与刀》。这一改动中，作者进行了怎样的考量，我们不得而知，但其结果却显而易见。在出版商、后世学者对该书的内容简介中，人们通常会看到"菊花象征着风雅，刀象征着杀伐"的说法。稍微具体地说，菊花是日本皇室的家徽、优美的代表；而刀是武士道的象征，意味着勇气、征伐、忠义、名誉。它们被用以说明构成日本文化矛盾的两极。不管这种说法是否准确，菊与刀的并置构成了一幅强烈的视觉画面却是事实。

另一方面，本尼迪克特虽然以学者闻名，但在二十世纪三十年代初期之前，她以笔名 Anne Singleton 发表了许多诗作，是一位出色的诗人。《菊与刀》中的语言细腻、平易、优美，而非如一般学术著作那样因充满生硬的术语而让人正襟危坐，甚至敬而远之，这与作者的诗人性格不无关系。这种文笔风格进而与书名强烈的表象相得益彰，给作品营造了浓厚的感性气息。

当然，由于人类学的作品通常以异民族的文化与社会为研究对象，为作品添加一个可以引发对这种对异文化的想象的标题，也是题中之意；而"菊花"和"日本刀"对西方社会而言恰恰构成了具有浓厚的异国、异族风情的象征。因此，西方世界的读者首先会产生阅读欲望：它们与日本文化有何关系？当这种联想效果浮现后，可以说书名《菊与刀》就出色地发挥了它的价值。

无需说，书名与文体的特异性只是成功地抓住了读者的视线，而书中的内容才是真正激发读者关注与讨论的主要因素。在这个意义上，《菊与刀》探讨的主题由其副标题揭示了出来："日本文化的模式"。这些文化模式体现在日本人表面上相互矛盾的行为方式上。比如，日本人一方面彬彬有礼，另一方面尊大不逊；一方面墨守成规，另一方面开拓进取；一方面在菊花艺术上追求尽善尽美，另一方面崇拜武力，视武士为至高的荣誉……在欧美读者看来，日本民族的这些思想、情感与行动充满着不可理喻的矛盾。然而在著者的笔下，它们被编入到一个前后逻辑一贯的行为方式中，这种行为方式的基础也就是“文化的模式”。在这个意义上，《菊与刀》的主题无关风雅与杀伐。

在后来日本读者的解读中，这种文化进一步被概括为“耻感文化”，并与欧美世界的“罪感文化”形成了对照。该文化虽然与日本森严的等级秩序息息相关，但人们对其尊重有加，因而“各得其所”。最终，在“恩”、“义”、“忠”、“诚”等特定观念领域中，日本国民日常生活的喜怒哀乐、爱恨情仇得到了合理的展现与说明。

由于本尼迪克特大胆地对日本文化进行了抽象化的表述，这成为后世读者、学者争论不休的根源。赞同者对她的文化模式分析深以为然，感觉茅塞顿开；借助本书的分析，日本文化得到了相应的定位。与此相对，反对者针锋相对；比如他们认为“羞耻感”并非日本文化的基调，而“罪恶感”亦非欧美文化的底色。在何谓“日本文化的模式”这一点上，众说纷纭，莫衷一是。不过，有一种观点值得读者注意。

前面提到，森贞彦在其一系列《菊与刀》解读中，出任了本尼迪克特的特别辩护人，对《菊与刀》的主旨进行了全面解释与辩护。在他看来，在理解《菊与刀》时，有必要特别注意两点：第一，“文化模式”并非是人们意识领域的事物，而是一种在无意识层面发生的信息处理体系；第二，人类的集团生活具有超越个体意志的意志；本尼迪克特所言的“文化模式”，正是这种国民性的，因而超越具体个体的行为倾向与方式。换句话说，“日本文化的模式”可以用于解释日本具体国民的日常与非日常的行为，但它并不是具体国民的行为与文化本身。站在这个角度，森贞彦赋予了《菊与刀》最大的赞辞:它开辟了日本文化研究的新领域,堪与伽利略的《关于托勒密和哥白尼两大世界的对话》、达尔文的《物种起源》媲美。

森贞彦可能有“高推圣境”之嫌,这里暂且不论;不过他注意到的“集团生活的意志”,倒是理解《菊与刀》的一个视角。他特别指出,在日本读者中,能认识到“文化模式”(patterns of culture)与“文化类型”(types of culture)差异的人甚少,这是导致人们对《菊与刀》的大多数误解的根本原因。在他看来,两者的最大区别是,前者属于人们无意识领域的行动倾向与方式,而后者则是对人们在意识领域中各种行为的分类。这种解释的依据正是本尼迪克特在1934年发表的学术著作《文化的模式》。

当然,上述观点仅仅是诸多解释中的一种,并非《菊与刀》解读的最终版。不过,这些解释将《菊与刀》研究引向深入,却是不争的事实。可以说,正是这种在学术上锱铢必较的严谨治学态度,成为《菊与刀》持续获得关注,因而继续其传奇的第二种要因。实际上,文本层面的研究在日本已经全面展开;譬如,本尼迪克特具体利用了哪些日本研究资料,观看了哪些当时的日本电影,对具体的日本研究资料进行了怎样的引用,这些都获得了考证。从结果上说,由于《菊与刀》成为学术研究的对象,这直接促成了它的持续流行。

不同于上述两种要因,日本知识界特有的“日本文化论”,亦称为“日本人论”领域的高度发达,则构成了《菊与刀》流行的第三种机制。如同日本著名社会心理学者南博在其著作《日本人论》中坦言的一样,“世界上没有比日本人更爱好自我定义的民族了”。这种“自我定义”也就是日本知识精英与民众对何谓日本人、何谓日本社会、何谓日本文化的说明与讨论。由于这种讨论正是日本民族的一种自我意识的表达,一部由外国学者,尤其由美国学者撰写的同类作品在二战后的混乱时期出现,可谓恰逢其时。

读者诸君可能会问，为什么日本民族偏好“自我定义”。对于这个颇为宽泛的问题，这里只能在宽泛的意义上指出一种可能的原因——日本社会先后经历了两次外来文明，即隋唐时代的中华文明与近代的欧洲文明的全方位影响，这种源于外部的影响导致了强烈的自我意识的生成。尤其是近代以降，几乎是一帆风顺的现代国民国家与现代化建设的进程，急剧改变了传统日本社会的风貌。当这个民族稍有余裕驻足回首时，一种更为急切的自我确认的心情便油然而生。事实上，今日的多数日本学者都注意到中日甲午战争及其后日俄战争在建构现代日本民族自我意识上的作用，而“日本文化论”方面的著述，也正是在这两个时期大量产生的。

值得注意的是，无论是对日本民族优点的阐述，还是对自身缺点的指摘，这些通常充满高度自我反思意识的论述事实上发挥了独特的政治效果——近现代日本民族主义正是在上述话语空间中得到了生成与建构。

第二次世界大战后，“日本文化论”与时代的政治、社会状况相互呼应，发生了许多变化。尤其是二十世纪六十年代日本经济腾飞，社会进入稳定和谐的局面后，“日本文化论”从此前的自我批判主旨逐渐转换为自我赞同、自我期许的方向。在这个过程中，《菊与刀》成为日本文化论者展开议论的原点。日本学者青木保在《“日本文化论”的变迁》(1990年)中指出，如果略去1948年出版的日译本《菊与刀》，那么今天的人们就无法思考“日本文化论”。在他看来，在战败后的混乱状况中，本书的翻译出版首次从外部将“何谓日本人”、“何谓日本文化”等包含生活样式、价值观的问题呈现了出来。因帝国战败而苦于“心被撕成碎片”(川岛武宜)的日本知识与文化精英，或许正是在这种来自外都的呈现与解释中获得了精神的慰藉。

这样，我们看到了《菊与刀》演绎传奇的一种内在于日本文化自身的机制，即《菊与刀》在日本首先被定位为“日本文化论”的代表作，而非其他。

《菊与刀》与日本国民的心灵产生了独特的耦合与共振效应。

现代日本文化人类学家船曳建夫在其著作《“日本人论”再考》中指出,“日本人论”亦即日本文化论产生的根源在于,日本国民必须通过不断解释何谓日本人,来消解生活于现代社会中的自我意识、自我认同中的不安。由于日本的“现代”起源于西洋,这种起源的外部性格决定了日本国民自我意识的“不安”乃是根源性的,无法得到去除。在这个意义上,我们可以说,《菊与刀》在对日本文化本质性格进行说明的同时,通过各种社会机制,亦同时建构着日本文化。这里所说的“社会机制”既包括学术讨论,又包括国民的一般性阅读消费行为。

当然,如果考虑到本书在美国对日占领政策形成中的政治作用,亦即考虑到战后日本国民国家建构的出发点,那么可以说《菊与刀》已然随着日本战后改革而内化到国民的日常生活当中。换句话说,借助第二次世界大战后国际关系的重建,《菊与刀》参与了日本文化的建构与塑造。

四、路 标

让许多人始料不及的是,《菊与刀》的传奇也在中国大陆上演。该书的第一个中文译本出现于 1987 年,书名作《菊花与刀:日本文化的诸模式》(孙志民等译,浙江人民出版社);三年后即 1990 年,商务印书馆推出第二个版本,题名为《菊与刀:日本文化的类型》(吕万和等译)。此后,商务的这个版本多次再版,支持了国内读者对《菊与刀》的阅读与理解。这种状况一直持续了数年。从 2005 年开始,《菊与刀》在中国迎来了在世界范围内亦罕见的热潮。截至 2011 年,已有十余家出版社推出了各自的版本,包括部分英汉对照版。另外,还出现了对该书的精读作品《〈菊花与刀〉精读》(冯玮,

2010年)。可以想见,巨大的阅读市场首先造就了《菊与刀》在中国的新传奇。

对于这股热潮的原因,许多学者都进行了分析;其中最常见的说法是,由于进入二十一世纪后中日关系出现的紧张局面,中国国民迫切希望理解日本社会、日本文化。这样,《菊与刀》就被视为理解日本的启蒙读物与权威读物而得到了重新的发现。与早期两个汉译本强调该书的学术性不同,新近的译本强调的是启蒙与普及。

不过,对于国人的《菊与刀》阅读热潮是否能达到预期的目的,即理解日本,人们看法并不一致。赞同者认为该书解释了日本文化的本质,因而其意义不言自明;而反对者则认为该书内容"肤浅"、"陈旧",加之"作者不懂日文",因而无助于中国国民理解现代日本。其实,前一种看法不够准确,而后一种看法则不值得任何意义上的认真对待。任何读者只消认真阅读一下著者在本书第一章中对研究对象与方法论进行的细致而审慎的讨论,自然就不会妄下断语;相反,读者知性的好奇心将得到激发,从而沿着不同路径进入本书的主题。限于本文主旨,这里不拟详论;这里要指出的是,本文在前面两节中描述的《菊与刀》在国际关系史、在日本文化中的独特地位,已经成为我们今天必须深入阅读该书的本质理由。

尽管如此,或曰正因如此,通过该书来认识、理解日本仍将是多数中国读者阅读的主要动机。那么,中国读者要注意什么?这里仅指出三点。无须赘言,这三点也正是本尼迪克特本人反复提醒所有读者的,或直接或间接,而非笔者独发。

第一,由于中日两国文化上的历史渊源,它构成了我们阅读该书的一道无形屏障——《菊与刀》中涉及的"修养"、"义理"、"人情"等字眼,由于文字表记的同型性,很容易让中国读者用自己的观念去轻易地替换原文,从而失去了对日文语境中这些词语具有特殊涵义的敏感。换句话说，由于中日文化的历史渊源，《菊与刀》中的许多描述可能引发中国读者似曾相识之感；因此是否能读出中日文化的真正差异，对中国读者而言就成了试金石。

如果注意到意大利学界的一种说法，即"翻译者就是歪曲者"，那么，我们就可以把问题意识引向深入。比如，英文原书名与日文书名的转换中出现了怎样意义的隔绝？举例而言，二十世纪四十年代英语世界中的"菊"（chrysanthemum）的表象与日本文化中的"菊"（kiku）有何不同？同样，这两种表象又与汉语世界中的"菊"具有怎样的差异？这种思考并非要求读者进入深奥的语言学领域，而是要提醒中国读者：如果我们要达成阅读的目标，我们必须首先进入对象的语境中去揣摩、理解，而非横向的、从外部进行简单的语义替换。

第二，《菊与刀》为我们理解日本文化提供了一个制高点、一个方向标、一幅地图，然而，制高点、方向标与地图自身并不是日本文化。换句话说，《菊与刀》可以用于理解与解释日本文化的一些整体性现象，但由于这种理解与解释的视角具有超越历史与地域的特征，我们不能简单地认为就此可以理解日本，尤其是现代日本社会的方方面面。要深入理解现代日本，我们还要付出其他的努力；而且，这种努力亦非朝夕之功就可奏效。尽管如此，本书由于其独特的性格，将会成为我们阅读日本时一个出色的向导，时刻为我们提供前行的路标。

第三，在进行阅读时，中国读者还须时时刻刻自问：我们是否理解我们自身？《菊与刀》中对欧美与日本文化的对比，给我们提供了许多可资利用的视角——重新审视自我的视角。毋庸讳言，一个民族只有保持清醒的自我认识、自我反思的能力，才能永葆青春；反之，它将失去滋润生命的源头活水，浑浑噩噩地迷失在社会历史的变迁与诸文明的竞争当中。中华文明进入近代后，命运多舛、数度劫灰，最终能否生生不息，端赖自己是否有清醒的自我认识。对此，中国读者诚不可不察也。

无论怎样，《菊与刀》在今天已然成为一部超越了时代与特定文化的古典性作品。这要求读者，须以阅读古典的心态接近这部作品。至于是否经由本书而对日本文化登堂入室，则全赖读者的阅读方式与努力程度了。

2011年3月23日00:19定稿

于粤东桑浦山麓客舍

CONTENTS · 目录

第一章

任务：日本

美国全力对付的敌人中，日本是最陌生而难懂的一个。日本人的行为和思考习惯与美国人大相径庭，这在以前的大战中前所未有。和 1905 年的沙皇俄国一样，我们在与日本这样一个全副武装、训练有素，却和西方文化传统无关的国家作战。西方国家习以为常的战争惯例对日本来说形同虚设。所以太平洋战争的困难不仅仅在于登陆一系列的岛屿滩涂，也不仅仅是后勤补给。太平洋战争的最大难题是真正了解敌人。知己知彼，百战不殆。

实现这一目标困难重重。日本紧闭的国门被开启已有七十五年，对它的描述总少不了一长串“却又”之类的转折句，这在世界各国中绝无仅有。在严肃的学者笔下，只有日本人才会非常礼貌“却又粗野蛮横”；其民众冥顽不化“却又能迅速适应最激进的创新”；日本人本性柔弱却又不喜欢顺从上级指挥；他们忠诚慷慨“却又阴险奸诈、睚眦必报”；他们英勇却又怯懦；他们的行动多半是为了面子，却又有着真正的良心；他们军队的纪律如铁，士兵却又时常不服管教甚至无视军令；这个民族积极地学习西方新知识，同时却又狂热地守旧。如果要著书介绍日本，可以写一本书专门介绍这里如何风行唯美主义，对艺术家和伶人推崇备至，对菊花栽培艺术的追求不吝余力；同时也得另补一本书，专门介绍这个国家同样盛行对刀的无上崇拜和武士所享有的至高荣誉。

这些描述看似自相矛盾，实际上千真万确。介绍日本的书，内容都不离其宗。刀和菊花，同构一图。日本人，将矛盾的气质诠释到极致：富有侵略性却又毫无威胁，奉行军国主义却也不乏审美情趣，粗野蛮横却又彬彬有礼，冥顽不化却又与时俱进，柔顺软弱却又不甘受欺，忠诚而又奸诈，英勇而又胆怯，保守而又迎新。他们极度在意面子，但干了坏事，即便根本没人知道，也会深受良心谴责。他们的士兵接受最严明的军纪训练，同时却又桀骜不驯。

了解日本已是美国的当务之急，故对于这些及其他同样突出的矛盾，美国不能置之不理。我们正在面对一系列接踵而至的危机。日本人想要干什么？有没有可能不入侵日本而让他们投降？我们该不该轰炸天皇所在的宫殿？日本的战俘又是什么样子？对日本军队和本土民众进行什么样的宣传才能减少我军伤亡，同时削弱日本战到最后一人的决心？这些问题的答案，就连在“日本通”之中都存在激烈争议。当和平降临后，日本人是否需要永久的军事管制才会安分？我军有没有必要准备在每一个山林要塞和负隅顽抗的敌人作战到底？要让世界重建和平，日本是否有必要进行像法国和俄国那种规模的革命？谁来领导这个革命？消灭日本人是不是除此之外的唯一选择？我们的判断至关重要。

1944年6月，我受委派研究日本。我被要求用一个文化人类学家的所有技巧来细细描绘日本人到底是什么样的。那年初夏我们对日本的大反攻才初露端倪。美国国内的人还在说这场对日战争可能会持续三年，也许十年，也许不止。日本国内的说法是一百年。据他们说美国人的胜利都是局部的，毕竟新几内亚和所罗门群岛离日本本岛还有十万八千里。日本的官方公报根本不承认海军失利，日本人民还把他们当作胜利者。

但是情况在6月份开始改变。第二战线在欧洲开辟，最高指挥官两年半以来把欧洲战场作为军事优先的考虑终于有了回报。对德战争已胜利在望。在太平洋地区我军登陆塞班岛，这一伟大行动预示了日本最终的失败。从这儿开始，我们的士兵将越来越近距离地面对日本军队。我们都明白，和我们对阵的是多么可怕的敌人，新几内亚、瓜达尔卡纳尔岛、缅甸，还有阿图、塔拉瓦及比亚克等地的战斗都表明了这个事实。

因此，弄清楚一系列有关我们的敌人，即日本的问题在1944年6月至关重要。不管是军事还是外交，不论事关高层政策的问题还是要散到日本前线的宣传手册，一点点真知灼见都很重要。日本已经为这场战争倾巢而出，我们必须了解东京掌权者的目标和动机，还有日本悠久的历史以及经济和军事方面的统计数据。除此之外，我们还必须了解日本政府可以指望他们的人民干什么？我们必须了解日本人思维和情绪的习惯以及表现出来的模式。我们要了解什么样的制约因素导致了这样的行为和意见。我们必须暂时摒弃自己作为一个美国人的行动依据，尽量避免以己度人，轻易对日本人的行为下结论。

我的任务艰巨。日美正在交战，战时不问来由地谴责对方容易，试图设身处地地去理解敌人可就难了。我却不得不这么干。问题所在是日本会怎样行动，而不是换成我们会怎么做。我必须利用日本人战时的行为来理解日本人,而不是把这个当成阻碍。我必须暂时把日本人打仗的方式当作文化问题而不是军事问题来研究。无论是和平年代还是战争时期,日本人都是本色行动。他们处理战争的方式透露了什么样的特殊生活和思考方式?他们的领袖是如何煽动战争情绪,如何抚慰困惑的民众,又如何现场运用士兵,这些都透露了什么是他们认为可以利用的力量。我必须紧紧追踪战争的每一细节来研究日本人是如何一步步地暴露自己的。

两国交战的事实不可避免地给我带来了极大的不便。这意味着我不得不放弃文化人类学家的最高技术:实地考察。我无法去日本住到居民家中观察他们日常生活的压力,亲眼验证什么才是至关重要的。我无法观察他们作出决定的复杂过程。我无法看到他们怎样带大孩子。约翰·恩布里(John Embree)的《须惠村》是唯一一本关于人类学家实地考察日本村落的著作,让我受益匪浅。但是1944年我们面对的很多日本问题,在那本书成书时根本还没人提出。

作为一个文化人类学家,哪怕困难重重,我对有些特定的技巧和必要条件是可用的依旧很有信心。至少我还能和研究对象面对面地接触,这是人类学家赖以维生的手段。这里有足够多的在日本长大的日裔,我可以询问他们各自经历的细节,看他们如何看待这些事实,从他们的描述里补充我们对日本认知的漏洞,这对人类学家理解任何文化都是至关重要的。其他研究日本的社会科学家们或利用图书馆,或分析史料和数据,或跟踪调查日本的宣传文字。我相信他们所追索的答案很多就在日本文化的规则和价值里,研究真正经历过这种文化的人能更有效地探讨出答案。

这并不意味着我就不读书,更不意味着我不曾受惠于那些在日本生活过的西方人。有关日本的著作之多,优秀的“东方通”之中在日本居住过的人数之多都对我很有利。这可是去亚马逊河源头或新几内亚高地研究不识字部落的人类学家享受不到的资源。没有书写文字意味着这些部落不会在纸上表达自己,此外西方人的评论也是少而肤浅,没有人知道他们的历史。考察人员必须独力发掘部落的经济生活方式、社会层次以及宗教的最高信仰。有关部落生活细节的描述深藏于故纸堆中。日本则不同:来自欧洲和美国的男男女女都写下了他们多姿多彩的经历,日本人自己也写下了不同凡响的自我表现。与其他东方民族不同,日本人急于把自己的想法付诸笔墨。他们笔下有生活琐事,也有世界扩张的计划。而且作者都不可置信的坦诚。当然他们没有全面地展示日本,没有人能做到。一个描写日本的日本人会忽略不少关键,因为太过熟悉所以视而不见,就像美国人写美国。不过总而言之日本人喜欢表现自己。

达尔文说他在完善进化论的时候,边读书边记录下他当时没法理解的地方。我也是这样来阅读这些有关日本的著作的。怎样才能理解一篇国会演讲稿中各种观点交错共存?某些在我看似情有可原的行为,日本人却要重责;我觉得罪不可赦的,他们却轻易饶恕,这又说明了什么?我一边阅读,一边不断问自己:这里描写的情景有什么问题?我要补充什么知识才能理解它?

我也看日本编剧制作的电影,包括宣传片、历史片和描写东京和农庄现代生活的片子。看完后我会和在日本看过同样电影的日本人讨论这些片子。至少他们用日本人的观点看待男女主角及反面角色,我则不同。当我觉得一头雾水时,他们显然完全明白。情节也好动机也罢,都不是我理解的那样，但从电影本身架构来说都合情合理。和那些描写日本的小说一样，这些电影对在日本成长之人的意义和对我的意义完全不同，两者间的差异远远超出表面所见。有些日本人急于为日本的习俗辩护，有些却痛恨日本的一切，很难说哪种人使我学到更多。他们向我细致地描述了在日本人们是怎样打理生活的，尽管有的人对这种生活心存怨恨，有的则欣然接受，他们的描述是一致的。

如果只是从研究对象那里收集资料并依此发表见解，那么不少在日本住过的西方观察者们都这么做过。一个人类学家如果只有这点能力，就无法对这个领域作出自己的贡献。但是文化人类学家特殊的训练使得我别有所长，所以值得我去尝试为这个学者众多、从者如云的领域作一点贡献。

作为一名人类学家，我了解亚太地区的诸多文化。日本人的生活中许多的社会秩序和习俗甚至和太平洋地区的原始部落相似。这些部落有的在马来西亚，有的在新几内亚，还有的在波利尼西亚。虽然据此推测两地间远古的迁徙和联系当然也很有意思，但是对我来说，这些发现非常重要的原因却不是因为可以研究历史联系的问题，而是因为我了解这些相对简单的文化中制度的运作，根据两者间的相似之处和差别我可以找到了解日本人生活的线索。我对亚洲大陆上的暹罗、缅甸和中国也略知一二，所以我可以把日本和这些拥有共同的伟大文化传统的国家对比。人类学家对原始人的研究反复表明文化比较是何等重要。一个部落在正式仪式上可能和相邻部落有百分之九十的共同之处，然而他们也会改造这些仪式用来配合他们与周围邻族不同的生活方式和价值观。在这个过程中他们也许不得不摒弃某些基本的安排，哪怕只是很小的一部分，都能将未来的发展导向一个迥然不同的方向。对一个人类学家来说，研究拥有许多共同点的民族之间的差异是最有帮助的。

面对自己的文化和研究对象之间的巨大差异，人类学家必须有心理准备，并且运用特殊的技巧来应对。经验告诉他们不同文化的人被迫碰面时的情况会大不相同，不同部落和国家以什么方式界定这类会面的意义也大相径庭。在一些北极的村落或者热带沙漠，某些部落对亲族责任和经济交换的规则是人类学家事先怎么也无法想象的。他们不仅必须调查这种亲属关系或者交换的细节，还得通过部落的表现调查这些规则的后果，以及每一代是如何从孩童时期就经受训练来传承这些规则的。

这种对于差异及其形成的原因和后果的职业性关注可以同样用于对日本的研究。日本和美国根深蒂固的文化差异无人不知。美国民间甚至传说无论我们干什么，日本人都对着干。如果因此便坚定地认为我们不可能了解如此不同的人显然是有害的。我可以用自身经历证明哪怕行为再古怪也不妨碍我们去理解它。相对于其他社会科学家，人类学家更多地把差异当作助力，而不是包袱。制度和人越是奇怪离谱，反而越要集中注意力。在研究部落生活时任何事都不能当作是理所当然的，一切都值得关注。在研究西方国家时，没有受过比较文化训练的人容易忽略整片领域的行为。他太过自以为是以至于忽略日常生活的细枝末节和家常事务中的约定俗成。其实正是这些东西，放大到全国，比外交官签署的条约更能影响国家的未来。

人类学家必须培养研究寻常事物的技巧，因为这些部落中的寻常事物和他自己的国家中对应的东西截然不同。当他试图理解某部落的穷凶极恶和另一些部落的胆小怕事，当他试图预测特定情况下研究对象的可能反应和感受，人类学家很大程度上必须取材于他的观察和文明社会中不常有的细节。他有理由相信这些细节至关重要，也懂得如何发掘它们。

这种方法在研究日本时值得一试。只有当人认识到任何民族的存在都再自然不过，才会完全认同人类学家的前提，那就是：无论是在原始部落还是文明前沿的国家，人类的行为都习自日常生活。不管一个人的行为或意见如何古怪，他的感受和想法是和他的经历有关的。我越是对某些行为纳闷，就越相信日本生活中存在某种影响造成了这种怪异。追寻答案如果把我指向日常生活中的细枝末节，那是再好不过。人们就是在日常生活的细枝末节中学习的。

作为一名文化人类学家，我从这个前提出发：即使是单独发生的看似毫无关联的行为之间也存在着一些系统的联系。我认真研究如何把成千上万的细节归纳为总体模式。人类社会必须对自己的生活有所规划，比如面对某些情况该怎样反应，如何掂量当时的情形。这个社会里的人把这些解决方式当作宇宙的基石。不管有多少困难人们都会贯彻执行。如果一个人接受了一个生活价值系统，却长期在某一方面依照另一个相反的价值系统思考行事，他就不可能不造成混乱和低效。他会试图尽量统一两者或者给自己编出一些共同的理由和动机。某种程度上的统一是必不可少的，不然这个系统就支离破碎了。

经济行为、家庭秩序、宗教仪式和政治目的就是这样啮合到了一起。某方面的变化超前就会给其他方面带来很大的压力，这种压力本身来自于各方面一致的需要。文字出现前的社会致力于追求统御他人的权力，这种渴望不仅表现在经济交易和与其他部落的关系里，也通过宗教习惯表现出来。与没有书面文字的部落不同，在有古老书面文字的文明社会里，教会不可避免地保留了过去几个世纪的记载，但是在某些领域却放弃了权威，因为那有可能影响公众对经济和政治权力的支持。字犹存，意已变。宗教信条、经济活动和政治并不是泾渭分明地各自为政，它们其实是一潭浑水。正因如此，对研究者来说越是分散地调查经济、两性、宗教，甚至婴儿照料等各方面的实例，越是容易跟踪了解这个社会。有了假设，很容易就能在生活中的任何方面获取数据支持。任何国家提出的要求，不管是政治上的、经济上的，还是道德上的，都只是他们社会经历中积累的习惯和思考方式的表现。所以本书不仅仅是一本详述日本宗教、经济、政治、家庭的书，而且它解析了日本人对于人生行为的潜在观点，并描述了这些观点是怎样不停地通过各种行为展现出来的。本书解释了日本何以为日本人之国。

二十世纪的一大弊病就是我们依然抱有模糊而又极度的偏见。不光是针对日本，也包括美国、法国和俄罗斯。如果不能了解为什么不同的国家有不同的人民，各个国家之间就会相互误解。当我们害怕不可调解的差异时，其实问题可能只在于是娧德尔顿（Tweedledum）还是娧德尔第（Tweedledee）①。当我们大谈共同目标时，两国有意采取的行动却可能因为历史和价值系统的差异而大相径庭。这都是因为我们没有给自己机会去发掘别人的习惯和价值观。否则我们也许会发现，一个对我们而言陌生的行动方案并不一定邪恶。

往往每个国家对自身行为和思考习惯的描述并不完全准确。每个国家

① 《爱丽丝镜中奇遇记》中的一对双胞胎，此处意指细微的差异。——译注

的作家都曾试图解释自己的国家,但这谈何容易。各国看事物的角度都不相同,每个国家都想当然地认为自己的视角无可厚非,而被一个社会公认的价值体系对那个国家的人民来说更是神圣不可变更的。拿眼镜作个比方,我们不指望戴眼镜的人知道如何计算自己镜片的公式;同理我们也不能指望一个国家分析出它们自己的世界观。如果我们想要了解眼镜,我们会请专业眼科医生,让他们写出镜片的计算公式。同样,总有一天人们会意识到想要了解当代世界各国,也得依靠社会科学家的专业知识。

做好这个工作有时候需要坚忍固执,有时候又需要非常宽容。这种必要的坚忍固执有时候会被善意的人们诟病。一些“世界大同”的倡导者把说服全人类的希望建立在这样一个基础上:不管是东方还是西方,黑人或是白人,基督教徒还是穆斯林,所有的差异都是肤浅的,全人类的想法其实是类似的。这个观点又称为“四海之内,皆兄弟也”。我不懂为什么相信“四海皆兄弟”就不能说日本人有日本人的行为方式,美国人有美国人的。那些空想者似乎只能把善意原则建立在全世界的人都是出自同一个模子的这个假设上。实际上,以这样的绝对一致来作为尊重他国的条件就如同要求自己的妻儿同自己一般神经质。尊重现实的人不以差异为意,他们尊重差异的存在。他们的目标是建立一个让各种差异安全共存的世界。那里无论是美国人、法国人还是日本人都可以各行其是而不威胁世界和平。对于不把差异看作是时刻高悬头上的达摩克利斯之剑的人来说,以外力去强硬地阻止这种尊重差异的态度是毫无道理的。他也无须害怕这种观点会造成世界停滞不前。鼓励文化差异并不意味着世界将静止不变。英国并没有因为从伊丽莎白时代到安妮女王时代和维多利亚时代的变迁而失去它的文化特征。正是因为英国人坚持自己的个性,他们才能在不同的时代彰显出不同的社会标准和民族情绪。

系统地研究各国差异既需要坚忍固执,也需要一种宽容的心态。比较宗教学之所以能够兴盛,是因为人们对自己的信仰有了足够的信心,因此才能拥有不同寻常的宽容。这些人也许是耶稣会成员,也许是阿拉伯学者,或者并不信教,但他们绝不可能是宗教狂热分子。同样,如果人们把自己的生活方式当作唯一的正道来维护,比较文化学就无法兴盛。这样的人永远不会因为了解不同的生活方式而更加热爱自己的文化。这种愉快而有意义的经历与他们无缘。他们防备心理太重,只能要求别国采用他们的方式解决问题。这样的美国人要求所有的国家都信奉我们最喜欢的信条;而其他国家则无法立刻按照我们的方式生活,就如同我们无法学习十二进制来代替十进制,或者像某些东非土著一样以金鸡独立的姿势休息。

所以这本书写的是日本人期待和公认的习惯。诸如什么情况下讲究礼貌,什么情况下又不讲究;什么时候觉得羞耻,什么时候又觉得尴尬;还有日本人对自己有什么要求。能够评判书中所述的最佳权威应该是日本街头的普通人,或者任何人。也就是说这些人无须亲身经历过书中所描述的每一个特定场合,但他们一定能够辨别某种场合下日本人的行为习惯就是如此。这项研究的目的是描述日本根深蒂固的思维和行为方式。即使我没有完全做到,至少这是本书努力的目标。

在研究过程中,我很快发现要了解很多行为习惯并不需要采访大量的对象反复论证同样的信息。比如说,想要弄明白谁应该什么时候向谁鞠躬就不完全需要进行全民统计。几乎任何日本人都能准确解释那些约定俗成的东西，一般经过几人确认后就不必再向上百万的日本人调查同样的信息了。

日本之所以形成现在的生活方式是建立在怎样的基础之上？要挖掘出其中的成因是一项艰巨的工作，难度远远大于仅用统计数字作验证。这些公认的习俗和意见如何成为日本人看待事物的出发点，这是研究者面临的巨大挑战。研究者必须论述清楚日本人自认为理所当然的东西是如何影响他们看待生活的重点和角度的。研究者还得把一切解释得清清楚楚，让截然不同的美国人也能明白。评判这一任务是否完成，一个普普通通的日本人比如说田中先生，就不一定是最佳的裁判人选了。因为田中先生不会把自己潜意识里接受的观点表述出来，写给美国人看的解释在他看来更是多此一举。

美国的社会研究很少会涉及文明社会建立的基础。大部分研究都认为这些基础是不言自明的。社会学家也好，心理学家也好，都忙于研究民意和行为的"分散性"，最常用的手段就是统计。他们用统计分析来处理大量的人口普查数据、问卷调查的答案以及心理测试等等，试图从中得出某些因素是独立存在或者相互依赖的结论。在公众言论领域，美国早已高度完善通过科学方法选择一小部分人作为代表来调查全国民意的宝贵技巧。要知道多少人支持或反对某一公职候选人或某一政策都不难。通过统计，我们可以知道支持者和反对者的分布，比如他们是城市居民还是农村居民，低收入还是高收入，共和党还是民主党。在这个全民拥有选举权的国家，所有的法律都由人民代表起草和通过，所以这样的研究发现有很大的实际意义。

美国人之所以能够在本土搞民意调查并理解其调查结果，有一个不言而明的前提：他们都了解美国的生活方式，并认为这是理所当然的。有了这个前提,民意调查才能够加深我们对已知事物的了解。当我们试图了解另一个国家时,除非我们能够先系统地、定量地研究那个国家国民的习俗和惯例,否则民意调查没什么用处。通过仔细选择调查对象,民意调查能够发现多少人是反对或者拥护政府的,但是如果我们不了解他们对政府的概念,这个调查结果又有什么帮助?只有了解了日本人的政府概念,我们才能知道各个党派在街头或者国会争论的是什么。一个国家对于政府的潜在认识和理解远比党派势力的大小更为广泛和持久。在美国,共和党和民主党都认为政府是个不得不有的祸害,它限制了个人的自由。除了战争时期,公务员远不及私有企业的职员有地位。这种看法和日本人相去甚远,甚至和不少欧洲国家也完全不同。我们首先要了解的就是日本人的看法,具体表现在他们的习俗,他们对成功人士的评价,对于国家历史的神化,还有他们的国庆演讲上。这些间接的表现都可供研究,但必须是系统的研究。

我们总是投入地仔细研究某个选举中投票赞成或反对的人群比例。我们至少可以用同样的热情去研究一个国家潜在的定例和法则。日本的基本潜规则就值得探索。我所受的西方熏陶在某些方面不符合日本人对生活的看法,一旦发现这点,再了解了一些他们使用的范畴和标志,我就明白了许多西方人眼里日本人的矛盾行为其实并不矛盾。我开始理解为什么日本人把一些行为上的巨大转变看成一个统一整体的和谐部分。我可以试图阐明其中的原因。随着我和日本人工作的深入,他们开始冒出一些奇怪用词和概念,后来我才发现其寓意深远并充满悠远的情感。西方意义上的善与恶在这里发生了翻天覆地的变化。这个系统是独一无二的。它既不是佛教也不是儒学。这就是日本的特点,既是彼之所长也是彼之所短。

第二章

战争中的日本人

每个文化传统都有关于战争的正统观念,很多观念在所有的西方国家是相通的,哪怕细微处不尽相同。在西方国家之间的战争中,如何号召国民全力以赴投入战争,局部失利时如何安抚民众,阵亡和投降人数比例的某些规律,对待战俘的行为标准皆可预测,因为这些国家拥有一个共同的文化传统,其中甚至包括了战争。

所有日本偏离西方战争规范的地方都是我们研究他们不同的生活观和责任观的素材。我们的目的是系统地研究日本文化和行为,所以对我们来说哪些差异在军事上有关键意义并不是最重要的,因为任何方面的差异都有助于提出关于日本人本性的问题。这些问题都亟需答案。

日本为其战争辩护的理由就和美国截然相反。它对国际形势有着不同的解释。美国将第二次世界大战(以下简称二战)归罪于轴心国即日意德的侵略行为严重挑战了国际和平。不管轴心国是在满洲、埃塞俄比亚,还是在波兰夺权,都证明了它们走上了欺凌弱小的邪恶路线。他们违背了"互不相扰"和自由贸易"门户敞开"的国际公约。日本则从另一个角度看待二战的起因。如果每个国家都有绝对的主权,那么世界就必然处于无政府状态。

日本有必要通过战争来建立等级秩序，当然，只有日本能够领导这一秩序，因为只有它才能使全国上下井然有序，人人理解“各得其所”的必要性。日本本土已经实现统一与和平，消灭了盗匪，修建了公路，兴起了电力和钢铁产业。他们自己的官方数据表明百分之九十九点五的下一代在公立学校里接受了教育。根据日本的等级制度，下一步就该提拉落后的小弟弟：中国。因为大东亚地区人种相同，日本就应该先消灭美国在该地区的势力，再来消灭英俄，最后取得自己应有的地位。那时就实现了世界大同，各国都在国际等级体系里拥有固定的位置。下一章我们将研究日本文化中这个等级制度有着什么重要意义。对于日本来说这个梦想并不奇怪，不幸的是被它占领的国家并不认同。即便战争失败也没能让日本对自己的“大东亚”理想进行道德批判。即便是没怎么受军国主义毒害的日本战俘也几乎从不质问日本对亚洲大陆和西南太平洋的野心。日本将会在很长一段时间里保持某些与生俱来的态度，其中最重要的一个就是对等级制度的忠诚和信念。这对热爱平等的美国人来说是不可思议的，但是我们有必要了解日本人指的等级制度是什么，他们把什么优势归功于这种制度。

同理，日本把战争胜利的希望也放在一个和美国不同的基础上。他们宣扬的日本必胜，是精神对物质的胜利。美国国土辽阔，军事装备先进，但是那算什么？这些日本早有预见，不以为虑。日本人从他们著名的报纸《每日新闻》上读道：“要是我们害怕数字，这场战争根本就不会开始。敌人的丰富资源又不是这次战争创造的。”

即便是在日本打了胜仗之后，日本的官员、总指挥和士兵都反复强调这不是军事装备上的较量，而是他们用对精神的信念来对抗我们对物质的信念。当我们占上风时他们反复宣扬在这场较量中物质力量终将失败。在塞班岛和中途岛战役溃败时，这个教条便很自然地成为了托词，但它并不是专门用来给失败作借口的。在日本节节胜利的数月中，这是他们的号角。远在珍珠港事件之前，这个口号就已经深入人心了。在三十年代，狂热的军国主义者和曾经的陆军大臣荒木在《致全日本国民》的宣传手册里写道：日本国的“真正使命”是“将帝国之道宣扬四海发扬光大。力之不逮不足为虑，区区物质何以为虑”。

事实上，哪个备战的国家会不担心？日本自然也不例外。整个三十年代日本的国民总收入用于军备的比例增加惊人。袭击珍珠港时几乎一半的国民收入是用在了海陆军上，政府用于民事管理的支出仅占百分之十七。日本和西方国家的差别并不在于日本忽视军备，而在于战舰大炮对他们来说仅仅是永恒的“日本精神”的表面象征，就像武士刀象征的是他们的美德一样。

如果说美国自始至终坚持什么都要“越大越好”，那么日本同样坚持了对于非物质资源的鼓吹。两国同样以倾国之力搞生产，但日本的动员工作是基于自己的国情的。他们宣传精神就是一切，永恒不灭。物质虽然也必不可少，却是次要和从属的。“物质资源有其局限，”日本的广播电台这样嚷道，“它们无法持续千年不变。”这种对精神的依赖在战争中也可见一斑。日本的战术问答手册里就有这么一句口号“以我们训练的质量抵抗敌人的数量；以我们的血肉抵挡敌人的钢刀”，这句口号由来已久，并不是为了这次战争而量身定制的。日本的战争手册开头就是这么一行粗体字：“读罢此书，无往不胜。”日本的敢死队可以驾着小飞机自杀式撞击美国战舰，这些事迹更是没完没了地被当作精神压倒物质的标本来宣传。敢死队以“神风”为名,就是因为十三世纪成吉思汗想要入侵日本时一阵“神风”吹得他的船队七零八落,日本因而得免。

即便在民事环境中,日本当局也是切实地把精神战胜物质当真理。例如,老百姓不是因为工厂里十二小时制的工作和整夜的轰炸而疲倦吗?“身体越沉重,斗志更昂扬!”“训练越劳累,结果越精彩!”冬天老百姓在防空洞里不是挨了冻吗?大日本体育协会在广播里教大家做御寒体操,不但能够代替取暖设备和被褥,甚至还能代替老百姓正常所需却又供给不足的粮食。“肯定有人要说吃的都不够了谁还有心思做体操?这话不对!越是没吃的,越要通过其他方式提高体力。”这就是说,必须通过花费更多的力气来提高体力。这种不遵循能量守恒的想法对美国人来说很不可思议。因为美国人总认为一个人有多少体力取决于前一晚是否睡够了,饭是不是吃饱了,有没有受冻了。而日本人觉得这种观点太物质化了,他们根本不相信贮存能量的计算法则。

二战中,日本的广播更极端。他们甚至宣传战斗中人的精神可以克服肉体的死亡。曾有广播这样描述一名英雄飞行员和他征服死亡的奇迹:

> 当空战结束后,日本飞机以三架或四架一组的小队型飞回了基地。最先回来的人中有一名大尉,从飞机里下来后便站在地上透过望远镜盯着天空看,点数他的下属归来的飞机。他看上去十分苍白,站得却很稳。当最后一架飞机着陆后,他写了一个报告就去总部汇报。当他向长官汇报完毕后却突然倒在了地上。在场的军官们急忙施救,他却已

经死了。检查他的尸体才发现尸身早已冰冷,胸部中了致命的一弹。刚死的人不可能像这名大尉一样浑身冰冷。他一定早已殒命,只是他的灵魂支撑着回来汇报。这样的奇迹一定来自于大尉深重的责任心。

美国人当然会觉得这个故事荒唐之极,但受过教育的日本人却不觉得可笑。他们认为日本的听众也不会觉得这个故事是编造的。首先他们指出广播真实地提到了这名大尉的事迹是个"奇迹"。再说为什么不可能?灵魂是可以训练的,很显然这个大尉是个自我训练的大师。如果全日本都知道一个淡定的灵魂可以千年不散,那么一个责任至上的空军大尉用灵魂去支撑肉体几个小时又有什么困难呢?日本人相信特定的训练方式可以强大人的精神力量。这位大尉显然深得其道,受益匪浅。

作为美国人,我们完全可以把日本人的这些荒谬理论斥为穷苦国家的借口或鬼迷心窍。但是,如果我们真这么想,就无法好好跟日本人打交道,无论是战争时期还是和平年代。这些日本人深镌于心的信条源自某些禁忌和对某些事物的排斥,或某些特殊的训练和纪律,他们绝对不是单独的怪异现象。明白了这一点,美国人才能理解日本投降时承认"单靠精神是不够的"和"'用竹枪'防守阵地是一种幻想"是什么意思。更为重要的是,我们要能够充分领会他们这番话的含义:日本人承认了"日本精神"并非万能,无论是战场还是工厂,美国人民的精神都足以和它匹敌。正如他们战败后承认的那样,战争中他们"淫浸在主观中"。

除了等级的必要性和精神至上说,日本在战时的各种说法对一个研究比较文化的人来说都很有启示。他们一直谈论安全和士气都只是相对预警而言。不管是平民被轰炸，塞班岛失利，还是菲律宾失守，日本官方对民众的说辞都是“这些早在预料之中，无需惊慌！”这样的广播宣传不遗余力，明显指望以此安慰民众，好让他们相信一切仍尽在掌控之中。“虽然美军攻占吉斯卡岛使日本暴露在美军轰炸圈内，但是我们对此早有估计，并做好充分准备。”“敌人毫无疑问会采取海陆空的联合进攻，但是这些都在我们的预料之中。”连战俘们都认为对日本的轰炸无法削弱他们在本土的作战力，“因为他们早就有了准备”，甚至连那些认为胜利无望，希望日本早点战败的战俘都这么想。当美国人开始轰炸日本城市时，日本航空制造协会的副会长在广播里这样说：“敌机终于来到了我们的头顶。但是对我们这些飞机制造产业的人来说，这是早有预见和准备的，所以没什么可以慌乱的。”日本人只有假设自己预见了一切并作了充分的准备，才能自欺欺人地宣称一切都是他们要求的，而不是别人强加给他们的。“我们不应该认为自己被动地受了攻击，应该想这是我们主动地把敌人引向我们。”“敌人，想来就来吧！我们不会说‘该来的终于要来了’。相反，我们会说：‘我们等待已久的终于来临了。我们很高兴这一天的到来。’”海军大臣在国会上这样引用十九世纪七十年代伟大的日本武士西乡隆盛的一番话：“世上的机会有两种，一种是碰巧凑上的，一种是我们创造的。面临大难时，我们必须自己创造机会。”据广播报道，当美军进军马尼拉时，山下（奉文）将军大笑着说：“现在敌人已入我们腹地……”，“继敌人在仁牙因湾登陆后，马尼拉迅速沦陷，这些都在山下将军的神机妙算之中。将军的部署正在取得不断的进展。”换句话说，失败才是胜利。

美国人正相反。美国人正是因为被迫应战才全力投入。我们被攻击了,所以得以牙还牙。就珍珠港和巴丹事件而言,发言人在安抚美国上下民众时绝对不会说“这些都在我们的计划预料之中”。相反我们的官员说的是:“敌人这是自取灭亡,我们一定会给他们点颜色看看。”美国人一辈子都在面对来自环境的不断挑战,所以时刻准备着应战。日本的生活方式讲究事先计划安排一切,并视未知为最大威胁,这样他们才能放心。

日本战时行为的另一鲜明特征也很能反映日本人的生活。他们一直不断地提到“全世界的眼睛是怎样关注着他们”。因此他们必须全面表现出“日本精神”。美军登陆瓜达尔卡纳尔岛时,日本士兵收到的命令却是现在他们受到了世界的直接关注,必须表现出自身的素质。日本海军受到警告说万一被鱼雷击中被迫弃船用救生艇求生时,必须举止得体,否则“会被全世界取笑,美国人还会拍成电影到纽约放映”。他们非常看重自己展现给世界的一面。这种想法也深深植根于日本文化。

日本人的态度中最值得关注的是他们对于天皇的态度。天皇对臣民有什么样的威慑力?有些美国当权者指出日本七百年的封建历史中天皇都只是一个影影绰绰的傀儡。每个日本人都首先要效忠于他的领主,即“大名”,还要效忠于大元帅,即“将军”。是否忠于天皇从来都不是问题。天皇被安置在闭塞的皇宫里,所有的仪式和活动都得遵从将军的严格规定。即使是一个地位很高的封建诸侯想要拜见天皇都是叛国罪,所以对于广大老百姓来说天皇等于不存在。这些美国学者坚持只有通过历史才能了解日本。一个从人们黯淡的记忆中捧出来的天皇怎么可能成为日本这样一个保守国家的人心凝聚点呢?他们认为反复强调天皇对民众影响的日本评论家们都言过其实,他们的坚持反倒证明了他们论据的脆弱。因此,没有理由要求美国在执行战时政策时特别小心谨慎地对待日本天皇。正相反，他们认为我们有一切理由全力攻击这个日本新推出的邪恶元首。天皇正是日本现代具有民族主义色彩的神道教的中心，如果我们能够削弱或挑战天皇的神圣不可侵犯性，那整个敌国的结构都会倒塌。

许多了解日本，也看过前线及日本本国报告的有识之士则持相反意见。在日本生活过的人都知道，贬低或攻击天皇的言辞最容易激起民愤并激发日本人的士气。这些有识之士不相信日本人会把攻击天皇等同于攻击军事主义。他们见证过第一次世界大战结束之后的日本，民主的标语当道，军事主义完全失去民心，很多军人不换下军服改穿便装就不敢在东京上街。但即便如此，百姓对天皇的尊敬也丝毫未减。这些在日本住过的美国人坚持不能把日本人对天皇的崇敬和德国人对希特勒的尊崇等同。后者只不过是衡量纳粹党派得势程度的晴雨表，受制于法西斯政府的恶行。

日本战俘的证词也证明了这种观点。他们与西方士兵不同，没有受过指导，不知道被俘后什么能说什么不能说，对所有话题的答复都是惊人地毫无章法。这种缺乏训练的现象当然是因为日本的不投降政策，这一点直到战争的最后几个月才有所改善，而且仅限于有限的几个部队。这些战俘的证词在日本军队中具有广泛的代表性，值得注意。因为他们之所以被俘绝大部分是因为受伤或昏迷无法抵抗，而不是因为士气低落而投降。如果是后者，那他们的证词也许就不具备典型性了。

日本战俘中的顽固分子把自己的极端军事主义归咎于天皇，他们是在“执行天皇旨意”，“为天皇分忧”，“为天皇效死”。“天皇带领大家开战，服从是我的天职。”但是那些反对现阶段的战争和未来侵略计划的人同样把和平的想法归功于天皇。每个人对天皇都有自己的理解。厌倦了战争的人用“爱好和平的陛下”指代天皇;他们坚持天皇“一直是开放而反战的”。“他受了东条英机的骗。”“满洲事件证明了他是反对军部的。”“战争的开始没有得到天皇的许可。天皇不喜欢战争也不会允许自己的子民被拖入战争。他不知道自己的士兵有多受罪。”这些陈述和德国战俘完全不同。不管德国人怎么抱怨希特勒被自己的将军和指挥官们背叛,他们都把战争的起因和准备归罪于希特勒的煽动。日本战俘们则明确表现出他们对天皇一家的崇敬是可以与军事主义和激进的战争策略区分开来的。

但是对他们而言,天皇和日本是一体的。“没有天皇的日本就不是日本。”“没法想象没有天皇的日本。”“日本天皇是日本人民的象征,是他们宗教生活的核心。他是宗教圣物。”他也不应为日本战败承担责任:“人民不认为天皇该为战争负责。”“万一战败,内阁和军队领导该受责备,绝非天皇。”“就算日本这次战争失败,老百姓百分之一百地继续崇敬天皇。”

美国人习惯了带着怀疑的眼光评判所有人,可能会觉得这种天皇高高在上无可非议的统一意见有点虚假。然而这就是战败的日本的心声。审讯经验最丰富的老手们作证,他们完全没有必要在每张询问单上记录“拒绝发言反对天皇”。所有的人都拒绝了,包括那些和盟军合作,对日军进行广播的人。所有收集起来的日军战俘审问记录里只有三份是轻微地反天皇的。只有一个人把话说到了“让天皇继续在位是个错误”的分上。另一个说“天皇是个软弱的人,傀儡一个罢了”。第三个则仅仅表示天皇有可能退位给太子,如果废除君主制的话日本女性可以获得自由,就像她们羡慕的美国女性一样。

因此,日军指挥官们便多处利用这种举国对天皇的崇敬。他们分发给部队"来自天皇"的香烟;天皇生日时领导军队面向东方三鞠躬,并高呼"万岁";"即使部队日夜处于轰炸之下",将领们早晚和部队一起朗诵天皇通过《军人敕谕》亲自下达给军队的"圣旨","朗读声响彻丛林"。好战分子也竭尽所能地利用向天皇尽忠的吸引力。他们号召部下"完成天皇陛下心愿","为天皇陛下除忧","表现你对天皇陛下的尊敬","为天皇献身"。但是这种对天皇意愿的遵从也有两面性。正如许多战俘所说,"只要天皇令战,日本人会毫无疑问地战斗到底,哪怕只有竹竿。同样的只要天皇令和,他们可以立刻停止战斗";"只要天皇有令,日本人明天就可以罢战";"就算是满洲的关东军也会放下武器",他们是最为好战和信奉军国主义的;"只有天皇的话能让日本人民接受战败,心甘情愿地开始重建"。

一方面日本人对天皇无条件地忠诚;另一方面他们对其他任何人又都有意见,这两者形成了鲜明的对比。无论是日本的报纸杂志,还是战俘的供词,都不乏对政府和军队领导的批评。战俘纷纷批判自己当地的长官,特别是那些没有和士兵同甘共苦的。他们对那些自己坐着飞机撤退而不顾部队死活的长官最有意见。通常他们会表扬几个军官,又批评另外几个。事实表明他们完全能够区分事物的好坏。即使是本土四岛的新闻报纸和杂志也批评"当今政府",号召更强的领导力,更好的协调工作,甚至批评对言论自由的限制。1944 年 7 月东京一家报纸报道的一个讨论会就是很好的例子。会上云集了报刊编辑、前国会议员及日本极权主义党派大政翼赞会的领导人。其中有人发言:"动员日本人民的方法有很多种,我认为最重要的是言论自由。最近几年,人们无法把真实想法宣之于口。他们怕说了之后被谴责。人们犹豫不决,只敢对表面问题进行修补,结果造成公共意志的薄弱。这样根本无法发展人民的力量。”另一个发言者在此基础上更进了一步:“我几乎每晚都和选区的人们会谈,问他们对很多事物的看法,但是他们都害怕发言。言论自由被禁了,这样绝对无法激励他们的斗志。所谓的战时特别刑法和治安维持法把人管得都像封建时期那样胆小了。本来可以发挥的战斗力现在也没有发挥出来。”

所以即便是在战争中,日本人还是在批评政府、最高指挥官和他们的顶头上司。他们并没有毫不置疑地赞同整个等级系统的优点。但天皇是个例外,即使他的首要地位最近才得到确认。为什么会这样呢?日本民族性中有什么特异之处使得天皇处于这样一个神圣不可侵犯的地位?日本战俘说的是真的吗?天皇的一个命令可以决定他们是拿着竹竿战斗到死还是平和地接受战败和占领?这是迷惑我们的烟幕弹还是事实?

从反物质的基本观点到对天皇的态度,所有这些有关日本人战时行为的关键问题在日本本土和战斗前线都有体现。另有一些态度则属日本军队特有。其中一种就是战斗力量的可消耗性。这一观点和美国人形成了鲜明对比,以下就是个很好的例子。当美国海军为台湾海峡特遣部队的指挥官上将乔治·麦肯(George S. McCain)授勋时,日本广播满怀诧异地作了以下报道:

> 授勋的官方理由竟然不是因为指挥官乔治·麦肯赶跑了日本军队。在我们看来这才是个授勋的理由,尼米兹公报也把这一战绩归功给他。……没想到,他们授勋的理由竟然是因为他成功地解救了两艘

> 受损的美国战舰并把它们安全带回了基地。这个消息之所以重要是因为它是真人真事，而不是编造的故事……所以我们并不怀疑上将麦肯真的救了两艘战舰，我们想要向您指出的是一个奇怪现象：显然在美国挽救破船是值得授勋表扬的。

美国人为任何救援行动欢欣鼓舞。我们觉得救助已经受伤或残缺的对象反而更显英雄气概。但在日本人的概念中，类似的拯救活动根本算不上英勇。就连我们B—29轰炸机和战斗机上装的安全装置都被日本人嗤之为“懦夫之举”。报章和广播反复宣扬这一主题：只有接受生死考验才是光荣的；采取预防措施是可耻的。这种态度也体现在日本人对受伤和患疟疾的士兵的处理方法上。这些士兵已经是残品，在医疗用品严重不足的情况下，要保障军队基本战斗力都是个问题，让伤员消耗药品更是浪费。随着时间的推移，运输困难加快了医疗条件的恶化，但还有更多别的原因，比如日本人对物质条件的不屑。日本士兵受到的教育是死亡本身就是精神的胜利，照顾病弱阻碍了他人的英雄行为，这就好比在轰炸机上装安全设备一样。日本人也不像美国人那样在日常生活中依赖内外科医生。美国人对于残缺事物所抱的悲天悯人情怀远远高于对其他福利措施的关注，这一点，连和平时期的欧洲来访人员都常常感叹，对日本人来说当然就更陌生了。整个战争期间，日本军队从来没有受过专业训练的救援队上战场把伤员转移下火线并处理伤口；也没有前线救护站、后方野战医院和更远离火线的康复医院这样的医疗系统。医疗供给的忽略程度更是令人生叹。有些紧急情况下住院的伤兵干脆被杀之了事。特别是在新几内亚和菲律宾，日军经常不得不从一个有医院的阵地撤离。时间还充裕的时候,他们没有例行程序撤离伤员病号,只有在整个营队已经开始“按计划撤退”,或者敌人已经开始占领阵地时,才对伤病士兵有所安排。到了那时候,不是负责的医疗官在离开前射杀医院的病人,就是病人自己用手榴弹自杀。

如果说日本人对待“残缺”的态度决定了他们对待自己同胞的方式,那么他们对待美国战俘的方式也受到同样的影响。根据我们的标准,日本人对自己人的暴行和对战俘的暴行都同样有罪。前菲律宾群岛首席医疗官哈罗德·格拉特里(Harold Glattly)上校在台湾当了三年战俘后说:“美国战俘受到的医疗待遇比日本士兵还好些。战俘营里的盟军医疗官们能够照顾自己人,而日本士兵连个医生都没有。很长一段时间里他们仅有的医疗人员是一名下士,后来换成了一名中士。”一年之中他只看到过日本医官一两次。①

日本人这种不计损耗的思想最极端化的表现就是他们的不投降政策。任何西方军队在竭尽全力仍然发现没有任何胜算的情况下都会选择投降。即便如此,他们仍然会觉得自己是光荣的军人。根据国际公约,他们的名字会被传回自己的国家,好让家里人知道他们还活着。无论是作为士兵、平民还是自己家族的一员,他们都不会因为被迫投降而名誉扫地。但日本人却不这么看。荣誉意味着斗争到死亡的那一刻。假如身处绝境,日本兵应该做的是用最后一颗手雷结束自己的生命,或者赤手空拳冲向敌人,集体进行自杀性的攻击。但是无论如何他不可以投降。即便是因为负伤或昏迷而被

---

① 《华盛顿邮报》,1945 年 10 月 15 日报道。

俘虏,他也“不能再在日本抬起头来”。他已经名誉扫地,相对于以前的生命而言,他已经“死了”。

当然,日本军规中有这样的规定,但是前线显然没有必要再对此进行特别的正式教导。日军忠实地贯彻了这一纪律,以致在北缅甸战役中,被俘和阵亡者的比例是 142∶17166,也就是1∶120。而且战俘营中的 142 人里面,绝大部分被俘时就已受伤或昏迷,只有极少数是落了单,或三三两两地投降的。西方国家的军队公认部队的阵亡人数达到兵力的四分之一或三分之一时就应该放弃战斗。投降者的比例大约是 4∶1。霍兰迪亚战役中,日军第一次大规模地投降,投降和阵亡人数的比例是 1∶5,这和北缅甸的 1∶120 相比已经是一大飞跃。

所以对日本人来说,美国战俘的投降行为就是使他们自己蒙羞受辱。就算没有伤口、疟疾和赤痢等病,他们也都早就被看作是“废人”了,没有资格被看成“完整的人”了。很多美国人描述过在战俘营里他们的笑声是多么容易激怒看守人并招来危险。在日本人眼里这些美国人遭受了耻辱,偏偏他们自己不觉得,这让这帮日本人无比恼火。许多美国战俘必须服从的命令也是这些日本看守的上级长官要求他们的,强迫行军或拥挤不堪的转运对这些看守来说是家常便饭。根据美国战俘的回忆,我们得知日本哨兵经常严厉教育他们要学会如何掩饰战俘破坏规章制度的行为,而不要公然地违反规定。公开违规可是滔天大罪。在某些战俘营,战俘们白天需要到营外修路或者安装东西。日方规定他们不许从乡间带回任何食物。但是这一规定形同虚设,只要战俘把那些蔬菜和水果藏起来不被发现就行。如果被查到了,那就是公然违法,严重挑衅哨兵的权威。公开挑衅权威会受到严厉惩罚，哪怕只是“顶顶嘴”而已。就是日本民间也有严格的规定不许人“顶嘴”，军队里的惩罚则更是严厉。我们在这里区分哪些行为是长期文化影响的结果，并不是为那些战俘营里发生的暴行开脱。

特别是在战争早期，日本人坚信敌人会严刑拷打并杀害所有俘虏，这就更加强了被俘的羞耻感。有一个谣言在日军中广为流传，说瓜达尔卡纳尔岛上的战俘大都被坦克碾死了。也有一些日本人试图主动投降，但是因为受到美军怀疑而被杀害，这种怀疑经常是不无道理的。因为一个一无所有、只欠一死的日本兵经常以与敌人同归于尽为荣，甚至被俘后他都有可能这么干。就如一个士兵所说的，既然早就下定决心“把自己献给胜利的祭坛，那么临死前不英勇就义才是最可耻的”。这种可能性让美军提高了警戒，也减少了日军投降的人数。

“投降可耻”这一观念深深地印刻在日本人心里。我们西方的战争公约里闻所未闻的行为对他们来说却是司空见惯的，同理他们也觉得我们的行为非常古怪。美国战俘要求把自己的名字通报给政府以便家人知道自己还活着，日本人既蔑视这种要求又觉得不可思议。巴丹半岛战役中，至少普通日本士兵根本没想到美国军队会投降，因为他们想当然地认为美国人会像日本人那样血战到底。他们也同样无法理解为什么美国人丝毫不以被俘为耻。

西方士兵和日本士兵之间最为戏剧化的差别，当属日本战俘对盟军的高度配合。他们没有任何适用于这种新情况的规矩：他们已经名誉扫地，作为日本人的生命已经结束。只有到了战争的最后一个月才有少数人敢奢望重归故国，不管日本是胜是败。有些人要求受死，“不过如果你们的习俗不允许这样做,那么我会做个模范战俘”。他们实际上比模范更模范。一些老兵和长期的极端民族主义者们帮着定位军火库,仔细解释日军的兵力部署,书写宣传资料,还随同轰炸机出航,为美军做向导去攻打军事目标。他们好像突然之间过上了全新的生活,新生活里的一切都和旧生活相反,但他们过得同样起劲。

当然这种描述并不适用于所有的战俘。有少数是顽固不化的,而且无论他们最后选择合作与否,美军必须先给他们一些甜头作为诱导。美军的指挥官们对日本人的帮助非常警惕,这并不难理解。有些战俘营根本不想尝试利用敌犯提供的情报。但是在利用了战俘的那些营地里,最初的疑虑被渐渐打消,日本战俘的忠诚度得到了越来越多的信任。

美国根本没料到日本战俘会有这种彻底的转变,这不符合我们的信条。但日本人一旦全力以赴地执行了一条行为路线,失败后就自然而然地走上了另一条不同的路。这种行为方式在战后的日本还会有效吗?还是说只适用于单独被俘的士兵?战争中我们还意外地发现了日本人许多其他独特的行为,这些现象提出了一系列问题:日本人习惯的是怎样的一种生活?他们的机构怎样运作?他们的思维和行为习惯是怎样积累形成的?

第三章

各得其所

想要理解日本人，必须从理解“各得其所”对他们来说意味着什么开始。日本人依赖秩序和等级，而我们信仰自由和平等，两者的巨大差异使我们很难把等级制度当作一个合理的社会机制来看待。日本人对于人与人、人与国家的关系的看法都是建立在他们对等级制度的信赖基础上的。所以要理解他们的人生观就要从描述家庭、国家、宗教生活和经济生活等制度入手。

日本人看待整个国际关系问题和他们看待自己国内问题一样，都是从他们对等级制度的理解出发。在过去的十来年里，他们自认为正在接近国际势力金字塔的顶端，而现在西方国家却取代了他们理想中的位置。正是因为他们对等级制度的认同使日本人甘心接受这一现状。他们的国际文件无数次证明了他们对等级制度的看重程度。1940 年日本与德、意缔结为“三国同盟”。同盟条约的序言写道：“大日本帝国政府，德意志政府和意大利政府认为万邦各得其所是持久和平的先决条件……”在该条约签订时颁布的天皇诏书也重申了这一点：

宣扬大义于八方，统一乾坤为一宇，实乃皇祖皇宗之大训，亦朕夙

> 夜之所念。而今世局动乱不知何止,人类蒙祸不知何极。朕惟愿早日勘定祸乱,光复和平,轸念极切……兹三国间盟约既成,朕心甚悦。
>
> 惟万邦各得其所,兆民悉安其业,此旷古大业,前途尚远。

就在袭击珍珠港的当天,日本使节还向美国国务卿科代尔·赫尔(Cordell Hull)递交了一份声明,非常明确地陈述了这一点:

> 万邦各得其所乃日本帝国不可改动之国策。……维持现状同万邦各得其所之帝国根本国策完全背道而驰,帝国政府断然不能容忍。

这份日本备忘录是对国务卿赫尔几天前的备忘录的应答。赫尔在他的备忘录里引用了对美国人而言同样基本的四条原则:主权不可侵犯和领土完整;不干涉他国内政;依赖国际合作与和解;平等的原则。这些都是美国人对平等和不可侵犯的权利这一信念中的要点,不但是国际关系也是日常生活的基石。美国人向往一个更美好的世界,而平等就为这一向往奠定了最崇高、最高尚的基础。对我们来说它意味着摆脱暴政、干涉和苛捐杂税,也意味着在法律面前的平等和改善自己生活条件的权利。这是天赋人权的基础。即使我们在行动上有违平等的原则,我们依然维护它在道德上的权威,所以我们满怀义愤与等级制度斗争。

美国人自从建国以来就一直如此看待平等的问题。杰斐逊把它写进了《独立宣言》,宪法附加的《权利法案》也源于此。一个全新国家能够在自己的公共文件中写下这样正式的措辞是非常重要的,因为它们反映了这片大陆上的男男女女在日常生活中正慢慢形成一种新的生活方式，一种欧洲人完全陌生的生活方式。十九世纪三十年代早期，一个年轻的法国人，亚历克西·德·托克维尔(Alexis de Tocqueville)，在访问美国之后就"平等"写了一部书，成为了国际新闻报道中的一份重要文献。他是个聪明又富有同情心的观察者，能够看出这个陌生世界的许多优点。对他来说这个世界的确陌生。年轻的德·托克维尔生长在法国的贵族社会，一些当时还很活跃并有影响力的人依然记得法国大革命和随后拿破仑的严苛新法政对贵族社会带来了怎样的冲击和震撼。托克维尔对美国生活新秩序的欣赏体现了他的大方，但他依然是戴着法国贵族的有色眼镜在看世界。他的书是在对旧世界报告未来的新事物。他相信美国仅仅是一系列发展的先驱，同样的变化在欧洲也会发生，虽然会小有不同。

因此他不惜篇幅地报道这个新世界。这里人们真的认为彼此平等。他们的社交秩序建立在全新而又简单的基础上。他们以平等之人的方式交谈。美国人不在意等级制度礼仪的细枝末节；他们既不这样要求别人也不这样要求自己。他们喜欢说自己不亏欠任何人。这里没有古老的贵族式或罗马式的家族，控制旧世界的社会等级在这里消失了。这些美国人相信平等胜过一切；即便是自由这一原则在他们的生活中都经常被抛到脑后，但是他们却平等地生活着。

对于美国人来说，透过这个陌生人的眼睛看到他笔下一百多年前那些先辈的生活方式无疑让人振奋。自那以后我们的国家发生了许多变化，但是社会的基本纲领并没有变化。在阅读此书的过程中，我们意识到1830年的美国就已经是我们所知的美国。这个国家曾经有、现在也还有那么一些人，像杰斐逊时代的亚历山大·汉密尔顿那样，倾向于一个更贵族化的社会秩序。但是即便是汉密尔顿之流也不得不承认我们这个国家的生活方式并不是贵族式的。

因此，在珍珠港事件前夕，当我们向日本陈述美国对太平洋地区政策所依据的高尚道德基础时，我们是在说明自己最信赖的原则。我们相信朝我们指出的方向前进的每一步都能改善这个不完美的世界。同理，日本人完全信奉“恰当地位”，是因为他们的社会经历在他们心中深植了这样的生活规则。几个世纪以来，“不平等”一直是他们有序生活的准则，而这一准则也最容易被预见或接受。承认等级制度的存在对他们来说就如同呼吸那样自然。但是这并不是西方人所认为的简单的西方式极权主义。无论是治人者还是治于人者都在遵循一种和我们完全不同的传统。现在日本既然已经接受了美国在日本国内等级制的最高权威地位，我们就更有必要把他们的习惯了解得一清二楚。只有这样我们才能看清在目前的处境中他们可能采取的行动。

尽管日本在近代进行了西方化改革，它仍然是一个贵族制的社会。日本人的每一声问候，每一次接触都必须表明他们之间社会地位差异的种类和程度。当一个人对另一个人说“吃”或者“坐”时，面对熟人或对上下级的用词都不一样。每一种语境都要用不同的“你”，动词也有不同的词干。换句话说，日本人和许多太平洋地区的其他民族一样，有“敬语”，使用时伴有恰当的鞠躬和下跪。所有这样的行为都由细致的规则和传统决定。一个人光知道对什么人需要鞠躬还不够，鞠躬的程度也大有讲究。对某个主人来说恰如其分的鞠躬，可能对另一个与致敬者关系稍有不同的人来说就是侮辱了。根据程度不同，鞠躬可以分为很多种，比如全身伏地、用前额叩首的大礼，或者轻轻点头或耸肩致意的简单行礼。每个人必须学习，并且早早地学习如何在各种场合使用合适的敬礼。

人们在交往时，不仅仅要考虑到阶级之间的差异，就连性别、年龄、家族之间的关系以及过去的交情都要放入必须考虑的范畴。即使是同样的两个人，在不同的场合也会要求不同程度的礼仪：两个相熟的平民，平时根本不用鞠躬；但是当其中的一个穿着军服时，另一个穿着平民衣服的朋友就得向他鞠躬。对等级制度的遵循是一种艺术，需要平衡数不胜数的因素，某些因素在特定场合会相互抵消，某些却会起叠加作用。

当然有些人之间不必那么循礼。在美国，我们对自己家里人可以非常随便。我们一回到家就把哪怕是最轻微的正式礼仪都抛诸脑后。在日本，家庭则正是用来学习敬礼并无微不至地遵循礼节的地方。当母亲还把婴儿绑在自己背上时就会用手按低孩子的头；刚刚学步的幼儿所要学到的第一堂课就是如何向父兄致礼。妻子向丈夫鞠躬，孩子向父亲鞠躬，弟弟向兄长鞠躬，姐妹则不分长幼向所有的兄弟鞠躬。这并不是没有意义的姿态，它意味着鞠躬者承认对方有权决定他的事务，哪怕他本人更倾向于自己做主。那些受礼者也同样承认随着自己的地位相应而来的某些责任。以性别、辈分及长子继承权为基础的等级制度是家庭生活的重要组成部分。

子女对父母的孝顺当然是日本和中国共有的一种美德，早在公元六至七世纪，日本就接受了中国关于孝道的系统理论，连同中国的佛教、儒家道义和世俗文化也一起采纳了。但是，孝顺的表现方式则不可避免地“入乡随俗”，以适应日本的家族结构。中国人至今仍被要求忠于自己的庞大宗族。

宗族人口可以数以万计,有权管辖所有族人,并得到族人的支持。中国幅员辽阔,各地情况可能各有不同,但是在很多地区所有村落里的人都属于同一宗族。中国有四亿五千万人口,却只有四百七十个姓。所有同姓的人都认为自己在某种程度上是同宗兄弟。一整个地区的人都有可能属于一个宗族,远居外地的家庭也可能是同宗同胞。比如像广东这样人口众多的地区,宗族成员们经常联合起来维护宏伟的宗族祠堂,在规定的日子里大家一起供奉多至上千的已故宗族成员牌位,因为他们都源自同一个祖先。每个宗族都拥有自己的土地、房产和庙宇,还有宗族资金,用于有前途的宗族子弟的教育。宗族记录自己分散的成员,并刊印精致的族谱,每隔十来年就更新一次,公布所有有权享受本宗特权的名字。一个宗族甚至有自己祖传的家法,如果宗族不同意当权者的意见,可以依此拒绝把宗族犯人交给国家。在帝制时代,官府以国家名义漫不经心地治理这些半自主的庞大宗族,朝廷一般委任外乡人作为统领官员并定期调任。

日本则大为不同。一直到十九世纪中期,只有贵族家庭和武士家庭能够使用姓氏。姓氏是中国宗族系统的根本,没有姓氏或类似的东西就没法发展宗族组织。一些部落里的族谱就起到了类似姓氏的作用。但是在日本只有上层阶级有家谱,即便如此,他们记录的方式也是像美国的“美国革命妇女会”(Daughters of American Revolution)那样,从在世的人追溯其先辈,而不是从古到今地包括所有出自同一祖先的人。这两者区别很大。除此之外,日本还是一个封建国家,个人的效忠对象不是庞大的亲属集团,而是封建领主。领主是长居本地的最高领袖,和中国短期任命的外地官员完全不同。在日本,人们看重的是一个人属于萨摩藩或者肥前藩。个人的依靠在于他所属的藩。

另一个把宗族制度化的方法，是在神社或圣地祭拜远祖或宗族神灵。这对日本没有姓氏或家系的庶民来说是可行的，但是日本没有崇拜远祖的流习。庶民们祭拜神社是由所有村民聚集在一起来参加的活动，而不必证明是否有共同的祖先。他们被称为社神的孩子，因为他们都生活在社神的领地内。世界上任何一个地方，定居几代以后的村民之间往往都会有亲戚关系，日本的村民当然也不会例外。但是他们不是由一个共同祖先繁衍下来的紧密的宗族组织。

对祖先的祭拜则另有所在，家里起居室的佛龛通常供奉着六七位近来的逝者。日本所有的人，不论阶层，都同样每天在这个佛龛前行礼，摆设食物供奉已故的父母、祖父母及近亲，以示对他们的纪念，佛龛里供放着类似微型墓碑的牌位代表逝去的亲人。墓地里，曾祖辈的碑文即便已无法辨识也不会被重新刻写，三代以上的祖先很快被遗忘。日本人的家族关系非常疏离。从这点看，他们可能和西方社会，尤其是法国人的家族关系最为接近。

因此，“孝道”在日本仅仅局限于面对面的家庭成员之间。这意味着每个人根据辈分、性别和年龄在一个小团体里确立各自的恰当地位，这个团体往往只包括自己的父亲、祖父、他们的兄弟及后代。即便重要的家族里可能存在比较庞大的亲族团体，大家族也往往分为几支，次子及以下都自立门户。在这个狭小的面对面接触的团体里，对于本分的规定详尽而又细致。长者在正式引退前必须得到绝对的服从。即使在现在，如果一个男子，其父没有引退，哪怕他已有成年子女，也要事事通报自己的父亲同意。父母可以安排或者解除子女的婚姻，哪怕子女已经三四十岁。父亲作为一家之主，吃饭时要把食物先端给他，洗澡时第一个享用家庭浴池，对家庭成员的深鞠躬只需要点头致意。日本有一个流行的谜语可以这样翻译成我们的双关语谜：为什么想要向父母提意见的儿子就好比是想要长头发的和尚？（佛教僧侣都是剃光头的）。谜底是：根本无发/法。

“恰当地位”不仅意味着辈分的差别，也包括年龄的差别。当日本人想要表达彻底混乱这个意思时会说“非兄非弟”，就像我们说非鱼也非鸟，因为对日本人来说必须严守自己长子的角色，就如同鱼必须待在水里，长子是继承人。到过日本的人提到“在日本，长子从小就表现出来那种责任感”。长子很大程度上享有父亲的特权。在过去，他的弟弟们早晚要不可避免地依赖他；现在，特别是在乡镇和村落里，长子往往留守在老家，而他的弟弟们可以闯出去接受更高的教育，得到更好的收入。但是旧的等级制度依然强大。

即便是在今天的政治评论中，有关“大东亚政策”的讨论依然生动地体现出长子的特权。1942 年春天，一名中佐在代表陆军省发言时，就大东亚共荣圈这个话题这样表示：“日本是他们的长兄，他们是日本的弟弟。这个事实一定要让占领区的居民彻底明白。对他们太过体贴，他们就可能产生利用日本仁慈的倾向，进而危害到日本的统治。”换句话说，长兄替弟弟们决定什么对他们好，而且在执行过程中不应该表现出过多的体贴。

等级社会中一个人的位置，不论年龄大小，都取决于其性别。日本女人跟在丈夫身后行走，地位也低一等。有些女人即便在身穿西式服装时会和丈夫并排走并且率先出门；一旦穿上和服，她们仍然会退到丈夫身后。日本家庭中的女儿只有自力更生，所有的礼物、关心和教育基金都给了她的兄弟们。甚至在专为青年女子而建的高等学府里，指定的课程仍主要集中在教导礼仪和举止。她们所受的系统的智力培训完全不能和男孩们相比。有一位女校的校长主张中上阶层出身的学生学习一点欧洲语言，他认为这样做的好处是女学生们就可以在为丈夫的书籍拂拭灰尘之后，正确地将其归位书架而不会颠倒地放书了。

尽管如此，和大多数亚洲国家相比，日本妇女已经享有很大的自由了，而且这也不仅仅是西方化的一个阶段性现象。日本妇女从来没有像中国上层妇女那样需要裹小脚；现在的印度妇女更感叹日本妇女可以出入店铺，上下街头，从来不需要遮遮掩掩。日本妇女置办家庭用物，并掌管家庭财务。如有经济困难，她们可以从家里选择东西拿去典当。日本妇女指挥家里的仆佣，对子女的婚姻有很大的发言权，当她成为婆婆时，更经常是以严厉的手段管家，与唯唯诺诺的前半生判若两人。

在日本，辈分、性别和年龄的特权是很大的。但是行使这些特权的人并不像独裁者那样独断专行，反而更像受托人。父亲或长兄要对整个家庭负责，包括活着的、去世的和将要出生的。他必须做出有分量的决定并监督其执行。但是他的权威不是无条件的。他的行为必须符合家族荣誉。他得提醒儿子和弟弟家族的传统，包括物质和精神两方面的，并激励他们不辜负这样的传统。即使他只是一个农民，也会提出“位越高”则对家族祖先的“任更重”。如果他属于地位更高的阶级，家族责任感的分量就更重了。家庭的需求要先于个人的需求。

在处理任何重要事务时，不论什么阶层，一家之长都会召开家族会议讨论。比方说有关订婚的会议，家族成员可能会从遥远的全国各地赶来。在做出决定的过程中，个人的性格也许能起到无法估量的作用。一个弟弟或者妻子都有可能影响最终的决定。一家之主如果不听取家族意见擅自行动,就会给自己带来诸多麻烦。对那些命运被左右的个人来说,这些决定可能非常难以接受。他的长辈们却丝毫不会动摇,他们自己一辈子都服从家族会议的决定,当然会同样要求自己的小辈服从决定。这种决定权的来源和普鲁士的情况大为不同,在普鲁士,父亲在法律上和习俗上都拥有对妻子儿女的绝对决定权。这并不是说在日本要求就不那么严格,只是造成的影响有所不同。日本人并没从家庭生活中学会重视专制权利,也没有养成轻易服从专制的习惯。服从家族意志的需要产生于另一个崇高的价值观,尽管要求繁复,这个崇高的价值观和每个人都休戚相关,那就是共同的忠诚。

每一个日本人首先在家庭的怀抱里学会等级制度的习惯,并把所学应用到更宽广的经济生活和政治领域中去。他知道要对“适当位置”里地位比自己高的人毕恭毕敬,无论他们是不是真的掌权者。即便是一个被妻子支配的丈夫,或者被弟弟支配的兄长,在表面礼仪上仍然得到尊敬。特权阶级之间的正式界限并不会因为某些个人在幕后运作而被打破。这个表面是不会为适应支配关系的实质而改变的,它永远牢不可破。某种程度上来说那些享受实权而不担正式名分的人还有策略上的好处,因为他们更不容易受到攻击。日本人也从家庭生活中了解到,一个决定之所以能够有极大的影响力,是因为家族成员坚信它能够维护家族荣誉。这个决定不是专制的家长一时兴起而强加的命令。家长更像是一个家族共同遗产的受托人,这个遗产包括精神和物质的层面,对家族的每个人都有重要意义,也同样要求个人意志的服从,每个人都不例外。日本人反对使用武力,但他们对家族要求的服从并不因此而减弱,对那些有身份的人的敬意也并不因此而减少。

即使家里的长辈们很少成为强硬的独裁者，家族里的等级制度依然能得到有序维系。

美国人对人际行为显然有着很不同的标准，他们读到这些对日本家庭内部等级制度的简单描述时，并不能理解日本家庭里那种公认的强有力的感情纽带。每个家庭都非常团结，他们怎样达到这种团结就是本书的主题之一。同时，我们也要了解为什么他们在更为宽广的政治和经济领域同样要求实行等级制度，从而才能明白他们在家庭内部养成的习惯是多么彻底和根深蒂固，理解这一点非常重要。

日本的等级体制体现在家庭关系里，也同样严格地体现在阶级关系中。日本历史上一直都是一个等级森严的社会，而有着上百年等级制习惯的国家都有某些特定的优点和弱点，这些优弱点都极其重要。在日本，等级制是贯穿历史记录的生活准则，甚至早在公元七世纪，日本就已经开始向无等级制的中国借鉴生活方式，以适应自己等级制的文化了。在公元七至八世纪的时候，大中华帝国的高度文明把日本使节看得目瞪口呆，于是日本天皇和他的朝臣们给自己定了一个任务，要用这些高度文明的习俗来丰富日本。为此他们不遗余力。在此之前日本甚至没有书面语言。公元七世纪时，他们才采用了表意汉字，并用来书写自己完全不同的语言。在此之前日本有一种自己的宗教，命名了四万个主管山头村落的神赐福于人，这种民间宗教几经变化延续到今天，就是现代的神道教。七世纪时，日本从中国全盘引入了佛教，因为它是一种“护国至善”的宗教[1]。在此之前无论官方还是私人，

① 引自 Sir George Sansom, *Japan: A Short Cultural History*, 第 131 页，奈良时代的编年史。

日本都没有宏伟的永久性建筑，天皇以中国都城为模板新建了一座都城奈良，还参照中国模式建了多所宏伟奢华的佛寺和僧院。天皇根据使臣来自中国的报道引进了头衔、官阶和律法。一个主权国如此成功有计划地引进他国文明，在世界各国的历史上都可谓前无古人后无来者。

但是从一开始日本就没能复制中国那种无等级的社会组成。日本沿用的官衔在中国是授予科举及第的行政官员的，在日本则给了世袭的贵族和封建领主。这些人成了日本等级体制的一部分。日本被分割成很多个半自主的藩地，各地的藩主都互相嫉妒、眼红彼此的势力，因此和领主及其家臣、侍从的特权相关的社会制度才有实际意义。不管日本怎样努力地输入中国文明，都无法照搬中国的生活方式，比如中国的行政官僚系统，或不分阶级把所有人团结在一个大宗族周围的宗族系统，都没能取代日本自己的等级制度。日本也没有沿用中式的世俗“皇帝”概念。日语对天皇家庭的称呼是“居于云上者”，只有这个家族的人才能成为天皇。改朝换代在中国是常事，在日本则从来没有发生过。天皇是神圣不可侵犯的。那些把中国文化引进日本的天皇们和朝臣们无疑根本无法想象中国在这些方面做了哪些安排，他们也没法推测自己进行了怎样的变更。

正因如此，尽管日本从中国引进了各种文化，这个新文明仅仅是为延续数世纪的争端铺平了道路，争端的中心就是哪一个世袭的领主和家臣控制着这个国家。公元八世纪末，贵族藤原氏掌握了统治权，把天皇推到了幕后。随着时间的推移，藤原氏的统治遭遇了封建领主们的抗议，整个国家陷入了内战，这时其中一位著名的领主源赖朝打败了所有对手，以“将军”这一古老的军事头衔成为了国家的实际统治者。将军的全称实际上就是“平定夷人的大将”。遵循日本惯例，源赖朝把这个头衔定为源氏家族世袭，直到后代无法压制其他封建领主们为止。天皇成了傀儡，最主要的任务就是主持将军的授予仪式。他没有民事权力，实际权力掌握在所谓的幕府手中，幕府试图靠武力统治不听话的藩主。每个封建领主，即大名，都有自己的武装侍从，即武士。武士们听命于大名，在动荡年代时刻准备就敌对藩主或在位将军的“恰当地位”提出抗议。

十六世纪时内乱已经遍布全国。几十年的战乱后，伟大的德川家康战胜了所有对手，于1603年成为德川家的第一位将军。将军的称号在德川家传承了两个半世纪。1868年，将军和天皇的“双重统治”被废除，德川时代宣告结束，日本进入了近代时期。从很多方面来看这个漫长的德川时代都是历史上最引人注目的时期之一。它在日本维持了武装和平，直到最后一代，并施行了中央集权系统，很好地服务于德川氏利益。

德川家康曾面临一个很棘手的问题，也选择了一个有难度的解决方案。内乱中有些实力最强的藩地领主与他为敌，只有在最终溃败之后才向他低头。这些就是所谓的旁系“外样”大名。家康依然让他们统领自己的藩地和武士，事实上日本所有的封建领主在自己的领地上都继续享有最大限度的独立。但是他把他们排除在自己的家臣之外，也不让他们担任重要职务。这些重要位置都留给嫡系的“谱代”大名，即内战中家康的支持者们。为了维持这种困难的管理体制，德川氏的策略是防止封建领主积蓄力量，阻止其中可能威胁将军统治的大名联合起来。为了在日本维持和平与德川家的统治地位，德川氏不仅没有废止封建体制，反而试图进一步强化它，使其更为严密。

日本封建社会的阶层化非常复杂，每个人的地位都是世袭的。德川氏巩固了这一系统，并规定了每一阶层的日常行为细节。每户的家长必须在自家门口贴上告示说明他的阶层地位，和有关世袭身份的必要事实。他能够穿什么样的衣服，买什么样的食物，可以在什么样的房子里合法居住，都根据世袭的地位决定。皇族和宫廷贵族以下，日本共有四个阶层，按等级次序由高到低排列如下：武士、农民、工匠和商人。地位最低的就是流民了。流民中为数最多而又最出名的就是“秽民”，即那些从事禁忌行当的人。他们有捡垃圾的，埋葬死刑犯的，也有剥动物皮和制革的。他们是日本不可接触的一群人，或者更确切地说，无法计数的一群人，因为连经过他们村落的路段都不计入里程数，仿佛这片土地和这片地区的居住者根本不存在。他们极度穷困，虽然职业有保障，却存在于正式的社会架构之外。

商人仅排名在流民之上。无论美国人看来有多奇怪，这在封建社会是非常真实的。一个商人阶层的存在总会扰乱封建制度。随着商人日益发达并受到尊敬，封建制度就渐渐败落。当德川氏在十七世纪下令断绝日本对外交流时，他颁布的是有史以来所有国家中施行的最为严厉的锁国法令。他们以此削弱了商人的立足之地。当时日本在整个中国和朝鲜沿海都有贸易，本不可避免地推动了整个商人阶层的发展。德川氏终结了这一切，因为制造或营运大于某一固定尺寸的船只都可以被处以极刑，得到许可的小船既不能航行到大陆，也无法运载商品。各藩的边境之间设立了关卡，严格管理防范货物的进出，国内贸易也因此受到了很大的限制。其他法律则侧重于强调商人低下的社会地位。奢侈取缔令明文规定了他们可以穿的衣服，可以拿的伞，和婚丧的开支额度。他们不能住在武士区。面对武士刀和拥有特权的武士,他们没有任何法律保护。试图把商人压制在较低地位的德川政策当然不适用于货币经济,而日本当时就是在货币经济基础上运行的,所以它的失败是必然的。不管怎么样,德川氏还是尝试了。

对于一个稳定的封建制度而言,武士和农民是其依赖的两大阶级,因此德川政权对这两个阶级做出了严格的规定。在家康最终平定内乱之前,大军阀丰臣秀吉已经用其有名的“刀狩令”完成了对武士和农民两大阶级的分离。他剥夺了农民的武器,给了武士佩刀的特权。武士不再能够兼职农民、工匠或商人。即便是最低下的武士也不能合法地成为一名生产者,他成为了寄生阶级的一员,靠从农民身上抽税获得每年的俸禄。大名控制着这种米租,按份额分配给每个随从武士。武士从哪里谋求生计毋庸置疑;他完全依赖于领主。在日本历史的早期,封建领主和手下武士之间的牢固纽带是在不间断的藩地战争中结成的;在和平的德川时代,这种纽带则变成经济性质的了。因为日本的武士和欧洲中世纪的骑士不同,既不是拥有领土及农奴的小领主,也不是历险求财的兵士。他依靠的是一份固定但数目不大的俸禄,其俸额早在德川初年时就已确定。日本学者估计过所有武士的平均俸禄大概与当时农民所挣的钱差不多,仅够勉强糊口。① 对这样的家庭来说最大的缺点就是要在继承人中平分这份俸禄了,因此武士家庭都限制自己的家庭人口。他们最讨厌的就是靠财富和炫耀赢得的声望,所以他们在武士准则中非常强调把节俭当作最高美德。

---

① 引自诺曼(Herbert Norman),《日本维新史》(*Japan's Emergence as a Modern State*),第17页,注释12。

一道鸿沟隔开了武士和其他三个阶层:农民、工匠和商人。后三种是“庶民”,武士不是。武士们凭着特权佩刀,刀代表着他们的阶层,而不仅仅是装饰。他们有权对平民用刀。德川时代之前的武士们就习惯这么做。德川家康无非是用法令把旧习合法化了:“对武士行为无礼或对上司不敬的平民可就地斩首。”德川家康完全不曾计划在庶民和武士这两个阶层间建立起互相依靠的关系。他的政策是建立在严格的等级制度基础上的。两个阶级都由大名统领,各自直接隶属大名,他们就仿佛在不同的阶梯上。每个阶梯的上上下下都有自己的法律、规定、管理和义务,两个阶梯上的人之间则只有距离。情势所迫时这两者之间的分隔曾一次次被打破,但那不是体制的组成部分。

在德川时代,武士已经不仅仅是舞刀弄剑的武夫,他们渐渐地成为各自领主产业的管事,有些则成为精通能剧和茶道之类风雅艺术的专家。掌管各种礼仪也成为了他们的责任,大名的种种密谋也都由他们巧妙地执行。两百年的和平是很长的一段时间,个人使用武力是十分有限的。就像商人们在等级规定的限制下,依然发展出一种追求舒适高雅的城市生活方式;武士们尽管随时可以拔刀相向,也发展出了风雅的技艺。

农民们尽管在法律上无法反抗武士,又身负沉重的米粮税,并受到其他种种限制,但是他们还是受到某种程度的保护。他们对田地的所有权得到保障,而在日本,地产赋予了一个人声望。在德川氏的统治下,土地不得永久让渡是对耕种者而言的,与欧洲的封建社会不同,这条法律保护了耕种者的利益,而不是封建领主的利益。农民对自己最为重视的东西拥有永久的耕作权,他也同样勤勤恳恳、不辞劳苦地耕作,直到今天他的子孙们依然以同样的态度耕种稻田。尽管如此，农民就像是传说中撑起地球的大力士阿特拉斯，他们支撑起人数约两百万的整个上层寄生阶级，其中包括了将军的幕府，大名的各种府邸机构，以及武士。农民们被课以实物税，也就是说，他把自己收成的一定比例上交给大名。相比另一个水稻国家暹罗，它传统的赋税是百分之十，而在德川氏的日本则是百分之四十，实际上甚至更高。有些领地的税高达百分之八十，农民还要经常被征用或服徭役，极大地消耗了他们的时间和精力。就像武士们一样，农民们也限制自己的家庭规模，整个日本的人口在德川氏执政的几百年里几乎保持不变。对一个处在长期和平的亚洲国家而言，这些不变的人口数字很能说明统治政权的问题。它对领俸禄的侍从阶层和生产阶层的限制如斯巴达式的苛刻，但是每个依赖者和上级之间的关系相对而言却比较可靠。每个人都知道自己的义务、权利和地位，如果这些权利、地位受到了侵犯，最穷困的人也会抗议。

农民们即便再穷困潦倒，也会向封建领主进行反抗，有时甚至还会向幕府的执政者反抗。在德川执政的两个半世纪里，至少有一千起这样的抗议。抗议的缘由不是"四成归王公，六成属耕者"的传统重税，而全都是反对额外的附加税。一旦忍无可忍，农民们就大量聚集游行反对领主，但是请愿和审判的步骤还是有秩序的。农民们起草正式的、要求公正的请愿书，上交给大名的内臣。如果请愿书被中途截走或者大名置之不理，他们就派代表上京向将军府递交状纸。在一些著名的案件中，农民们为了保证成功递交诉状，甚至趁江户（东京）城内的有些高官坐轿过街时把状纸塞到轿子里。不管农民们为了递交诉状冒了多大的险，幕府的官员收到状纸后会进行调查，大概有一半的判决有利于农民。[①]

然而幕府对农民们申诉的判决并不意味着日本的法律和秩序允许他们这样做。农民们的抱怨也许事出有因,政府满足他们的要求也许是可取的,但是农民领袖们依然违反了严格的等级有别的法律。不管判决是否对他们有利,他们都违反了对主人忠诚这一核心法律,这一点不能被忽视。他们因此将被判处死刑。他们行为动机的正确性与此毫无关系。即使是那些受罚的农民也接受这种必然结果。被判刑的人是他们的英雄,人们大量地涌到刑场,领头人物在这里或被滚油烫死,或被砍头,或被钉上木架,但现场的群众不会暴动。这就是法律和秩序。他们也许会在事后为死者修建祠堂,把他们当作烈士供奉,但是农民们接受死刑,因为这是他们赖以生活的等级制度的重要组成部分。

简而言之,德川的将军们试图巩固每个藩地里的等级结构,让每一个阶级都依赖于封建领主。大名处在每个藩地等级结构的最高点,他可以对所有依赖他的人行使特权。将军的最大行政难题就是怎样控制大名们。他极尽可能地阻止各大名之间进行联合或实行侵略计划。各藩地的边境设有官员检察通行证并征收关税,对"出境的女子和入境的枪炮"严格把关,以免任何大名把自己的姬妾送走,并走私武器入境。任何大名想要联姻都必须得到将军的许可,以免联姻导致危险的政治合作。藩地之间的贸易重重受阻,以至于到了"有桥不能过人"的地步。将军密布眼线,对大名们的开销

---

① 博顿(Borton),休(Hugh),《日本德川时代的农民起义》(*Peasant Uprisings in Japan of the Tokugawa Period*),日本亚洲学会丛刊(Transactions of the Asiatic Society of Japan),第2辑,16(1938)。

相当了解。一旦哪个大名库存富裕起来,将军就要求他承担开销不菲的公共工程,使其不得逾矩。所有规矩中最有名的就是每个大名必须每年在江户居住半年,即使回到自己领地上的住所之后,依然必须把妻子留在江户作为将军的人质。通过上述种种手段,当政者保证了自己的优势,确立了自己在等级制度中的统治地位。

当然,将军并不是这个拱门式结构的最关键拱顶石,因为他是以天皇授命的方式来执政的。天皇及其世袭的宫廷贵族们(公卿)被孤立在京都内与世隔绝,并没有实权。天皇的财力还不如一些无足轻重的大名,宫廷礼仪也得严格遵守将军的规定。但是即便是最强大的德川将军也没有任何要取消这种天皇和摄政者双重统治的意思。这在日本有旧例可循。自从十二世纪以来,将军就以天皇名义统治国家,而天皇则没有实权。曾有几个世纪,这种双重统治的职能演变到了一个极端的地步:一个有名无实的天皇把政权委托给一个世袭的世俗首领,而真正的执行者则是那个首领的世袭顾问。这种层层委托的现象非常普遍。即使是在德川统治接近崩溃的时期,美国海军指挥官佩里(Perry)也没想到要征询天皇的意见。他们早已忽略了将军背后还有天皇的存在。我们的首任驻日公使唐森德·哈里斯(Townsend Harris),在1858年和日本谈判第一个通商条约时,才慢慢在谈判中悟到,实权者的背后还有一个天皇。

事实是,日本对天皇的定义在太平洋地区的岛群中频频可见。他是神圣的首领,却不一定参与日常管理。有些太平洋岛群的首领直接参政,另有一些岛群的首领则授权给别人。但是一致不变的就是首领本人是神圣的。新几内亚的部落中,神圣的头领是绝对不可冒犯的,他非但不能自己进食,连别人喂他时所用的调羹也不能碰到他神圣的牙齿。他出国时必须时刻有人抬着，因为一旦他的圣足踏在哪块土地上，那地方就自动成为圣地，必须转为该头领所有；他的头特别不容侵犯，没有人能够碰触；他的话能直达部落神灵。某些太平洋岛群上，例如萨摩亚岛和汤加岛，神圣头领并不纡尊降贵参与世俗生活。所有的政务由一个世俗的头领料理。詹姆士·威尔逊(James Wilson)曾在十八世纪末到过位于东太平洋的汤加岛，他记录“那里的政府和日本的政府最为相像，神圣的皇帝都成了某种程度上军事首领的政治犯”。[①] 汤加岛的神圣头领被隔绝在公共事务以外，但是他们执行宗教仪式的任务。花园收获的第一批果实必须供给他们，由他们执行一个仪式之后人们才能开吃。一旦神圣头领去世，讣告中要称其“上天空了”。他会被隆重地葬在皇室墓地，但他从未参与政府管理。

尽管天皇毫无政治权力，好比“某种程度上军事首领的政治犯”，但根据日本人的定义，他在等级制度中占取了一个“恰当地位”。对日本人来说，天皇是否积极参与日常事务，并不是用来衡量他地位的标准。天皇在京都的宫廷对他们来说也很重要，因此才能历经数世纪征夷大将军的漫长统治而得到保存。只有在西方人的眼里，天皇的角色才显得多余。日本人对这个问题的看法就很不同，因为他们在各个方面都习惯了等级制度中对各个角色的严格定义。

从流民到天皇，日本封建时期对等级制度的明确规定对近代日本产生

---

① Wilson, James, *A Missionary Voyage to the Southern Pacific Ocean Performed in the Years 1796, 1797 and 1798 in the Ship Duff*, 伦敦, 1799 年, 第 384 页。转引自 Edward Winslow Gifford, Tongan Society. Bernice P. Bishop Museum, Bulletin 61, 夏威夷, 1929 年。

了巨大的影响。毕竟，封建统治在七十五年前才合法结束，深入人心的国民习性则很难在有生之年消失。下一章就会讲到，尽管国家的目标急剧变更，近代日本的政治家们依然处心积虑地保存现有制度的大部分。相比其他任何主权国家，日本人都更加习惯生活在一个细枝末节都有章可循、个人地位被明确规定的世界里。两个世纪以来，这个世界的法律和秩序都是靠铁腕和强权来维持的，因而日本人渐渐把这个细细划分的等级系统等同于安全和保障。只要他们不出格，安分地履行自己的义务，这个世界就是可靠的。盗贼得到了控制，大名间的内乱得到了防止。如果臣民能够证明他人有逾矩行为，就能够像农民受剥削时那样上诉。这对个人而言虽有风险，但被允许。德川政权中曾有一位杰出的将军甚至设立了意见箱，供市民投递抗议书，只有将军本人才有钥匙开箱。这些都是真实的举措，保证日本国内有违规的行为会及时得到矫正。每个人只要信赖并遵循这个制度就能获得安全。勇气和正义体现在对制度的遵守上，而不是对它的修改或反对上。在标明的范围内，这个世界制度明确，因此在日本人眼里也就是可靠的。它的规定不是戒条那样抽象的道德标准，而是细致地说明在这样那样的场合该怎么做，面对武士该如何，面对庶民又该如何，面对长兄该如何，面对幼弟又该如何。

有些国家在强大的等级制统治下变得懦弱可欺，日本却没有。我们要认识到日本的各个阶级都得到了特定的保障，这一点非常重要。即使是流民也有垄断各自行当的保障，他们的自治团体也得到了政府认可。每个阶级都受到诸多限制，但是都有序而安全。

日本的等级限制也有一定程度的灵活性，这点就与印度不同。日本的习俗提供了好几种明确的办法，可以操纵现有制度而不粗暴违背惯例。一个人可以用好几种方法来改变自己的等级地位。在日本的货币经济下，放贷人和商人不可避免地富裕起来，有钱人就利用各种传统手段来渗入上层阶级。他们通过抵押和出租来成为"地主"。农民和土地虽然受法律保障不可分割，但是日本农场的佃租非常高，因此对地主而言，让农民留在土地上是有利可图的。放贷人就定居在一处收取佃租，这样的土地"所有"权在日本让人名利双收。这些人的子女通过和武士通婚，就成了士绅。

另一个利用等级体制漏洞的方法是收养。这就提供了花钱购买武士地位的途径。尽管德川政府有着诸多限制，随着商人们渐渐地富裕起来，他们就想把儿子过继给武士家庭当养子。日本人很少收养子，通常都是为女儿招收上门女婿，是为"赘婿"。他会成为岳父的继承人，但是付出的代价也不小，因为他将被自己家的户籍除名，而加入妻子家的户籍。从此他会改姓妻子的姓，并跟岳父母一起生活。代价虽高，好处也是巨大的。富商子弟成为了武士，而贫困的武士家庭则有了有钱的姻亲。等级制度没有受到冲击，依然一成不变，但是通过对它的巧妙操纵给有钱人提供了上层阶级的身份。

所以日本不要求各等级只在内部通婚。通过一些被认可的安排就可以实现等级之间通婚。结果就造成了富足的商人渗入下级武士阶层，这一现象很大程度上拉开了日本和西欧的差异。欧洲封建制度的崩溃是因为受到日益强大的中产阶级的压力，这一阶级统治了近代的工业时代。而在日本，这样强大的中产阶级就没有诞生。商人和放贷人都通过合法手段"买"来了上层地位，商人和下级武士形成了联盟。不得不令人惊奇并指出的是，当欧日的封建制度同时面临灭绝的威胁时，比起欧洲大陆来说，日本在更大程度上允许了等级之间的流动。日本社会没有任何迹象表明贵族和中产阶级之间发生过阶级斗争就是对这一点最好的证明。

这两个阶级达成的共同目标对双方都互惠互利,指出这一点并不难。这种双赢的情况在法国也出现过,在西欧也有个例能够证明。但是欧洲的等级制异常死板,阶级间的摩擦导致了法国对贵族财产的没收。而在日本,阶级间的距离缩小了,最终推翻衰落幕府的联盟就是商人、金融家和武士之间的联盟。近代的日本依然保留了贵族体制,但是如果没有特定手段来允许阶级流动的话,这种贵族体制几乎是不可能存活的。

日本人热爱并信赖其细致而又明确的行为体系是有一定原因的。只要服从规定,个人的安全就有保证。这个系统也允许对非法的侵犯提出抗议,只要手段得当还能利用它为自己谋利。它要求互相履行义务。当德川政权在十九世纪上半叶崩溃时,日本没有一个团体赞成破坏这种系统。在这里没有发生"法国大革命",连类似 1848 年"二月革命"的事件也没有发生。然而那是一个令人绝望的时代。从平民到将军,每个阶层都欠了放贷人和商人的债。仅仅要维持庞大的非生产阶级的吃饭问题和日常政府开支就已经相当困难了。逐渐为贫困所扰的大名们开始无力支付随从武士的俸禄,整个封建关系网成了笑柄。大名们试图通过增加农民们已经很沉重的租税来免于破产。他们提前征收几年的税,使农民们陷入了极度的贫困。幕府也已破产,无力维持现状。1853 年当海军司令佩里和他的士兵们来到日本时,整个国家基本已濒临绝境。在他强行入侵之后,日本因无力抗拒,于 1858 年和美国签订了通商条约。

当时日本举国上下的呼声却是"一新",即追溯过往,恢复旧观。这和革命正相反,甚至根本不是进步。和“复皇”口号相呼应的是同样得人心的“攘夷”口号。全国都支持的政纲旨在回到锁国闭关的黄金时代,只有极少数的领头人看到了此路不通,还为此遭到暗杀。日本这个不具革命性的国家会改变道路来迎合西方模式似乎毫无可能。更无法想象的是,不用五十年日本会以自己的立场和西方国家竞争。但是这一切就是发生了。日本运用自己完全不同于西方的力量达到了一个目标,一个位高权重的集团和公众意见都没有要求过的目标。十九世纪六十年代的西方人即使通过水晶球看到了未来也不会相信。天际连巴掌大小的云都没有,根本无从预示此后数十年将要席卷日本的暴风雨。尽管如此,不可能发生的事发生了。日本落后而又被等级制所累的民众突然走上了新道路,并且坚持了下去。

第四章

明治维新

把日本带入近代的战斗口号是“尊皇攘夷”,即“还政天皇,驱除蛮夷”。这句口号试图杜绝外部世界对日本的影响,使日本回到十世纪那种还没有天皇和将军双重统治的黄金时代。天皇在京都的宫廷是极端保守的。对“保皇派”来说,他们的胜利就意味着羞辱和驱逐外国人出境,恢复日本传统的生活方式,也意味着“改革派”将在国政上再无置喙的余地。威名赫赫的外样大名们(也就是日本最强大的那些藩地的领主们)带头推翻了幕府。他们以为通过“复辟”就可以取代将军来统治日本,其实他们只不过是想要换一个班子。农民们想要多保留一点自己种的粮食,但是又痛恨“改革”;武士们想要保留自己的俸禄,并有权使用自己的刀剑建立更大的功名;从经济上支持了复辟势力的商人们想要推广重商主义,却从来不曾责难过封建制度。

1868 年倒幕运动结束了双重统治,也代表了反德川势力的胜利。以西方人的眼光来看,当时的胜利者们致力于一个极端保守的孤立政策。然而从他们当政的第一天起,明治政府走的就是一条相反的道路。新政府当权还不到一年就废除了大名在所有藩地的收税权。所有的土地登记册要求上缴，农民们本该交给大名的四成税也直接收归国有。作为补偿，政府分给每个大名相当于他正常收入一半的补贴。与此同时政府也不再需要大名养活武士侍从或承担公共工程费用。武士们同大名们一样，从政府领取俸禄。其后的五年里，所有法律上曾明文规定的阶级特权被迅速废除，明治政府还取消了家族徽章和不同阶级的着装规定，甚至连发辫也得剪掉。流民们得到了解放；禁止土地让渡的法律被撤销；藩与藩之间的屏障被拆除；佛教的国教地位也被取消。到 1876 年，大名和武士的俸禄按照五到十五年的总数一次性发放。数目大小取决于他们各自在德川时代的固定收入。这笔钱使他们有资本在新的非封建社会创业。“早在德川时代，商人、金融巨头结盟封建贵族和土地贵族就已经十分明显。这些措施对他们的联盟势力只不过起到了最后巩固的作用。”

稚嫩的明治政府做出的这些不同凡响的改革并不得人心。从 1871 年到 1873 年，老百姓对侵略朝鲜的热情可能远远高于任何一项改革举措。明治政府不但坚持了激进的改革道路，还扼杀了侵朝的计划。那些当初为建立新政府而赴汤蹈火的人们如今大部分都激烈地反对新的施政方针，以至于到 1877 年，这些人的最高领袖西乡隆盛组织了一场大规模的反政府叛乱。他的军队代表了保皇派支持封建制度的所有期望，“复辟”的第一年，新成立的明治政府就背叛了他们。政府招集了由非武士组成的志愿军，打败了西乡隆盛的武士们。但是这场叛乱显示了国内的民众对明治政府是何等的不满。

农民对新政府的不满也同样明显。明治政府的头十年，即 1868 年到 1878 年之间，至少爆发了一百九十次农民起义。直至 1877 年，新政府才首次减轻农民的重税，也难怪他们认为新政权辜负了他们的期望。除此之外，农民们还对许多新政策表示不满，其中包括建立学校、征兵、土地测量、剪发辫、流民平等制度、严格限制官办的佛教寺庙、历法改革以及其他许多改变他们日常习惯的举措。

那么，到底是谁组成了这个政府，进行了那么多激进又不受欢迎的改革呢？其实新政府的"激进派"是由日本下级武士和商人阶级组成的"特别联盟"。即使是在封建时期，特有的日本体制已经助长了这种联盟的形成。这些侍从武士曾经给大名们当管家和管事，学会了政治手腕，也曾经管理封建垄断的矿业、纺织业、纸板业及类似产业。这些商人买到了武士身份，并在阶级内传播了生产技术的知识。这个武士和商人的联盟迅速地把一些能干和自信的行政官员推到前台，起草并执行着明治时期的新政策。然而真正的问题不是这些人出身于哪个阶级，而是他们到底为什么能够如此精明、干练和务实？十九世纪后半期日本刚刚脱离中世纪，国力就像现在的暹罗那样薄弱。而就在这样的情况下，它孕育出的领导人却能够计划并完成各国历史上最具政治家风范、最为成功的改革大业，实属不易。这些领导人的长处和短处都源于传统的日本国民性格，本书的主要目的就是要讨论这种性格在过去和现在如何显现出不同的特点。这里，我们先看一看明治时期的政治家们是如何完成他们的改革大业的。

他们完全不觉得自己的任务是一场意识形态上的革命，而只把它当作份工作。他们所设想的目标就是把日本变成一个不容轻视的国家。他们并不想彻底地反传统，也并没有辱骂批判封建阶层或没收其财产。相反，他们用足够多的俸禄诱惑封建阶层，使他们最终成为自己的拥护者。同时，他们毕竟改善了农民的处境。虽然减税政策被耽误了十年,但这似乎更多地是因为明治政府早期的国库亏空所致,而不是出于阶级矛盾。

然而,明治政府中那些精明能干、掌握实权的政客们却极力反对任何取缔日本等级制度的想法。通过"复辟",新政府简化了等级秩序,把天皇放在金字塔尖,取消了将军。他们通过废除藩,消除了忠于藩主和忠于国家之间的矛盾。这些变化并没有从根本上革除等级制的习惯,只不过赋予了这些等级相对应的新的位置。"阁下们",即日本的新领导人,甚至强化了中央集权的统治,以便更好地施政于民。恩威并施是他们的生存之道。但是他们从未想过要迎合公众言论,不管这种舆论是反对改革历法,反对建立学校,还是反对歧视流民。

说到自上而下的恩惠,我们不得不提到天皇于 1889 年赐予臣民的日本国宪法。宪法赋予了人民参政的权利,并建立了国会。这部宪法是"阁下们"通过批判研究西方各国不同宪法而精心起草的,然而起草者却"尽一切可能防止公众舆论对政府工作的干扰和影响"。[①] 起草这一宪法的部门就是宫内省的一个局,因此是神圣不可侵犯的。

明治政府的政治家们对于自己的目标是非常明确的。十九世纪八十年代,宪法框架的制定者伊藤博文公爵派遣木户侯爵去英国会晤赫伯特·斯宾塞(Herbert Spencer),咨询有关日本面临的问题。长时间的交谈过后,斯宾塞把自己的意见以书面形式交给伊藤。在等级问题上,他表示日本的传

① 根据日本权威,语出起草者之一的金子坚太郎男爵。参阅诺曼,《日本维新史》,第 88 页。

统结构中拥有于国家健全有利的坚实基础，值得保护和发扬。他认为，国民对“上级”的尊重，特别是对天皇的绝对忠诚，为日本的复兴提供了契机。日本可以在“上级”的领导下稳定地前进，并可以由此避免那些崇尚个人主义的国家所要面临的问题。对斯宾塞的意见，明治政治家的巨头们非常满意，因为这也应验了他们的想法，那就是：要在现代社会中保留“各得其所”的好处。他们并不想要削弱对等级制度的依赖。

不论是在政治、宗教，还是经济领域，明治政府都对国家和个人之“恰当位置”的义务有明确规定。他们的整个体系对于英美国家来说是如此陌生，以至于我们通常都无法辨认他们那个系统的基本构造。比如说，日本是从上而下的强制统治，不必听从公众意见。政府由权势阶层掌管，普选出来的向来不受重用。民众完全没有发言权来影响这一层次的人的决策。1940年，政府最高层的组成大致如下：那些能够谒见天皇的人、天皇的顾问以及有天皇御玺盖章任命的高官。其中，天皇任命的高官包括内阁大臣、府县知事、法官、各局局长及其他类似级别的官员。没有一个选举出来的官员能在此等级制度中获得这样的地位。比方说，在选择或通过内阁大臣、财务部或交通部的部长人选时，一个国会议员完全无权置喙。选举组成的国会下院是国民的喉舌，拥有相当可观的质询和批评高级官员的特权，但是下院无权左右任命、决定或者预算，也无法提议立法。上院的组成一半是贵族，四分之一是天皇任命的。由非选举组成的上院对下院甚至有审核权。因为上院拥有和下院同样的批准法律的权力，因而审核权其实显示了两院间的等级差别。

通过这种方式，日本保证政府中那些“阁下们”的高官地位，但是这不等于说日本社会的“恰当位置”上就没有自治的现象。在所有的亚洲国家中，不管采用什么样的政权，统治权威往往自上而下。他们的政权总是在中间地带遭遇自下而上的地方自主势力抗衡。各国的差别在于民主化的程度，政府承担责任的范围，当地领导的责任对象是全体选民，还是以牺牲一定的公众利益为代价来保证地方上少数权势阶层的利益。同中国一样，德川时代的日本以五到十个家庭为一个小单位，也就是我们现在称的“邻组”(neighboring families)，是整个人口中最小的责任单位。每个“邻组”的组长负责自己组内的事务，他得保证组员行为规范，报告任何可疑行为，并把逃犯交还给政府。明治政府最初废除了这些制度，但是后来又恢复了它们并称之为“邻组”。城镇的政府有时也积极扶持“邻组”，但现在的农村里“邻组”已经很少有用了。“小村”成为更重要的社会单位。“小村”虽然没有被废除，但也没有被政府当作正规的社会单位。它们是国家管不到的灰色地带。这些由十五户左右家庭组成的村落直到今天，依然通过每年轮换村长的方式有组织地经营着。村长“管理村庄财产，监督村庄发放给家庭的丧款或灾款，决定农耕、盖屋和修路等集体合作的日程安排，节假日用特定方式敲钟击鼓，以示通告”。[①] 与有些亚洲国家不同，日本的村长不用负担征税的责任。他们的地位是一清二楚、没有疑问的：他们的职责主要体现为地方的民主化。

近代日本的地方行政机构主要划分为市、町和村。由当地推选产生的“德高望重的长者”任命一位地方代表，专门和代表国家的府县官员及中央

---

① 约翰·恩布里(Embree, John F.)，《日本民族》(*The Japanese Nation*)，第88页。

政府打交道。在农村,这位代表通常是一个老住户,同时还需要拥有自己的土地。虽然担任这一职务有经济上的损失,但是也有相当的威望。他和长者们一起负责村里的财政、公共卫生和学校的维护,还要特别负责财产登记和个人档案。村公所是个忙碌的地方,这里负责支配国家给全村儿童的小学教育拨款。一个地区所要承担的学校开支很大,通常高于国家的拨款,因此村公所还要负责筹募和支配其他教育经费。村公所还负责管理出租集体财产、土壤改良、植树造林和财产交易记录。任何财产买卖只有在村公所登记过后才算合法。只要村民在当地有正式户籍,村公所就得不断更新有关他的记录,包括居住状况、婚姻状态、子女出生、领养过继、违法行为以及其他各种资料。此外村公所还记录有关家庭的类似数据。个人材料可以从日本任何地方迁入他的户籍所在处,并登记在案。个人无论在什么情况下,如求职、受审或其他需要身份证明的场合,都可以致函或亲自到自己的户籍所在处,要求本人资料的副本,以便交给有关方面。因而人们对档案都非常重视,不会轻易让自己和家庭的档案添上不良记录。

因此市、町、村都承担着相当大的责任,这是一种公众责任。即便是在二十世纪二十年代,日本已经有了全国性的政治党派,这对任何国家而言都意味着执政党和在野党的交替执政,但是日本的地方行政机构大体上还是没有受到党派影响,依然是长者们代表整个团体执政。尽管如此,地方行政机构在下述三方面并不自治:所有的法官都是国家指派的,所有的警察和老师都是国家的雇员。因为日本人部分的民事官司仍然通过仲裁或者中间人解决,所以法庭对地方执政的影响微乎其微。相比之下,警察的职能则重要得多。公众集会时必须有警察在场,但是这些任务只是间歇性的,警察们的大部分时间都用在了登记个人和财产资料上。国家可以频繁将警察从一个地方调到另一个地方以避免他们和当地人勾结。学校的老师也经常调动。国家规划了所有学校事物的细枝末节。和法国一样，日本所有的学校在同一天的教案都是一样的；每个学校都在早上同一个时间听同样的广播做早操。地方没有对学校、警察或者法庭的自治权。

因此日本政府和美国政府在各个方面都有很大的不同。在美国，选举产生的人员担负最高行政和立法责任，通过指挥地方警察和刑事法庭实现对地方的管理。但是与荷兰或比利时等西欧国家相比，日本的政府设置也并没有什么差别。比方说，荷兰和日本一样，女王的内阁起草所有法律，国会实际上并不立法。不过，荷兰女王可以合法任命所有城镇的市长，尽管这些任命大多由地方举荐，女王通常只需批准而已，但形式上她的权力可以延伸到地方事务，而日本在1940年以前还做不到这一点。另外，日本警察和法院直接对君主负责也是沿袭荷兰的制度。但是在荷兰，任何教派集团都可以随意建立学校，日本的学校系统则是仿效法国。在荷兰，开凿运河、围海造地以及本地发展等任务也是由全体当地民众共同承担的，而不属于政治选举产生的市长和官员的职责。

真正把日本式的政府和西欧式的政府区别开来的不是形式，而是职能。日本人过去的经历使他们养成了顺从的习惯，这一习惯又在他们的道德体系和礼仪中得到了巩固。政府可以很放心地确定，只要“阁下们”在其位谋其政，他们的特权就会得到尊重。这不是因为他们的政策得到了认可，仅仅是因为在日本，特权的界限不可逾越。日本的最高决策层中，“公众意见”是没有位置的。政府只要求“公众支持”。当政府在地方事务上划出官方管辖领域时，地方民众也会顺从地接受。大部分美国人把政府当作邪恶但又不可或缺的权力实体。但日本人则不然，他们认为政府更像是至高无上的神。

另外，日本政府还非常谨慎地为民众的意愿确立了“恰当位置”。在合理的管辖范围内，即使政府提出对人民有好处的决议，也希望寻求人民的支持。在改良旧式农耕法时，日本负责国家农业发展官员和美国爱达华州的同行们差不多，没有使用行政权力强行推广新政策。在鼓励建立由国家担保的农村信用社、农村供销合作社时，政府官员必须要和地方名流进行多次深入的平等交谈，然后接受他们的建议。地方性事务需要由地方处理。日本人的生活方式就是给适当的人分配适当的权威，并定义其适当的权限。与西方文化相比，日本人更加顺从“上级”，因而他们的“上级”也拥有更多的行动自由。但是“上级”本身也必须安守本分。日本人的座右铭就是：“各就其位。”

同政治领域相比，明治时期的政治家们对宗教领域的改革更加古怪。其实他们不过是在遵循同样的座右铭罢了。日本在其他各个方面都任由个人自由选择信仰，只有一种特别的信仰被纳为国家管辖领域，其崇拜对象被视为国家统一和民族优越性的标志。这就是国家神道教。就像美国人要向国旗致敬是因为国旗是国家的标志，神道教在日本也受到特殊的尊敬。日本人说“国家神道教”其实“算不上是一种宗教”。因此就像美国要求公民向星条旗致敬一样，日本可以要求所有公民都信奉“神道教”，而这也并不违反西方人所谓的信仰自由。这两者都不过是一种对国家忠诚的表现。既然它“算不上是一种宗教”，日本就可以在学校里教授“国家神道”而不怕西方社会的质疑。学校里学习“国家神道”就是学习日本从众神时代开始的历史以及对天皇这个“万世一系之统治者”的崇敬。神道教的教育由国家统一支持和管理。而对其他任何宗教,日本都像美国那样听任个人意愿,连神道教的分支和世俗的异教神道也不例外,就更别提佛教和基督教了。这两类不同地位的宗教在行政和经济上也是完全分开的。国家神道教在内务省有自己的局,有关神职人员、祭祀仪式和神社的开支都由国家负责。异教神道、佛教和基督教都隶属文教省的宗教局,有关开支来自于教徒或信众的善款。

由于日本在这一话题上的官方立场,我不能称国家神道教为一个巨大的国教,但至少我可以称它为一个巨大的机构。日本共有大大小小超过十一万座神社,规模宏伟的如祭祀天照大神的伊势大神宫,规模小的如地方神社只有因为要举行特殊仪式才有人打扫。全国的神官体系和政治体系相似,从最低级的神官,经地区级、再到府县级,直至被敬为“阁下”的最高层神官。与其说他们带领民众做礼拜,不如说他们为民众主持仪式,总之国家神道教和我们熟悉的教会活动完全不同。因为它不是宗教,法律禁止神官们布道传教,也不存在西方人概念里的礼拜。取而代之的是,在频繁的祭日里,当地的官方代表会来到神社参拜。他们站在神官身前,神官就挥舞着一根扎着麻绳和纸条的杆子为人们洁身驱邪。接着他会打开内殿的大门,尖声大喊,召唤诸神来享用贡品。神官一边祈祷,每个参与者一边根据身份地位高低依次恭敬地奉上维新前后的日本都同样神圣的东西:日本圣树的枝条,上面挂有白色纸条。然后神官们再用一声大喊恭送诸神归去,随即关上内殿大门。在国家神道教的大祭日里,天皇要代表人民举行仪式,政府机关也都关门休息。与地方神社的祭祀或佛教节日不同,这些祭日并不是老百姓们的节日,而前者是完全在国家神道教范围之外的“自由”领域。

在这些“自由”领域中,日本人民沿袭了他们一贯重视的各种教派和祭日。佛教依然拥有广大信徒,旗下众多的教派各有各的教义和始祖。各教派都非常活跃,几乎无处不在。即使是神道教也拥有国家神道教之外的众多支派。有的纯粹是民族主义的顽固堡垒,其历史甚至可以追溯到二十世纪三十年代之前,那时的政府还没有采取任何民族主义倾向的政策;有的主张信仰治疗,类似西方的基督科学教;有的信奉儒家教义;有的专攻神灵附体和朝拜圣山神社。广受欢迎的祭日也大部分在国家神道教范畴之外。在这些日子里,人们群集神社,每个人先通过漱口洁身,然后拉铃或拍手召唤神灵降临,恭敬地鞠躬之后再拉铃或拍手送神归去,接下来才开始这一天的正事:从摆摊的小贩那儿买些小玩意或尝尝小吃,观看摔跤比赛、驱魔仪式或者“神乐舞”(一种在神社表演的传统舞蹈,通常有小丑在舞蹈中调节气氛,观者云集)。一个曾在日本居住过的英国人在回忆日本的祭日时,总是想起威廉·布莱克(William Blake)的诗句:

如果教堂里能分酒喝,
再烧上暖火心里欢畅,
唱歌祈祷终日不觉长,
再也无人愿离开教堂。

除了那些立志苦行的人,日本的宗教并不清苦。日本人也着迷于宗教朝拜，通常的宗教祭日也是广受百姓欢迎的节日。

就这样,明治时期的政治家们仔细地规划了政府的国家职能和宗教领域里的国家神道教。他们在其他领域赋予了人们自由决定权,但是如果涉及那些和国家直接相关的事务,他们首先要保证自己作为新等级制中的最高统领所拥有的决定权。比如在建立军队方面,他们就面临了类似的问题。同其他领域一样,他们否决了旧的等级制度,但是比在民众生活中废除的等级制更加彻底。他们甚至废除了日本的军用敬语,虽然事实上旧习可能仍然存在。军官晋升不再看家庭出身,而是以业绩为重。这些政策施行的彻底程度在其他领域也是很难想象的。正因如此,军队在老百姓里享有当之无愧的盛誉。这也的确是为新军赢得民心的最好方法。排和连由同一地区的老乡们组成,和平时期士兵都在自家附近服役。对军队而言,这不仅意味着和地方建立起了某种关联,还意味着经过两年军训,每个人都习惯了军官与士兵、老兵与新兵的关系。这些关系凌驾于日常生活中的武士和农民、富人和穷人的关系之上。军队在许多方面起到了民主的平衡者作用,就很多方面而言,他们也是真正意义上的人民军队。在大多数国家中,军队都是用来维护现有秩序的强有力工具,而在日本,军队则同情弱小农民,多次加入到反对大金融家和工业家的抗争之中。

也许日本的政治家们并未预见到建立一支人民军队会带来这样一些后果,但是他们也并不认为有必要在地方的阶级矛盾中树立军队的绝对权威,为此,统治者在政府最高层制定了相应的措施。这些措施虽然没有被写入宪法,而是以惯例形式延续了军事统领在政府中的独立地位。这些陆海军大臣不同于外务或内政大臣,可以直接觐见天皇,无须征求内阁意见,并以天皇的名义强制通过法案。除此之外,军队还可以对内阁事务指手画脚。对自己不信任的内阁,他们可以拒绝派陆海军将领担任内阁相应的职位,从而使内阁无法组成。如果没有现役军官来担任海陆军大臣,内阁就无法成立;文职人员和退役军官都不能担任这些职务。同样的,如果军部不满现任内阁的任何举措,都可以召回内阁代表,造成内阁的倒台。在这个最高决策层内,军事首脑们是绝不允许任何人干涉他们的决定的。更何况他们还有宪法的保障:"如果国会未能通过递交的预算,政府可沿用上一年的预算。"在没有内阁支持的情况下,军部首脑甚至可以在政府决定之前就采取行动。比如尽管外务省一再保证不会出动武力,关东军依然强行侵占了满洲,这只不过是例子之一,在内阁没有一致政策的情况下,军部乘势支持地方司令官行动。军队同其他领域一样:只要事关等级特权,日本人倾向于接受所有可能的后果,不是因为他们认同这项政策,而是因为他们不赞成对特权提出异议。

在工业发展领域,日本采用了一条和西方国家完全不同的路线。还是那些"阁下们"制定了游戏规则。他们不仅仅制定了产业规划,还用政府资金建立并资助他们认为需要的产业,由一个政府官僚机构统一组织经营。他们引进外国技师,并送日本人去海外学习。然后,用他们的话说,当这些产业已经"组织完善、生意兴隆"时,政府把国企卖给了私有企业。它们甚至以"荒唐的低价"①逐步变卖给了政府精心挑选的金融集团,即以三井和三菱两大家族为主的著名"财阀"。

日本的政治家们认为工业对日本至关重要,不能任由供求关系和企业

① 诺曼,前引书,第131页。这段讨论基于诺曼发人深省的分析。

自主经营的法则支配。但是日本政府采用这一政策并不是受社会主义思想的影响,正相反,真正获利的还是那些大财阀。而日本实现了以最少的牺牲和浪费来建立起一批它认为必须发展的产业。

通过这些手段,日本成功地修改了“资本主义生产的出发点和正常的生产秩序”。[①]日本首先大力兴办关系国计民生的重工业,而不是根据以往的惯例从消费品和轻工业着手。兵工厂、造船厂、炼铁厂、铁路铺建享有优先权,其技术实力迅速提升至很高的水平。国家并非把所有产业都下放给了私人,庞大的军工产业依然把持在政府官僚机构手中,从政府的特别预算里拨款。

国家给予特别扶持的产业中,并不包括民营小企业和非官办机构。只有国企和有信誉的、政治上被青睐的金融财阀才能享受政策优待。但是和日本生活中的其他自由领域一样,在工业产业中也有一个自由领域。那就是所谓的“残余”产业,即那些投入少、劳动密集型的产业。依靠廉价劳动力,这些轻工业可以不依赖现代科技。在美国,我们曾经称类似的作坊为“家庭血汗工厂”。一个小生产商购买了原材料,分发给一个家庭作坊或只有四五个工人的小工厂进行加工,将半成品再次分包给其他小厂加工。如此几经反复,最后把成品卖给商人或出口商。二十世纪三十年代,日本产业界百分之五十三以上的工人是以这种方式在不到五个雇工的小工厂或家庭作坊里工作[②]。他们中的许多工人受到古老的“家长式”学徒制的保护,还

① 诺曼,前引书,第125页。

② 上田教授估计,见载于 Miriam S. Farley, *Pigmy Factories*。*Far Eastern Survey* , VI (1937),第2页。

有一些是大城市里的妇女，她们背负婴儿，在自己家里做计件工。

如同日本政府和宗教领域的双重性一样，日本工业的这种双重性在日本的生活方式中发挥着重要的作用。日本政治家们似乎认为他们需要在金融产业中营造起一个贵族文化，用来匹配他们在其他领域内建立的等级制度。于是他们为金融贵族们建立了战略性的产业，选择了政治上受到青睐的商人家族，并把他们放到“恰当位置”上和其他等级联系起来。他们并不打算让政府同这些金融大家族断绝关系。相反，财阀将受惠于一种延续不断的庇护政策，这种政策不仅给了他们利润，而且赋予了他们很高的地位。从日本人历来对利润及金钱的态度看，金融贵族制遭到人民攻击是在所难免的，但是政府尽其所能根据公认的等级制观念创造了这样的贵族制度。这种努力没有完全成功，因为财阀遭到了军队中所谓少壮派军官团体和农民的攻击。然而，事实上日本公众舆论攻击的主要对象并不是财阀，而是“成金”。“成金”常常被译成“暴发户”（nouveau riche），但是这个词并没有正确反映日本人的情感。在美国，“暴发户”一定是严格意义上的“新来者”，他们被人嗤笑是因为他们拙于社交，还没学会优雅的举止。但是，他们从小木屋起家，从赶骡子发展到拥有价值数百万美元的油田，这样的动人故事抵消了上述缺点。然而，在日本“成金”两字源于象棋术语，意指“卒子”被提拔为“女王”。这是一个像“大款”一样在棋盘上横冲直撞的卒子。它的地位不允许它这样做。日本人对“暴发户”的敌视态度完全不同于美国人对“发迹的乡巴佬”的态度，人们深信“成金”通过欺骗或剥削他人发家。日本在其等级制度中为巨富提供了一席之地，并且与巨富保持一种联盟，但如果这种财富没有在规定的领域里获得，日本的公众舆论就予以激烈的抨击。

因此，日本人是不断地通过参照等级制度来组织他们的社会秩序的。在家庭和私人关系中，年龄、辈分、性别和阶级决定人与人之间适当的行为。在政府、宗教、军队和工业中，各领域被周密地分成不同等级，无论是较高等级的人还是较低等级的人，一旦越权都将受罚。只要人人"各得其所"，日本人就毫无异议地继续生活，他们就觉得安全。当然，如果以他们的个人幸福是否得到了最好的保护作为标准，那么他们其实并不非常"安全"。他们所谓的"安全"是因为承认了等级制度的合法。这是日本人对等级的信仰，就像美国人对平等和企业自主经营的信仰一样。

当日本试图向外输出自己的"安全"模式时，它就遭到了反噬。在日本国内，等级制度完全符合公众的想象，因为正是它塑造了民众的想象力。在那样的世界里，野心只能以该世界所允许的形式出现。但是把等级模式当作商品输出就带来了致命的后果。其他国家极为反感日本大言不惭的要求，认为日本狂妄自大，甚至比狂妄更加恶劣。尽管如此，每当日本占领一个新的国家，日本的军官和士兵们还是会因为没有受到居民们的热烈欢迎而感到无比震惊。不管地位多低，日本不是在等级体系中给了他们一席之地吗？即便地位再低，难道这些人不欢迎等级制度吗？日本的战争服务处拍摄了一系列反映中国"热爱"日本主题的战争影片，描写的都是绝望失措的中国姑娘同日本士兵或日本工程师恋爱，从而找到了"幸福"。这与纳粹式的征服很不一样，但从长远看，他们的这种所谓"征服"同样不成功。日本人不能以要求自己的标准来强求其他民族。他们的错误就在于他们认为自己可以做到。他们没有认识到，把他们打造成"各得其所"的日本道德体系是其他地方所无法接受的。其他国家从来没有过这种系统,这是真正的日本产物。日本作家们视这种道德体系为理所当然,对此也没有过多的阐述。所以,我们必须首先理解这种道德体系,才能去了解日本人。

第五章

受恩于历史与社会

英语里有种说法叫"历史的继承人",我们以前经常以此自称。两次世界大战和一次巨大的经济危机在一定程度上削弱了这个说法所隐含的自信,但是这种变化决计不会让我们增加对过去历史的亏欠感。东方民族则和我们截然相反:他们是历史的受恩者。他们那些西方人通常称之为祖先崇拜的行为其实不是真正的崇拜,也不完全针对祖先:那是用仪式宣告过去所有的一切对时人都有着莫大的恩惠。更进一步说,每个人不仅背负了历史的恩情,连每一次日常生活中的人际交往也增加了现在背负的恩情。因此这种恩情债左右了人的日常决定和行动,成为了最基本的出发点。因为西方人极少注意到这个社会对自己的恩赐,比如自己享受的医疗、教育、福利,甚至包括自己能够出生到这个世上这样的简单事实。日本人就认为我们的动力不足。品德高尚的人不会像美国人那样说什么自己"谁也不亏欠",也不会忽略历史。日本有着一张巨大的人情互惠网络,覆盖了祖先和同辈,一个人只有认清了自己在其中的位置,才算持身公正。

这种东西方的巨大差异说起来简单,但要了解生活中体现出来的差别就很难。如果不理解日本的这一点,我们就无法理解战时日本人那常见的极端自我牺牲,也不能明白为什么我们觉得没什么冒犯的时候却会很快招来日本人的怨恨。一个欠人恩情的人可能很容易被触怒,日本人就证明了这一点。受人恩情也让一个人背上了巨大的责任。

日本和中国都有很多词汇表达"obligations"(义务,责任)。这些词不是同义词,而是有其特别意义,因为西方没有它们所表达的概念,所以英语无法贴切地翻译这些词。日语中与"obligations"相对应,表示一个人所亏欠的恩情,不管从大到小,都称之为"恩"。在日本,"恩"的英文翻译可以涵括一系列词汇,包括"义务"、"忠诚"、"好心"、"爱"等,但是这些词曲解了"恩"的意义。如果它真的意味着爱甚至义务,那日本人当然可以说对自己的孩子有恩,但是这个词不能这样用。它也不等于"忠诚",日语里另有词汇表达这个意思,和"恩"在意思上一点也不接近。"恩"在所有用法里都意味着个人勉力承担的一种重负、亏欠和累赘。一般人们受恩于上级或长辈,要是受恩于自己的下级或小辈就会给人带来低人一等的感觉,让人不舒服。当日本人说"他对我有恩",他们的意思就是"我对他有很多义务",这个施恩的人被称为他们的"恩人"。

"知恩图报"也许纯粹是互相奉献精神的一种流露。日本小学二年级的阅读课本里有一个题为"勿忘恩"的小故事,取的就是这个意思。这个故事是讲给上德育课的小孩子们听的。

哈奇是一条可爱的小狗。它刚出生就被人抱走了,那人像爱自己的孩子那样爱哈奇。因为这种爱,哈奇病弱的身体渐渐好起来。每天主人上班的时候它会送主人到车站,傍晚主人下班的时候又去车站迎候。

时光流逝，主人去世了。不管哈奇是否意识到了这一点，它依然每天都在寻找主人。街车一停靠站，它就会在下车的人群里面寻找主人。

日子就这样慢慢地过去了，一年、两年、三年，甚至十年过去了，老哈奇的身影依然每天出现在车站前，寻找它的主人。

这个小故事的寓意是忠诚，实际上也是爱的别称。一个深爱母亲的儿子会说自己不忘慈恩，就是说他对母亲怀着像哈奇对主人那样一心一意的挚爱。但是这个“恩”不是特指自己对母亲的爱，而是包括婴儿时期母亲为他所做的一切，孩童时代母亲做出的牺牲，以及成人时母亲为了他有出息所做的一切，总之，他所亏欠母亲的一切都被包含在内。这个“恩”意味着对亏欠的对象要有所回报，所以也就意味着“爱”，但是其中的最主要含义还是“亏欠”。而我们总认为“爱”是自愿给予，不求回报的。

当恩被用来指代最重要的也是最大的恩，即“皇恩”时，取的就是这个无限忠诚之意。这是天皇的恩典，每个人都必须怀着无限感激接受。日本人在为自己的国家、生活和大大小小的事情高兴时，不能不想到这些都是来自天皇的恩典。贯穿日本历史始终，小民眼里最大的恩人就是自己生活圈子里的最高领袖。在不同的时期这个人可以是当地的地头、封建领主或者将军。现在这个人就是天皇。到底谁是这个最高首领并不那么重要，关键是几个世纪以来，“勿忘恩”都在日本人的习惯中占有最高地位。近代日本竭尽所能地把这种感情集中到天皇身上。每个人对自己生活方式的任何偏爱都增加了他对皇恩的感激；每一支以天皇名义分给前线士兵的香烟都强调了天皇对兵士的恩典;上阵前发放的小口清酒更加体现了皇恩浩荡。根据日本人的说法,每一个神风敢死队里执行自杀式飞行任务的飞行员都是在回报皇恩;所有为了守卫某个太平洋岛屿而战死的士兵也是在报答浩荡无边的皇恩。

施恩者也可以是天皇以下的人。父母之恩当然是其中之一,也是东方著名的孝道的根本。孝道把父母放到一个对子女拥有绝对权威的地位,它被理解为子女对父母恩情的亏欠和力图回报。因此子女必须尽可能顺从父母,而不是像德国那样,虽然父母同样有权指挥子女,但是必须花工夫才能使子女服从自己。日本人在诠释东方的孝道时十分现实,他们有一种说法,可以宽泛地翻译为“一个人只有自己做了父母才能理解父母的恩情有多深”。也就是说,父母之恩实际上是指父母日常照顾孩子的麻烦和付出。在日本,祖先供奉局限于最近有印象的几代,就是那些让人最先想到儿童时代有所依赖的先人。当然每个人都曾经是毫无防御能力的婴儿,没有父母的照料就无法存活,直到成年以前都要靠他人提供住所、食物和衣服,这在任何文化里都不言自明。日本人深觉美国人忽略了这一切,就像一个作家所说的,“在美国不忘亲恩最多也就是对父母好一点”。当然没有人是在对自己的孩子施恩,尽心照顾孩子只是回报自己幼时父母的照顾之恩。把自己的孩子同样或者更好地养大,就是部分地回报了自己的父母之恩,对子女的义务就这样只是从属于父母之恩。

老师和师傅对个人也有着特殊的恩。他们都在一个人的成长中起到了帮助作用,因此受恩的人将来可能要回应他们困境中的求助,或者在他们死后对他们的后辈加以提携。每个人都要尽力回报恩情,它不会因时间推移而减轻，反而会因此加重，就好像是积累了一种利息。受人之恩是一件很严肃的事情。日本的俗语说得好，“难以报恩于万一”，恩情是一副重担，“恩的影响力”总是凌驾于个人好恶之上的。

这种建立在恩情基础上的道德体系要运作顺利，必须取决于每个人是否把自己当作优良的债务人，在还债的同时不心怀怨恨。我们已经谈到过日本的等级系统组织得如何完善，随之产生的习惯也得到了日本人的忠实遵守。多亏了这些习惯，日本人对道德债务的履行程度之高是西方人所无法想象的。如果施恩的上级是出自好意，报恩自然就更加理所当然了。日语提供了有趣的证据，表明上级的确被描述成对属下“关爱有加”。在日本“爱”的意思就是“love”。上个世纪的传教士们觉得只有这个词可以翻译基督教义中的“love”。他们在翻译《圣经》时用这个词表达上帝对人类的爱和人类对上帝的爱。但是日文中的爱字特指上级对下属的爱。西方人可能以为它意味着“Paternalism”（父爱），但是日本的用法要更广泛一些，它含有关爱的意思。在当代日本，“爱”这个字依然可以用来特指这种严格意义上自上对下的爱，但是现在也可以用来表达平等关系之间的爱了。这种结果也许有部分是因为受到基督教用法的影响，但更多的是官方努力打破社会等级差异的结果。

尽管文化上的种种缓和因素，在日本，能够心平气和地受恩总是极其幸运的。人们不喜欢随意欠人恩情。有种常见的说法叫“让人背负上恩”，最接近的翻译就是“强迫别人”。虽然在美国“强迫”的意思是向人强要东西，在日本它却是指给人东西或者帮忙。来自陌生人的小小好处最招人怨恨，因为在邻里间以及旧式等级关系里，每个人都知道并接受了“恩”隐含的债。但是如果只是点头之交,或者是地位相当,人们就容易起摩擦。他们宁愿不要被卷入到“恩”所带来的复杂后果里去。在日本,街上发生交通意外时人群的无所作为不是因为缺乏主动,而是因为大家都知道任何非官方的干涉会让人背负恩情。明治之前的一条著名法律就是:“如果发生争吵和纷争,旁人非不得已不可干涉”,要是有人在这种情况下未经授权而帮助了他人,大家会怀疑他是想从中非法牟利。受到帮助者将欠帮手一个大恩,这一事实非但没有让人急于从他人处获利,反而让人更吝于施与援手。在非正式情况下,日本人极度小心不把自己卷入“恩”的麻烦中去。甚至接受陌生人的一支烟也会让日本人不安,他表达谢意的说法是:“哦,真是不好意思。”一个日本人告诉我:“如果你立刻坦白自己感觉有多糟,反而会好受一些。你从来没想过为他做点什么,所以对受他的恩惠感到羞耻。”“不好意思”因此有时被翻译成“谢谢”,比如谢谢你的烟,有时也被翻译成“我很抱歉”,这是对欠人情而言,有时又翻译成“我真惭愧”,意指你的大方让我羞惭。“不好意思”可以作以上任何解释,也可以表达完全不同的意思。

日本人表达“谢谢”有很多种说法,同样都带有因为受恩而感到不安这个意思。最没有歧义,也是通用于现代城市百货商场的说法是“啊,这件难事”。日本人通常说这种“难事”是顾客通过购物而赐给商店的难得大恩。这是一句恭维话,也适用于收到礼物和无数其他场合。其他常见的致谢语比如“不好意思”指的是接受的难度。自己经营店铺的店主经常说:“哦,这不会结束”,也就是说,“我受了您的恩,在现代的经济制度下我永远也无法回报您;处在这样的处境我很抱歉”。英语中把“这不会结束”翻译成“谢谢”、“我很感激”,或者“抱歉”、“致歉”。举个例子,如果你的帽子在街上被风吹走，有人帮你追回，“这不会结束”就比其他的谢谢更适合。当人家把帽子还给你时，出于礼貌你应该表达接受时内心的不安。“我从没见过他，而他给了我一个恩惠。我从来没有机会首先向他示恩。这让我觉得内疚，但是道歉会让我好受一些。‘这不会结束’大概是日本最常见的致谢语。我在告诉他我意识到自己受了他的恩，拿回帽子也不代表着结束。但是我能怎么办呢？我们是陌生人。”

从日本人的角度看，这种欠债的态度在另一种谢谢的说法里表达得更为强烈，“我被羞辱了”，这个词组书写时包括了侮辱的“辱”字和意味着丢脸的“羞”字，它同时表达了“我受到了侮辱”和“我很感激”的意思。日语大辞典解释，使用这个词意味着你在表达因为受到极大的恩惠而感到羞辱，因为你觉得自己不配这种恩惠。你通过这个词组明白地表示自己受恩时感到耻辱，而“耻”，就如我们将要讲到的，在日本会让人觉得非常痛苦。保守的店主依然经常用“我被羞辱了”来感谢顾客，顾客在结账时也会这样说。明治以前的小说里这个词处处可见。一个出身低贱的美丽女孩在宫廷做侍女，被领主选中做妾时会对他说“我被羞辱了”，也就是说，“我不配接受这种恩赐，为此感到羞愧；您的仁慈让我受宠若惊”。寻仇械斗的武士被当局无罪释放时也会说“我被羞辱了”，即“接受这个恩赐使我丢了脸面；我不该把自己置于这样卑微的位置；我很抱歉；我卑微地向您致谢”。

这些词汇比任何概括都更好地说明了“恩的影响力”。受恩的人总是带着矛盾的感情。在广为接受的结构化关系里，它所包含的负债感常常激励个人竭尽所能来进行报答。但是做一个欠人恩情的人并不好受，很容易就会心怀怨恨。日本最优秀的小说家之一夏目漱石就在他的著名小说《哥儿》里描述了这种怀恨有多容易产生。本书的主人公哥儿是一名东京青年，首次到一个乡下的小镇教书。他很快发现自己看不起大部分同事，和他们完全处不来。只有一名年轻老师得到他的青睐，有次他们一起外出时这个叫做山岚的朋友请他喝了一杯冰水，价值一个半仙，大概相当于五分之一美分。

没多久另一个老师向哥儿打小报告说山岚说了他的坏话。哥儿相信了捣蛋的人的汇报，立刻为自己从山岚那儿受的恩感到不安。

> 受这种家伙的恩，哪怕只是冰水这样的琐物，也有损我的名誉。一仙也好五厘也罢，我要是就这样受了这个恩，死了也不得安宁……我当初没有抗议就受了他人恩惠是对他心存好意，把他当作一个看上去还不错的家伙。我没有坚持为自己的冰水付钱，而是受了他的恩并表达了自己的谢意。这可是再多的钱也买不来的。我既没爵位也没官职，但是我是一个独立的人，让一个独立的人接受恩惠可比一百万元的回礼更难能可贵。我让山岚花了一仙半，可是给了他我的感谢，那可比一百万元值钱多了。

第二天他在山岚桌上扔了一仙半，因为只有先了结了那杯冰水的恩，他才能解决两人之间存在的问题：他听到的侮辱性流言。那可能会导致两人打架，但是恩必须先被解决，因为他们已经不是朋友了。

在美国，这种对琐屑小事的极度敏感和令人痛苦的脆弱只有在黑帮青少年的记录里或神经病的医疗记录里才能看到。但是在日本，这是一种美德。没有多少日本人会像哥儿这么极端,他们认为多数人在这种事情的处理上都会马虎一些。日本评论家们把哥儿描述成“性格暴躁,又像水晶般纯洁,是一个捍卫正义的使者”。作者把自己和哥儿看作一体,评论家们也一直把这个人物当作自画像。这部小说是一个歌咏高尚品德的故事,因为受恩者只有把自己的感激看作价值“一百万元”,并采取相应行动,才能把自己从背负恩情的位置解脱出来。他只能接受“一个好人”的恩惠。哥儿在愤怒中把自己从山岚处受到的恩和很久以前从老奶妈那里受的恩做了对比。老奶妈盲目地偏爱他,甚至觉得家里的其他人都没有看到他的长处。她曾经偷偷地给他带小礼物,有糖果、彩色铅笔,有一次她还给了他三元钱。“她时刻的关注让我冷到了骨子里”。尽管那三元钱让他感到受了侮辱,他还是把它当作借款接受了,至今也没有归还。但是,和他欠山岚恩的感受不同,他告诉自己这是因为“我把她看作是自己的一部分”。从中就能看出日本人对“恩”的反应。无论感情有多复杂,只要“恩人”是自己就可以接受;或者因为这个人在“我”的等级结构里有一定位置,或者因为他所做的是我认为自己也会做的,比如说归还被风吹跑的帽子,又或者这个人是“我”的崇拜者。一旦这些既定的身份前提不能成立,恩就成了化了脓的疮。即使再小的亏欠也让人反感,这是一种德行。

每个日本人都知道,无论何种情况下,如果恩情太过沉重都是一种麻烦。近期一份杂志上的咨询栏就刊登了一个很好的例子。这个栏目相当于我们的“给失恋者的建议”,是东京心理分析期刊上的专栏。里面的建议很少走弗洛伊德路线,却具有绝对的日本特色。一个老男人写信求助说:

我是个有三个儿子和一个女儿的父亲。十六年前妻子去世了，因为觉得孩子可怜，我没有再婚，孩子们把这看成是我的美德。现在孩子们都结婚成家了。八年前，儿子结婚，我就搬出去住到了几个街区以外的一所房子里。说出来很难为情，但是这三年来我一直和一个暗娼（和旅馆签约的妓女）有染。听了她的身世之后我很可怜她，于是花了一笔小钱替她赎身，把她带回家，教给她礼仪，把她留在家里当女佣。她的责任感很强，也很会省钱。但是，我的儿女和媳妇、女婿都为此看不起我，把我当作路人。我并不怪他们；这是我的错。

这个女孩的父母并不了解情况，因为她到了适婚年龄，他们写信给我希望她回家。我和他们碰了面，解释了情况。他们很穷，但不是为了钱卖女儿的贪心人。他们保证权当女儿已经死了，同意让她继续这样过下去。她自己也愿意侍候我到死。但是我们的年龄差距有如父女，因此我有时候也考虑送她回家。我的孩子们则认为她是为了贪图我的财产。

我患有长期慢性病，大概只有一两年可活了。如果你能告诉我该怎么办，我将不胜感激。最后要说的就是那个女孩虽然做过暗娼，但那时她是为形势所迫。她的本性是好的，她的父母也不图钱。

日本的医生认为这个事例很清楚，是这个老人对孩子的恩情太过沉重了。他回答说：

你描述的事很常见……

在我陈述自己的意见以前首先要说的是,从你的来信看,你是想要我作出你想要听的回答,这就让我对你有点反感。我当然敬重你长期单身不娶,但是你利用这一点让你的孩子们背负恩情,并为自己现在的行为找理由。我不喜欢这样。我不是说你很狡猾,但是你的个性很懦弱。要是你对孩子们解释清楚了自己不得不和一个女人同住,如果你说明白了自己没有女人不行,而且不让他们因为你保持独身而欠你的恩,情况还会好些。孩子们当然会反对你,因为你一直强调这个独身的大恩。人毕竟不会没有性欲,你自然也有欲望。但是一个人可以克服自己的欲望。你的孩子们期待你这样做,因为他们期待你满足他们对你的完美形象的想象。事实正相反,他们受到了欺骗,我完全可以理解他们的感受,尽管他们这样有点自私。你在想,他们都结了婚,性欲得到了满足,不让自己的父亲得到同样的满足是自私的。他们持有的则是如上所述的想法。这两种想法是没有交集的。

你说那个女孩和她的父母都是好人。那是你想要这样相信。大家都知道人的善恶取决于情境和形势,不能因为他们现在没有谋求利益就说他们是“好人”。我认为那对父母让女儿给一个快死的人做妾很蠢。如果他们想让女儿做妾,就应该从中谋利。你认为不是这样,那只是你的幻想。

我不奇怪你的孩子们担心那个女孩的父母要求财产;我也这么认为。这个女孩还年轻,可能没有这种想法,但是她的父母应该想得到你的财产。

有两种方案可供你选择:

1）作为一个“完人”（一个完美到无所不能的人），断绝和那个女孩的关系，把账算清。但是我觉得你可能做不到；你的情感不会允许你这样做。

2）“重新做一个常人”（放弃伪装），打破孩子们把你当作“完美的人”的幻象。

至于财产，立刻下一个遗嘱，定好给那个女孩的份额和给孩子们的份额。

总之，记住你已经年迈，正在变得孩子气，这从你的字里行间就可以看出。你的想法是情绪化的和非理性的。你想把这个女孩当作母亲的替代体，但是你却曲解成想把她救出火坑。我认为婴儿离开了母亲都无法存活——因此，我建议你采用第二个方案。

这封信表明了“恩”的几个特点。假如一个人选择让别人背负自己的深恩，哪怕施恩对象是自己的亲生子女，以后想要改变也得冒不小的风险。他应该明白自己会为此吃苦头。另外，不管自己的付出有多大，也不能挟恩自重；用旧日恩情来合理化现在的行为是错误的。他的子女“当然”会怀恨在心，因为父亲不能有始有终，让他们觉得自己受了欺骗。做父亲的以为自己在孩子幼小时全心全意地照料他们，长大了他们就会对自己格外关心，这种想法是愚蠢的。事实正相反，他们只记得自己背负恩情，于是“他们当然会反对你”。

美国人不会这样看待这种情况。在我们看来，一个父亲要是尽心尽力地照顾自己失去母亲的孩子，那么孩子们长大后应该心怀感激，而不是“理所当然会反对他”。如果要像日本人那样理解情况,我们得把它看成是一种金钱交易,因为在金钱领域我们有着类似态度。如果一个父亲正式地借钱给孩子们,他们必须连本带利地归还,那么我们完全有可能作出“他们当然会反对你”的判断。延伸一下,我们也就能理解为什么一个人接受别人的香烟时要提到自己的“耻辱”,而不是直截了当地道声谢。我们也就能理解为什么日本人提到一个人让另一个人背负恩情时会语带怨恨。我们至少能明白为什么一杯冰水的债也让哥儿小题大做。美国人不习惯把金钱上的标准应用到日常琐事上来,比如请客喝汽水,比如父亲长期全力照料无母的孩子,比如忠犬哈奇。但日本人就是这样。爱、善心、慷慨,这些我们无条件给予,也同样珍重的东西,在日本就是带了附加条件的。每一次接受这些东西都让人成为负债人。就如日本俗语所说:“要受恩得天生的(极端)大度。”

第六章

报恩于万一

恩是债务，必须偿还。但是在日本，还债被归类到与恩完全不同的范畴。日本人觉得我们的道德观很奇怪，因为我们的道德体系，以及义务和责任这类中性词都没有这两种范畴的区分；就像我们觉得有些部落的金融交易很奇怪，他们的语言里没有金钱交易里“债务人”和“债权人”的区分。对日本人来说，恩这种重要的也是时刻存在的负债状态和主动而又紧张的还债行为完全是两码事，后者得通过另外一套概念来表达。一个人负债（恩）不是德行；还债（报恩）则是美德。一个人主动报恩就是美德的体现。

用金融交易来做类比有助于美国人理解日本的这种美德。就好比美国的房产交易背后都有防止拖欠债务的制裁措施，我们要求人人必须履行契约。如果有人拿了不属于自己的东西，即便情有可原也不是理由。我们不允许把归还银行贷款当作是一时的冲动。无论是利息还是本金，负债人有着同样的责任。这些和爱国及爱家完全是两码事。对我们来说，爱，源自于心，自愿给予的才是最好的。如果把爱国主义定义为视国家利益高于一切，美国人基本都认为这种想法有点天真，至少和不完美的人性不符，除非美国被敌国武装侵犯，他们才会认同这一观点。我们不像日本人那样，一出生即意味着自动亏欠了极大的恩情。我们认为一个男人应该同情并帮助有需要的父母，不能打老婆，要有能力抚养孩子。但是这些不是像欠债那样得把账算得清清楚楚，得到的回报也不同于商业上的回报。日本人看待这些问题却像我们看待财务偿还能力一样，他们对有恩不报的制裁之狠丝毫不亚于我们对欠债不还的制裁。对日本人来说，这些不是战争爆发或父母重病等危急时刻才需要注意的问题，他们时时刻刻都活在这些恩情的阴影中，就像一个纽约的农夫时刻担心着房贷，又好比是华尔街的金融家，刚做空却发现股市开始节节上升。

根据恩情的内容，日本人把相应的回报分成几个不同类型，规则各有不同。一种回报在数量和时间上都是无限的，另一种则是等量回报，并在特定的日子里付出。那种无限的回报被称为“义务”，有话这样说，“难以报（此）恩于万一”。一个人的义务包括两种不同的种类：回报父母的恩为“孝”，回报天皇的恩为“忠”。两者都是强制性的义务，没人能够逃脱。事实上日本的小学教育被称为“义务教育”，因为没有其他的词能更好地表达“必须完成”这个概念。生活中的意外也许会改变义务的细节，但是义务是自动加诸所有人的，并不会因为意外而消失。

日本人的责任和回应简表

1. “恩”：被动产生的义务。某人“受恩”，某人“承恩”，也就是说，“恩”从接受者的角度看是义务。

“皇恩”：受自天皇的恩。

“亲恩”：受自父母的恩。

"主恩":受自领主的恩。

"师恩":受自师长的恩。

"恩":一生中和所有人接触所受的恩。

注:所有向某人施过"恩"的人都成为该人的"恩人"。

2. 对"恩"的回应。某人向恩人"偿还"这些债务,某人向恩人"回报这些恩情",也就是说,从主动偿还的角度看,这些是义务。

A. "义务"。即便是最充分的回报也仅仅是报答了恩情的一部分,而且报答时间上没有限制。

"忠":对天皇、法律和日本的责任。

"孝":对父母和祖先(意含后代)的责任。

"任务":对自己工作的责任。

B. "道义"。这些债必须等量偿还给施与人,并且有时间限制。

a. 对社会的"道义"。

对主公的责任。

对姻亲的责任。

对无关的人,因为受了他的恩而产生的责任,比如收到礼金,得到帮助,工作上的贡献(作为一个工作团队的成员)。

对非直系亲属(姨舅、叔伯、姑婶、侄子、侄女、外甥、外甥女)的责任,不是因为受了他们的"恩",而是因为从共同的祖先那儿受到的"恩"。

b. 对自己名声的"道义"。这就是日本版的"名誉"。

一个人有责任"洗清"被污辱或指摘为失败的名声,比如他有责任复仇。(注:这种以算账为目的的复仇不被认为是挑衅行为。)

一个人有责任不承认(职业上的)失败或无知。

一个人有责任完成日本的礼节,比如遵守所有的礼仪,过与自己地位相应的生活,在不合宜的场所不随便流露感情等。

这两种形式的义务都是无条件的。日本把这些德行绝对化,结果就有别于中国的忠孝概念。自从公元七世纪以来,日本反复多次引进了中国的道德体系,忠和孝就是中文词汇。但是中国人并没有把这两种德行当作是无条件的。中国规定了一个更高级别的德行,也是忠孝的前提,那就是“仁”。“仁”几乎包括了所有西方人认为良好的人际关系。父母必须“仁”。如果一个统治者不仁,他的臣民起义反叛就是正义的。“仁”是忠的先决条件。皇帝和官员的在位长短就取决于他们是否施行仁政。中国的道德体系把这一试金石应用到所有的人际关系中。

日本从来没有接受过中式道德的这种先决条件。著名的日本学者朝河贯一在谈到中世纪两国的这点差异时这样说:“在日本,这种想法显然和帝国主权互不相容,因此哪怕只是作为一种理论,也从未获得全盘接受。”事实上,仁在日本成为了法律之外的德行,完全失去了它在中国道德体系里享有的崇高地位。在日本,仁发音为“jin”(汉字的写法和中国相同),哪怕是对最上层,“行仁”或者它的另一种表达方式“行仁义”也远远谈不上是必须具备的道德。它被彻底排除在日本的道德体系之外,意思上就是指法律以外的行为。这种行为当然有可能是令人赞许的善行,比如支持公共慈善事业,或者宽大处置罪犯。但是重点在于这是职责要求以外的行为。也就是说你不是必须这样做。

“行仁义”所含的“法律之外”的意思还有另一层意义，它也被用来特指“绿林道义”。在德川时期，浪人、剑客四处劫掠砍杀，他们只佩单刀，由此和身佩双刀的武士区别开来。他们的绿林道义就是“行仁义”；当一人向一陌生人寻求庇护时，后者为了避免对方同伙的报复而答应帮忙窝藏就是“行仁义”。在现代用语中，“行仁义”的贬义越来越强，人们在讨论该受到惩罚的行为时常常用到它：“下等劳工”，日本的报纸这样说：“仍然在‘行仁义’，应该为此受到惩罚。现在日本的街头巷尾到处泛滥‘仁义’，警察必须保证制止这种现象。”这里指的当然是诈骗犯和黑道里盛行的“盗亦有道”。特别是近代日本港口的一种小劳务承包商，他们像本世纪初美国港口的意大利包工头一样，和技术不熟练的劳工建立非法关系，再把他们租出去牟利，自己由此发家。因此他们被指为“行仁义”。中国概念里的“仁”在这里可谓被贬得不能再低了。[①] 日本人就这样重新诠释并贬低了中国体系中关键的美德，却没有补充其他可以作为义务的先决条件，于是孝道在日本成了一个人必须完成的责任，哪怕这意味着容忍父母的恶行和不公。只有在和对天皇的义务发生冲突时，孝才可废。如果仅仅是因为父母不值得子女孝敬，或者父母摧毁了子女的幸福，孝还是不可违背。

在一部近代日本电影中，一个母亲发现了已婚的儿子藏了一些钱。这个儿子是村里的老师，一个年轻女学生的父母想把她卖给妓院，因为时逢饥荒他们濒临饿死。于是老师向村民们募集了这点钱来为她赎身。那个母亲

---

① 当日本人用“知仁”这个词时，取意接近中国的用法。佛教徒劝诫人们“知仁”，就是要人慈悲为怀，乐施好助。但是，根据日语大辞典解释，“知仁指的是理想中的人，而不是指行为”。

并不穷，自己开了家不错的饭店，但她还是偷了这些钱。儿子明知是母亲偷的，却不得不自己担起罪名。他的妻子发现了事实真相，留下遗书担起所有丢钱的罪责，然后带着孩子投河自尽了。事情传得沸沸扬扬，但是没有人质问那个母亲在这场悲剧中的角色。儿子尽了孝道，只身前往北海道锻炼自己的性格，以便未来能够更加坚强地面对类似考验。他是一个高尚的英雄。在我看来，罪魁祸首应当是那个母亲，我的日本同伴却激烈批判我的美国式论断。他说孝常常和其他的美德冲突。如果那个儿子够聪明，他也许可以找到一个法子缓和矛盾而不失自尊。但是他要是责怪了自己的母亲，哪怕只是心里想想，也要无地自容了。

小说和现实中都充满了这样的例子，年轻人一旦结婚就要挑起沉重的孝道。除了“摩登”（新式）的圈子，一般体面的人家都是理所当然地由父母替儿子选择妻子，通常会经过媒人的介绍。最关心选个好媳妇的不是儿子本人，而是整个家庭。因为婚姻不仅事关金钱交易，而且儿媳也会被加入家谱，她的儿子将是家族的延续。习俗是由媒人安排一场看似随意的相亲，男女双方在父母的陪同下见个面，但是并不交谈。有的时候父母会为自己的儿子安排利益婚姻，女方的父亲可以得财，男方家庭则攀附上名门。也有的时候父母会根据品行选择儿媳。作为要报答亲恩的好孩子，儿子不能过问父母的决定，结婚后还得继续报答。特别是如果他是家里的继承人，就得和父母同住。众所周知婆婆通常不喜欢媳妇，会到处挑媳妇的错，甚至会把媳妇赶走而结束这场婚姻，即使儿子和妻子相处和睦，想要一起白头到老。其实在日本小说和个人传记里对丈夫的痛苦描写一点也不比妻子的少。丈夫屈服于父母的压力而终结自己的婚姻，当然是在尽“孝”。

一个现居美国的日本“摩登”妇女曾经在东京的寓所收留过一个年轻的孕妇，她被婆婆赶出家门，留下年轻的丈夫伤心不已。她病体不支，心碎神伤，却不责怪自己的丈夫。渐渐地，快出生的孩子使她有了寄托。但是孩子一出世，婆婆就带着沉默顺从的儿子来领走婴儿。孩子当然属于丈夫的家庭，于是婆婆带走了孩子，转身就送了人。

上述种种例子都属于孝道的范畴，是对父母亲恩的适当报答。在美国，这样的故事会被当作是外来干扰阻挠个人追求自己应得幸福的例子。日本不把这种干扰视为“外来”，因为有“亏欠”在先这个前提。就好比我们的故事里诚实的人克服万难还清欠债，在日本这样的故事宣扬的是真正高尚的品德，主人公们为自己赢得了自尊，证明了自己坚强到足以接受适当的个人挫折。无论这些挫折多么有利于品行，一缕怨恨总是在所难免。亚洲有关“可恨之物”的谚语值得注意，比如，在缅甸是“火、水、贼、总督和恶人”，在日本则是“地震、打雷和老头(家长，父亲)”。

和中国不同，日本尽孝的对象不包括几百年以来的祖先以及由共同祖先繁衍下来的为数众多的宗亲。日本的祭祀只针对近代的先人。墓碑上的字必须每年重写，以便辨认。当生者不再记得某位先人时，他的墓就会被忽略。家里的佛龛也不再供奉他的牌位。日本人的虔诚只面向那些他们有活生生印象的先人，他们只关注此时此地。不少作家都谈到过日本人没兴趣进行空洞的思考或者想象不在眼前的事物，日本版本的孝道和中国的形成鲜明对比，就是一个很好的例子。但是，这种孝道的最大实际意义就是把孝的义务局限在生者之间。

因为在中国和日本，孝道都远远不止敬重和顺从自己的父母和祖先。

西方人总把对孩子的悉心照料解释为母性的本能和父亲的责任,在中国人和日本人看来,这一点却取决于对祖先的孝心。日本人说得很明白:一个人要把自己幼时受到的照料转移到自己的孩子身上,以此回报自己亏欠祖先的恩情。没有词汇能够表达"父亲对子女的义务",所有的责任都包含在对父母和祖父母的孝里面了。孝道要求一家之长负担起无数重任,包括抚养子女、教育儿子和弟弟,管理好家产、庇护有需要的亲戚以及无数类似的日常事务。日本对家庭这个机构的严格规定极大地限制了男人负有义务的对象数目。如果一个儿子过世了,父亲有责任抚养他的遗孀和孩子。有时候父亲也会为孀居的女儿和她的家人提供住所。但是收容孀居的侄女或外甥女就不是他的义务了。如果一个人这么做了,那他是在尽一种完全不同的责任。抚养教育自己的孩子是义务,但是如果是教育自己的侄子,通常会先把孩子过继成儿子,因为教育侄子不是义务。

孝道并不要求对下一代施与援手时必须带着敬重和爱心,哪怕对象是自己的直系亲属。一个家庭里的年轻寡妇被称为"冷饭亲戚",就是说她们得等到饭冷了才能吃,平时要听家里任何人的使唤,还要毕恭毕敬地接受对自己事务的任何决定。她们以及她们的孩子都是穷亲戚,哪怕有时候处境好一点,也不是因为这家的家长有义务对她们这样好。兄弟之间履行义务也不必温情脉脉;哪怕两兄弟彼此憎恨视对方为毒药,兄长依然会完全履行对弟弟的义务,这样被人称道的例子比比皆是。

家里最大的矛盾莫过于婆媳之间。媳妇以陌生人的身份进入这个家庭,了解婆婆怎么料理家务并学会自己上手是她的责任。很多时候婆婆明确表示媳妇配不上自己的儿子,有些时候婆婆可能会非常嫉妒媳妇。但是就如日本习语所说:“讨人厌的媳妇不断地生招人疼的孙子”,孝就体现在这里。小媳妇表面上无限顺从,但是一代又一代,这些温和可爱的女子长成挑剔苛刻的婆婆,就如同自己的婆婆一样。作为年轻的妻子,她们不能表现出凶悍,但也不会就此永远温顺。她们后半生会加倍地把自己历年积累的怨恨加诸自己的媳妇。现在的日本女孩公开谈论起不嫁给继承人的最大好处,那就是不必和专横的婆婆一起生活了。

“尽孝”并不是为了在家里实现仁爱。在有些文化中,仁爱是大家族中道德法律的中心,但是日本不同。就如一位日本作家所说:“正是因为日本人高度看重家庭,他们一点也不看重家庭里的个体或者个体之间的家庭关系。”①这种说法当然不是一直正确,但是由此可见一斑。日本人强调的是义务和恩情的回报,家里的长者身负重责,其中之一就是保证小辈们做出必要的牺牲。是否心甘情愿并不重要,他们必须服从长辈们的决定,这是他们的义务。

日本孝道的典型特征就是家庭成员之间的互相怀恨可以表现得很露骨。但是这种怨恨在另一种与孝类似的重大义务中却并不存在,这种义务就是对天皇的忠。日本的政治家们有先见之明,把天皇当作神圣的首领与喧嚣的尘世隔离开来。只有这样,他才能把全日本人民团结起来,毫无异心地为国家服务。仅仅把天皇当作万民之父是不够的,毕竟家庭里的父亲往往不是“很让人敬重”的角色,即使子女要向他尽很多的义务。天皇必须成为一个不为俗世成见所困的神圣之父。对他的忠是人的最高品德,表现在必须把天皇当作

① Nohara, K., *The True Face of Japan*, 伦敦, 1936 年,第 45 页。

幻想中不为俗世所染的仁慈圣父那样衷心景仰。明治早期的政治家们在访问西方国家之后有过记载，说所有这些国家的历史都是被统治者和人民之间的矛盾所左右，这不符合日本精神。他们回国后便在宪法里加入了如下内容：日本的统治者“将是神圣不可侵犯”的，他不必为手下大臣们的任何行为负责。他将是日本统一的至高象征，而不必是负责的国家元首。既然天皇已经有近七个世纪不曾作为首脑执政，就这样把他的幕后角色永久化并不复杂，那些政治家们只需把所有日本人心中无条件的最高德行——“忠”——和天皇联系起来。在封建时期的日本，忠是对世俗首领将军的义务。这一悠久历史给了政治家们警示，在新制度下要怎样做才能达到他们的目的，即日本在精神上实现统一。在此前的数个世纪里，将军既是军事首领又是行政长官，尽管人人都应向他尽忠，谋反和行刺依然接连不断。对将军的忠往往和对自己的封建领主的义务冲突，而高级别的忠反而不如低级别的紧迫。毕竟对自己领主的忠诚是在面对面的交流中形成的，相形之下，对将军的忠诚不免失色。动乱年代里，武士们也会为了推翻将军把自己的主人送上这个宝座而战。明治还政的预言家们和领导人们用了近百年的时间和德川幕府作斗争，用的口号就是忠于深居幕后的天皇，至于天皇的具体形象轮廓，每个人都可以根据自己的喜好在心里描画。明治还政是这个政党的胜利。正是因为效忠的对象从此由将军变成了有象征意义的天皇，1868 年的事件才有了“还政”之名。天皇依然避世，他授权给“阁下们”，自己却并不管理政府或军队，也不亲自颁布政令。掌管政府的依然是顾问们，只不过人选更好了一点。真正的大变革是在精神领域，忠从此成为每个人对神圣领袖的回报，这位领袖也是最高祭司，是日本统一及永久的象征。

民间相传皇室是天照大神（日女神）的后裔。忠的对象能如此轻易地转移到天皇身上，当然有这个传说的功劳，但是它的作用并不像西方人想象的那样关键。日本的知识分子可以完全否认这种传说，却从未对效忠天皇质疑。即便是承认天皇出身神圣的广大群众对此也有着和西方人不同的理解。日语里的"神"这个字，其字面意思就是"头"，也就是等级制的最高点。日本人并不像西方人那样在神与人之间划出一条鸿沟，任何日本人死后都会成神。封建时期，人们效忠的是等级制的头领，他们并没有神性。在效忠于天皇的这个转变中更为重要的是日本历史上只有一个皇室，朝代从未更替。西方人用不着抱怨说这种连续性是骗人的，因为皇位传承的规矩和英国或德国的不同，是日本特有的规矩。按照他们的规矩，皇室的传承是延绵永世的。日本不像中国那样有史以来记载了三十六个朝代。作为一个国家，日本尽管经历了种种变迁，却从未真正彻底地破除自己的社会结构，其模式是一成不变的。反德川势力在还政前的几百年里利用的正是这一点，而不是神的后裔这种说法。他们说效忠的对象应该是站在等级制度最高端的人，也就是天皇一人。他们把他塑造成了国家的最高祭司，这个角色并不一定就是神。这比女神后裔一说更为关键。

近代日本不遗余力地把"忠"私人化，并把效忠对象特指为天皇本人。明治维新后的第一任天皇地位显赫，影响深远。他在位多年，很快成为臣民心目中的一种特殊标志。他很少出席公共场合，一旦出场，仪仗等同祭神。万众朝拜时鸦雀无声，无人敢抬头直视。一楼以上窗户紧闭，这样就没有人能够从高处俯视天皇。天皇和幕僚们的接触同样等级分明。没有天皇传唤执政官员这种说法，只有极少数拥有特权的"阁下们"能向陛下"进言"。天皇从不就有争议的政治问题下旨，所有的旨意不是有关伦理就是提倡节俭，或者是表示一项争议就此终结，宣旨只是安抚人心。天皇临终时，全日本都成为了一座特大寺庙，所有人都虔诚为天皇向上苍祈祷。

这些形形色色的手段都是为了把天皇变成一种不容国人争议的象征。就像美国人对星条旗的忠诚高于一切党派争议，日本的天皇是“不可侵犯”的。我们为国旗的使用设计了一整套仪仗，常人完全不配使用类似的仪式。日本人则不同，他们充分利用了天皇这一最高象征的人性化。臣民向天皇表达爱戴之心，天皇致答，于是人们为“天皇垂顾”而感动得无以复加，一生致力于为天皇“分忧”。在一个像日本这样完全依赖人际关系的文明里，天皇是一个效忠对象的象征，远比国旗更为重要。实习教师如果把一个人的最高使命解释成为爱国就会被评为不及格，唯一的正确解释是回报天皇。

“忠”构造了一种臣民和天皇之间关系的双重系统。臣民无须通过中间人，直接仰面天皇，用自己的行动为天皇“分忧”。相反，臣民收到的天皇命令都是通过层层转达。“秉承天皇旨意”这种说法就能使听令的人效忠，比任何其他现代国家的命令都更有力。罗里(Lory)描述过一个例子，和平时期的一次日军拉练中，一名军官带团出发时命令士兵未经他的允许不得从水壶中喝水。日本军队训练时一向极其强调条件再艰苦，也能无间断地行军五六十英里。这一天有二十名士兵因为脱水和疲劳中途倒下，其中五人丧命。查看他们的水壶时发现没有人碰过水。因为“军官下了命令，他秉承的是天皇旨意”。①

---

① Lory, Hillis, *Japan's Military Masters*, 1943 年，第 40 页。

在民事管理当中,从死人到赋税,一切都由“对天皇效忠”主宰。税务官、警察、当地的征兵官都是臣民们效忠的中介。从日本人的观点来看,遵纪守法就是偿还他们的最高负债——皇恩。在这一点上,日本人和美国人的差别最为明显。在美国,任何新法律,从路上的停车标志到所得收入税,都被全国人民视为干涉个人自由而受到憎恶。联邦法规更是受到双重质疑,因为它们还干涉了各个州自行立法的自由。大家觉得这是华盛顿的官僚们强加到自己身上的,很多人认为要是不对此做出严正抗议,就会有损自尊。日本人因此判定我们是一个无法无天的民族。而我们则认定他们是一个没有民主概念的软弱民族。其实更准确地说,在这两个国家中,公民的自尊是和不同的态度联系起来的;在我国它取决于对自己事务的管理,在日本则取决于对恩人的回报。这两种安排都有各自的问题:我们的问题是即使法规有利于国家整体,也很难让大家接受;日本的问题是,一旦欠下债务或恩情,就会终身受累。或许每个日本人都曾在不违法的前提下逃避过责任,他们也崇拜某些特定形式的暴力、直接行动和私人报仇,这些美国人都不会赞同。尽管存在以上问题及其他可列举的问题,效忠天皇对日本人的约束力依然不容置疑。

当日本于1945年8月15日投降时,全世界都难以置信地见证了这一约束的力量。许多熟悉并了解日本的西方人都断定日本不可能投降;他们坚持认为散布于亚洲和太平洋各岛的日军会和平地缴械的想法太过天真。许多日本军队在当地不曾战败,还自以为是正义之师。日本本岛也到处都是死硬派,故而先头部队人数不能太多,一旦占领军前进到了海军战舰射程以外,难免有被残杀的危险。这场战争期间,日本人无所不用其极,是个好战的民族。持这些观点的美国分析家们忘了考虑对天皇的忠。天皇旨意一出,战争立刻停止。在天皇的声音从广播里传出之前,怀恨的反对者们封锁了皇宫,试图阻止天皇发布公告。但是公告一旦发出,大家都接受了。无论是满洲或是爪哇的指挥官,还是日本的东条,都没人提出异议。我们的士兵空降到机场,受到了有礼的接待。至于外国记者们,其中一人这样记录:早上降落时还揣着手枪,中午时已经放到了一边,晚上就在到处购买纪念品了。这个时候,日本人民就在以保持和平的方式"为天皇分忧";一周以前,致力于驱逐蛮夷,哪怕只用竹枪,也是"为天皇分忧"。

这种情况其实并不难理解,只有那些否认人的行为可以被多么不同的情绪影响的西方人不明白。有些人宣称除了彻底灭绝日本人外别无他法。又有些人宣称日本只有自由派当权推翻现政府才会有救。如果是一个西方国家正在全力以赴地作战,国内又有民意支持,那么这两种分析都说得通。但是他们在这里就错了,因为他们把本质上西式的行动加到了日本身上。几个月的和平占领之后,有些西方先贤仍然认为大势已去,因为日本没有发生西式的革命,或者说"日本人不知道自己战败了"。这是典型的西方社会哲学,其根本是西方标准的对错。但是日本不是西方,不会使用西方国家的终极力量:革命,也并不和占领的敌人暗中作对搞破坏。日本使用的是自己的力量:在军队的战斗力被消灭之前,就要求自己付出无条件投降的巨大代价,以效忠天皇为号令。在日本人的眼里,这种巨大代价还是换来了他们至为珍视的东西:他们有权说,这是天皇下的命令,即使命令是投降。即使战败了,效忠天皇依然是最高法律。

第七章

最难承担的回报

日本俗语云“最难承担是道义”。一个人必须回报道义，就像他必须承担义务一样，但是“道义”包含了一系列不同的责任。人类学家在世界各地的文明中发现了形形色色的道德责任，根本无法用相应英语词汇表述，其中最奇特的就是日本的“道义”(giri)。“道义”带有典型的日本特色。忠和孝是中国和日本共有的概念，尽管日本对两者进行了改造，但它们还是和其他亚洲国家的某些道德标准有共同之处。“道义”的起源却和中国的儒家思想或东方的佛教都毫无瓜葛，它指代的是一个日本特有的道德范畴，只有考虑到了这一点才能理解日本人的行为。日本人一旦谈到动力、名声，或男男女女在祖国日本碰到的为难之处，就一定会时刻把“道义”挂在嘴边。

在西方人眼里，(日本的)“道义”包括了一长串杂乱无章的责任(见第六章第85—87页简表)，从感激旧情到复仇的责任，都囊括其中。难怪日本人从不试图向西方人解释“道义”，因为大日文辞典里都找不到对它的清楚定义。我把其中的一条定义翻译如下：“(道义即)正义的方法，人应该走的正道；为了避免被世人非议，哪怕心里不情愿也不得不做的事。”这个解释对西方人理解“道义”可能毫无帮助，但是“不情愿”这个词则点明了“道义”和

“义务”的差别。不管义务多么难以承担,至少它的责任对象仅限于自己的直系家庭和象征国家、生活方式及爱国精神的国家元首。义务来源于出生伊始便存在的紧密联系。尽管履行义务时人们可能不得不做出违心之举,义务本身的定义从来都没有“不情愿”的含义。但是回报“道义”就会让人满怀忧虑。作为债务人有很多难处,最糟的情况就是陷入“道义界”。

道义又分为不同的两大类:一类我姑且称为“对社会的道义”——实际上就是“回报道义”——是指一个人有责任报答同伴的恩情;另一种我姑且称为“对名声的道义”,是指个人有责任保持自己的名声不受玷污,类似德国的“名誉”之说。对社会的道义可以大致解释为履行契约式关系。在这一点上, 道义和义务形成对比,因为义务是与生俱来的紧密责任,每个人必须履行义务。因此,道义包括了个人对姻亲家的所有责任;义务则指个人对自己直系家庭的责任。岳父或者公公在日语里的称呼是“道义上的父亲”;岳母或婆婆则是“道义上的母亲”;兄弟姐妹的配偶或者配偶的兄弟姐妹都是“道义上的兄弟”或者“道义上的姐妹”。在日本,婚姻理所当然就是家庭之间的契约式联盟,每个人尽其一生完成对伴侣家庭的责任就被称为“履行道义”。其中最沉重的是对父母一辈的道义, 因为婚事是他们安排的。重中之重又首推年轻的媳妇对婆婆的道义,因为按照日本人的说法,新娘要去别人家里生活。丈夫对岳丈家的责任就有所不同,但是依然令人生畏。因为,如果岳丈家潦倒,女婿就得借钱给岳丈家,还要完成其他随着婚姻契约而来的责任。正如一个日本人所说:“一个长大成人的儿子为母亲做任何事都是出于爱,因此不能算是道义;只要行动发自内心,就不能算是为了道义。”履行对亲家的责任则必须事无巨细、小心缜密,不然就有可能被人指责

“这个人不懂道义”。这是不惜任何代价都要避免的。

日本人如何看待对姻亲的责任，最生动的体现就是“赘婿”的例子，也就是男子像女子出嫁一样入赘对方家庭。一个家庭里要是只有女儿，没有儿子，父母便会为其中一个女儿挑选丈夫来延续家族的姓氏。这个丈夫将被自己家的家谱除名，改姓岳丈家的姓氏。一旦进入妻子的家庭，他就得在“道义”上服从岳父、岳母，死后也会葬在岳丈家的墓地里。在以上各个方面，他的待遇都仿效平常的出嫁女子。为女儿招赘婿的原因不限于家里没有儿子，也常常是因为两家都希望从中得利，俗称“政治婚姻”。女方家庭可能比较穷，但是出身高贵，男方家庭则能给女方带来金钱，作为回报自己也能在阶级等级上更上一层楼。又或者女方家庭比较富有，能够给女婿提供教育，女婿为了这个好处就放弃了自己的家庭。还有一种可能情况就是女方父亲想要拉拢女婿将来成为自己公司的合伙人。无论是哪一种情况，一个赘婿的“道义”负担都额外沉重——这是应该的，因为在日本改入别人的家谱是一个后果很严重的行为。在封建时代的日本，这个人为了在新的家庭里证明自己，必须跟随岳父上战场，哪怕这意味着和自己原有的家庭作战，甚至不得不杀死自己的亲生父亲。在日本，“道义”是最有力的束缚，近代日本的“政治婚姻”就是利用这种束缚力把赘婿和岳父的生意或家族利益牢牢地联系起来。特别是在明治时代，这样的安排往往能让双方家庭都受益匪浅。但是对做赘婿的怨恨往往十分强烈。日本俗语云：“若有三合米（大约一品脱），绝不做赘婿。”如果这是在美国，美国人可能会说“这是因为赘婿没法堂堂正正地做个男人”。日本人则不同，他们认为这种怨恨是“为了道义”。总之，道义就是会让人为难和“不情愿”，所以在日本人看来，“为了道义”就足以解释负担沉重的人际关系。

不仅对姻亲的责任是“道义”,就连对叔、伯、姑、舅、姨以及侄甥辈诸人的责任也属于同一范畴。在日本,即使是对近亲的责任也不属于孝道。这是中国和日本在家庭关系上的最大区别之一。在中国,这一类近亲和其他关系更远的远亲都会共享同一资源。但是在日本,他们都算是道义上的或者契约式的亲戚。日本人指出,这些人通常从来没有给过自己任何好处(恩),帮助他们其实是为了偿还共同祖先的恩。虽然看上去这种解释和抚养子女的理由相同——抚养子女当然是一种义务,但是即便理由相同,帮助这些相对远一些的亲戚却是出于道义。如果一个人不得不向这些亲戚伸出援手,就会像帮助姻亲时那样说,“我是纠于道义”。

一提到道义,大多数日本人的第一反应不是姻亲间的关系,而是武士对领主或同伴武士之间的关系,这是日本最突出的传统道义。一个有荣誉感的人必须忠于上级和同一阶层的伙伴。很多文艺作品里歌颂了这种出自道义的责任,认为这是武士的美德。在古日本,即德川家统一全国之前,道义是比忠更为重要和高贵的品德。那时,人们效忠的对象是将军。十二世纪,一位源氏将军要求一位大名交出受他庇护的一位敌对藩主,该大名的回信被保留至今。他深深怨恨将军对自己的非难,拒绝违背道义,哪怕是以忠的名义。信中这样写道:“对于公务,余个人无能为力,但重誉之人必重道义,此万古长存之真理。”他的意思就是道义超越了将军的权威,他拒绝“对尊贵的朋友们背信弃义”。[1] 大量日本历史民间传说中充斥了这种高于一

① 见 Kanichi Asakawa, *Documents of Iriki*, 1929 年。

切的旧日本武士道义，这些故事至今在日本仍广泛流传，还被编入能剧，歌舞伎剧场和神乐舞蹈。

这些故事中最著名的就是英雄弁庆的传说。弁庆是十二世纪的一个浪人（没有主公，靠自己谋生的武士），身材高大，所向无敌。除却一身神力之外，他身无分文，借住在寺庙里的时候，和尚们都畏之如虎，因为他杀了每一个过路的武士，把他们的刀收集起来变卖，好为自己购买符合封建武士身份的装束。终于，他的挑战落到了一个看起来不过是黄毛小儿的人身上。那是个身材瘦小，打扮纨绔的藩主。两人比武竟然不相上下，弁庆这才发现此人是源氏后裔，正密谋为自己的家族夺回将军之位。也就是后世备受日本人热爱的源义经。弁庆向源义经俯首称臣，矢志效忠（原文在此处的用词是道义），从此在他麾下出生入死，身经百战。然而敌人势众，最终两人不得不和部下一起撤退。为了逃脱追踪，大家打扮成为寺院四处化缘的游方僧。源义经扮成一个普通僧人，弁庆则扮成领队。在路上，他们遇到了敌人设的路卡。弁庆就假装念化缘簿，编造了长长一串募捐人名单。对方差点信以为真，正准备放他们通过，但是在最后一刻对源义经起了疑心。因为哪怕他打扮成下人的模样，还是无法掩藏一身的贵族气派。于是哨兵叫回了整队人。但是弁庆的下一个动作立刻完全消除了敌方的疑心：他找借口把源义经痛骂了一顿，还扇了他一耳光。这一招取信了敌方，以为这个游方僧不可能是源义经，不然他的下属绝对不敢对他动一根手指。如此违背道义的行为是无法想象的。于是弁庆的大不敬拯救了整支队伍。一等到了安全的所在，弁庆立刻拜倒在源义经脚下，自请死罪。源义经大度地宽恕了他。

在这些古代传说中，道义发自内心，毫无怨恨，那是现代日本人心目中的黄金时代。这些故事告诉他们,那个时候的道义没有“不情愿”的含义。如果道义和“忠”起了冲突,人们可以堂堂正正地坚持道义。尽管充满了封建色彩,道义却是当时最受人们热爱的一种直接的人际关系。“懂道义”意味着终身对主公效忠;作为回报,主公也会照顾属下一辈子。“回报道义”就是把自己的生命献给主公,回报主公赐给自己的一切。

这当然是个理想化的梦幻。日本的封建史中记载了不少武士被敌对大名收买的例子。更为重要的是,如下一章所述,藩主对家臣的任何侮辱都可以成为家臣离开主公甚至投靠对手的正当理由,习俗就是这样。日本赞颂复仇主题就像赞颂“誓死效忠”一样,对两者同样津津乐道。这两者都属于道义:忠诚是对领主的道义,为自己受到的侮辱复仇是对自己名声的道义。在日本这是同一面盾牌的两个不同面。

尽管如此,对今天的日本人来说,这些关于忠诚的古老传说不过是让人心情愉快的白日梦,因为“回报道义”在现代已经不再是对领主效忠,而是对各种不同的人有着各种不同的责任。“道义”现在常见于日常用语,但是表达的都是怨恨,强调的是说话的人迫于舆论的压力、不得不违背自己的意愿去履行道义。人们会说,“我完全是为了道义才来安排这桩婚事”;“仅仅是出于道义,我才给了他这份工作”;“出于道义,我不得不见他”。人们总是在说“纠结于道义”,这个短语在词典里的解释是“我被迫这样做”。还有一种说法,“他用道义强迫我”或者“他用道义把我逼得别无他法”,这些用法和其他类似用法都是指说话的人以前受过别人恩惠,现在为了报答被迫做出违心之举。无论是在农村,还是小商店,或者是上层的财阀圈和内阁里,都可以听到人们说自己“迫于道义”,“为道义所迫”。一个追求者可以凭着旧时的关系或者两家的交情要挟未来的岳父把女儿嫁给自己，也有人用同样的手段获得农民的土地。“被逼得别无他法”的人会觉得不得不满足对方的要求。他会这样说：“如果我不答应恩人，我就担上了道义上的坏名声。”所有这些用法都隐含了“不情愿”的意思。套用日本字典上的解释，应允对方的要求只不过是“为了面子”。

和十诫不同，道义不是一整套道德标准。它的规则只是必须回报。当一个人迫于道义时，大家都会默认他也许不得不暂时无视正义，所以人们常说“因为道义我才行此不义(gi)”。道义的规定也和爱邻如己毫无关系；它们并不要求人发自内心地慷慨行事。人们说，一个人必须行道义是因为“如果不这样做，大家会说这个人‘不懂道义’，他就会在世人面前蒙羞”。正是因为人言可畏，道义才必须得到服从。确实，在英语翻译中，“对社会的道义”经常被译成“服从舆论”，“这件事只能这样办，因为这是对社会的道义”在词典中就被翻译成“人民不会接受任何其他行动方案”。

这个“道义界”的规矩就和在美国欠债必须偿还的道理类似，这样看就能帮助我们理解日本人的态度。如果我们收到一封信或礼物，又或者有人帮我们说了好话，我们不会觉得需要迫切地回礼，但是如果是必须按期归还的利息或者银行贷款，那就是必须而紧迫的。在这些金融交易里，破产是对失败的惩罚，也是一项重罚。但是在日本人看来，如果一个人没有回报道义，那么这个人就破产了。日常生活中的每一次接触都会产生这样那样的道义，所以日本人心里都有一本账，再微小的言行都要记录下来，如果换成美国人，根本不会把这些小事放在心上。对日本人来说，在这个复杂的世界里必须谨言慎行。

日本的道义概念和美国的还债概念还有另一个相似之处:二者都要求等量的偿还。在这方面道义就和义务完全不同了,因为无论一个人付出多少,都远远不能满足义务,道义却不是无止境的。虽然在美国人眼里,日本人对道义的回报远远大于最初得到的好处,但是他们自己不这样认为。我们觉得日本人送礼太过讲究,一年里面,每户人家要两度礼节性包装些礼品作为六个月前所收馈赠的回礼。帮佣的家里也要年年都向主人家送礼,报答对她的雇用。但是回礼重于礼物是日本的大忌。"投我以木瓜,报之以琼琚"根本不是美德。事实上,对礼物的最大批评就是送礼人"用鲷鱼(一种大鱼)回报小鱼"。同样的道理也适用于回报道义。

不管是工作还是物件,日本人都尽可能地书面记载人情网里的往来。在村里,有的时候由村长记录这样的往来,又有的时候由参与劳动的人记录,也有些是家庭和个人的记录。以葬礼为例,带上"香钱"参加葬礼是日本的习俗。亲戚们可以献上染色的布作为葬礼的幡。邻居们也会来帮忙,女人们下厨房,男人们帮着挖墓穴、做棺材。在须惠村,村长负责专门记录诸如此类的事务。逝者的家庭非常珍视这样的记录,因为它说明了邻里对死者的悼念。同时它也是一张清单,记录了将来要还情的人家,以后那些家庭有人过世时同样要去吊唁。这些都是长期的往来。乡下的葬礼也有短期的往来,就像筵席一样。帮助做棺材的人由主家管饭,制棺人也会给治丧的人家送些米,充作部分伙食费。这些米也都由村长记录在案。在大部分的筵席上,客人也会带来一些米酒充作部分的酒资。不管是有人出生还是过世,插秧、造房还是联欢会,道义的交换总是被仔细地记录在案,以备日后回报。

日本还有另外一项和道义有关的习俗,类似西方还钱的习惯。那就是如果偿还的日子超过了一定的期限,债务的数目就会增加,就好比积累了利息。埃克斯坦(Eckstein)博士讲过他和一个日本制造商打交道的故事。这个制造商曾经资助博士去日本为野口英世的传记采集材料。埃克斯坦博士后来回到美国,书成之后又把手稿寄到了日本。然而此信一去如同石沉大海,音信全无。他自然而然地开始担心是不是书里的内容冒犯了别人,但是始终没有收到回音。若干年后,那个日本商人打来了电话,说他正在美国。没多久他就带着几十株日本樱花树上门拜访埃克斯坦博士。这份大礼实在慷慨,在日本商人看来却又理所应当,因为他拖了这么久才回礼。送礼人这样对埃克斯坦博士说:“你当时肯定不是想要我马上报答你吧。”

一个“迫于道义”的人常常不得不回报随着时间而增长的人情债。有人向小商人要求资助,仅仅因为他的舅舅是那个商人小时候的老师。因为商人当时年幼,无力向老师回报道义,欠下的债就随着时光流逝而积累起来。所以哪怕再不情愿,这个商人也得同意对方的要求,“以免遭世人非议”。

第八章

洗清污名

“对名声的道义”就是保持自己的名声一尘不染的责任。它包含了一系列的美德,在西方人看来有些是互相矛盾的,日本人却觉得它们都是统一的,因为这些责任不是报恩,而是处于“恩界”之外。这些行为保持个人的名声斐然,与以前受人恩惠无关。其内容包括:严格遵守和身份地位相应的繁文缛节,面对疼痛坚忍不拔,维护自己职业或手艺上的名誉。“对名声的道义”还要求消除毁谤和侮辱;毁谤玷污了自己的好名声,必须彻底消除。有的时候必须对诋毁自己的人进行报复,也有的时候必须自尽。这两个极端之间还有其他无数种可能,但是只要受到名誉上的损伤,就绝对不能淡然处之。

日语中并没有单独的词汇表达“对名声的道义”,这只是我的说法。日本人仅仅称之为恩情范围以外的道义。这种称呼只是分类的基础,并不是说对社会的道义就是知恩图报,而“对名声的道义”就是着重有仇报仇。西方语言里把这两者区分到感恩和报仇这两个对立范畴,日本人其实并不以为然。一个人面对善意或者恶言恶行做出的反应为什么不同属一种美德呢?

在日本这就是同一种美德。正直的人对于受人恩惠或者遭人侮辱感受都同样强烈。无论是哪一者,给予相应回报都是美德。不像我们,还要把两者区分开来,一者称之为侵犯;另一者为非侵犯。对日本人来说,只有“道义界”之外才存在侵犯;只要一个人保持道义,为自己洗清污名,那个人就不用担侵犯的罪名。他只不过是在算旧账。日本人有种说法,如果不消除或报复受到的侮辱、毁谤和失败,那么“世界就会失去平衡”。正直的人必须恢复世界的平衡,这是人的一种美德,而不是人性的罪恶。在欧洲历史上的某些时期,“对名声的道义”也是一种西方的美德,连用法也像日语那样与感激和忠诚连用。它于文艺复兴时期兴盛一时,特别是在意大利,也和古典西班牙的西班牙式英勇(el valor Español)及德国的名誉(die Ehre)不无共同之处。一百多年前欧洲的决斗就是源于类似的观点。凡是在这种视洗清污名为美德的观点广为传播的地方,不管是日本还是西方,其核心都是这种德行超越一切物质意义上的利益。一个人的德行和他为了名誉牺牲自己的财产、家庭甚至生命的程度成正比。这是道德定义的一部分,也是这些国家声称这是一种精神价值的根基所在。它的确让人遭受重大的物质损失,不能简单以得失来衡量。就是在这一点上,这种名誉感和美国生活中随处可见的激烈竞争与公开对抗形成了鲜明对比。在美国,某些政治和经济交易中也许禁止不择手段,但是为了获得或者保持物质优势总有一场争斗。只有极少数例子,比如肯塔基山中居民的仇杀,是遵循名誉至上的原则,也算是“对名声的道义”范畴。

“对名声的道义”,在任何文化中都会伴有敌意及伺机报复,这并不是亚洲大陆的典型道德特征。它并不是所谓的东方特质。中国人就没有,暹罗人和印度人同样没有。中国人认为计较侮辱和恶言是“小人”的标志——这里的“小”是道德意义上的小。和日本不同,这不属于中国人理想中的高贵品质。无故使用暴力是错误的,中国的道德体系并不赞同用暴力报复自己受到的侮辱,认为这样气量狭小是极其可笑的。面对毁谤,他们也不会下定决心全力行善来证明这种诋毁是没有根据的。暹罗人也完全没有这种对侮辱的过度敏感。他们和中国人一样,宁可让诋毁者表现得可笑,也不会以为自己的名誉受到了打击。他们说“让对手暴露其禽兽面目的最佳办法就是退让”。

想要完全理解“对名声的道义”具有怎样的意义,就要全面考虑它在日本所包含的所有非侵略性的德行。复仇只是某些场合要求的德行之一。包含其中的还有其他许多低调温和的行动。一个有自尊的日本人必须要能坚忍自制,这是他“对名声的道义”的一部分。女人不能在生孩子时哭喊,男人应该超越疼痛和危险。当洪水冲到日本的村庄时,每一个有自尊的人都会收拾好能够带走的必需品去找地势较高的地方。没有人大呼小叫,没有人奔走四方,没有人惊慌失措。当春分或秋分的狂风骤雨以台风强度来袭时,大家的反应是同样自制。类似的行为是日本人自尊心的一部分,尽管他可能没法完全做到。他们认为美国人的自尊不要求自制。日本的自制中包含了“位高则任重(noblesse oblige)”,因此在封建时代,对武士的要求更高于平民。但是哪怕它对平民的要求不那么苛刻,这项德行依然是所有阶层的生活准则。如果说克服身体的疼痛是对武士的极端要求,那么对平民的极端要求就是要他们忍受武士的暴力侵犯。

关于武士的坚忍品性,有很多著名传说。武士不能为饥饿折腰,并且这种小事不值一提。武士得到的命令是在挨饿的时候装出刚刚饱食的样子：他们必须用牙签剔牙。就如格言所说："雏鸟嗷嗷待哺，武士嘴叼牙签。"在过去的这场战争里，这就成为了入伍士兵的部队箴言。武士们也不能屈服于疼痛。日本人对此的态度就像那个年轻士兵对拿破仑的答复："受伤了？不，长官，我被杀了。"一个武士到死都不能流露出伤痛的迹象，他必须眉也不皱地忍耐疼痛。有个故事讲的是死于1899年的胜伯爵，在他还是个小男孩的时候睾丸被狗撕裂。他出自武士家庭，虽然那个时候家里已经败落到一贫如洗。医生为他动手术时，他的父亲手执武士刀对着他的鼻子，"只要你哭出一声，"他这样告诉儿子，"我就送你上路，至少你会死得不那么屈辱。"

"对名声的道义"还要求人生活得和身份相符。如果做不到这一点，他就丧失了自尊。在德川时代，这意味着每个人出于自尊，都得理所当然地接受奢侈取缔令的繁复规定。这些法令对于每个人该穿什么衣服，用什么器物，能够拥有什么物品等各方面几乎都有详尽的规定。这样根据出身阶级规定穿着用度的例子让美国人大惊失色。在美国，自尊是和提高自己的地位紧密联系在一起的，一成不变的奢侈取缔令无疑是对我们这个社会的根本性否定。德川时代的法律规定了一个阶层的农夫可以为孩子买某种玩具娃娃，而另一个阶层的农夫就该买另一种不同的娃娃，这让我们美国人闻之骇然。但是在美国我们用另外一套规则达到同样的效果。工厂老板的孩子可以有一套玩具火车，佃农的孩子有玉米棒娃娃就心满意足了，所有人都不会对这样的事实有任何非议。我们承认收入的差别，认为这是合理的。挣一份高薪水是我们这个自尊系统里的一部分。由收入决定买什么样的玩具娃娃不违背我们的道德观念。富了的人就能为孩子买高档点的娃娃。在日本,致富招人猜疑,安守本分却不会。直到现在,不管穷人、富人依然通过遵守等级习俗来培养自尊。这在美国是不可理解的。早在十九世纪三十年代,法国人托克维尔就在前文引用过的书中指出了这一点。他本人出生于十八世纪的法国,尽管对于平等主义的美国他的点评颇为大度,他依然了解并热爱贵族的生活方式。美国,用他的话说,尽管有诸多好处,还是缺少了尊严。“真正的尊严包括永远安分守己,不卑不亢。上至王子,下至农夫,这个标准不分贵贱。”托克维尔如若在世,就一定能够理解日本人的态度,即阶级差异本身没有什么可羞耻的。

在对文化进行客观研究的今天,大家公认“真正的尊严”对不同的人可以有不同的定义,正如各人对什么是羞辱都有自己的定义。有些美国人现在叫嚷着只有强行实行我们的平等主义,日本人才能配拥有自尊,这其实是犯了本族中心主义的错误。如果这些美国人追求的是(用他们的话说)“一个自尊的日本”,那么他们就必须认可自尊在日本的根基。我们要像托克维尔那样,能够承认这种贵族化的“真正的尊严”正在从现代社会消失,一种不同的,我们坚信也是更好的尊严正在取而代之。毫无疑问,这种变化在日本也终将发生。与此同时,日本现在必须凭借自己而不是我们的根基重建自尊,也必须以自己的方式进行净化。

除了安分守己,“对名声的道义”还包括对其他许多要求的满足。借贷的时候借款人会以“对名声的道义”发誓;一个世纪以前有种常见的说法,“如果不能如数奉还这笔钱,就叫我在众目睽睽之下被人取笑”。如果他没有做到,其实并不会真的成为大众笑柄,日本没有示众嘲笑这回事。但是当新年来临，也就是所有欠债必须还清的截止日期，破产的负债人可能会自杀，以此“洗清污名”。到现在新年前夜还是会有一批人自杀，用这种方式来挽救自己的名声。

有很多职业上的承诺也会关系到“对名声的道义”。一旦特定的情况招来公众评论，日本人的要求经常是匪夷所思的。举例说，每个学校都要悬挂天皇的画像，因为学校失火危及画像而自杀的校长就有一长串，哪怕他们跟失火原因毫无关系。有的老师还会因为冲进火场抢救天皇画像而被活活烧死。他们用死亡证明了“对名声的道义”和对天皇的忠诚在他们心中有着多高的地位。还有其他广为流传的故事，讲有人在仪式性地宣读天皇关于教育敕令或军人敕谕时不慎念错，最后以自尽来洗清污名。现任天皇在位期间，有人不小心给儿子取名裕仁——这是天皇的名字，在日本必须避讳——那个人因此杀死了自己的孩子然后自尽。

在日本，专业人士“对名声的道义”是非常严苛的，但是又不必像美国那样保持高度的专业水准。一名教师说“出于对我教师名声的道义，我不能承认自己不知道答案”。他的意思是哪怕他不知道这只青蛙属于哪个品种，他也得装作自己知道。即使他只在学校学习了几年就去教英语，他也不能允许别人来纠正他的错误。“对某人教师名声的道义”所特指的就是这种自我维护意识。商人也一样，出于对商人名声的道义，他不能让任何人知道自己的资产严重萎缩，或者自己为机构制定的计划已经失败。同理，外交家出于道义也不能承认自己政策的失败。所有这些道义的用法都体现了个人和工作的极端认同感，任何对个人行动或者能力的批评都自动变成对个人本身的批评。

日本人对失败和无能之类指责的反应,在美国也屡见不鲜。我们都认识受到指责就愤怒欲狂的人。但是我们的自我维护很少达到日本人那种程度。如果有老师不知道青蛙的种属,他会觉得直接承认好过假装知道,尽管他也有可能隐瞒自己的无知。如果商人不满意自己提出的策略,他会觉得自己可以提出新的不同方案。没有人会认为自己的自尊取决于是否一贯正确,一旦承认错误就得辞职或退休。但是在日本,这种自我维护意识深入人心。所以不能当面如实指出一个人犯了专业上的错误,这既是明智之举,也是通行的礼节。

日本人的这种敏感在一人输给另一人的情况下表现得尤为明显。哪怕仅仅是其他人被优先提拔,又或者该人在选拔考试中失利,失败者都为此"蒙羞",而且,虽然在某些情况下,这种羞耻感能督促人奋发,更多情况下它会令人沮丧,信心尽失。要么忧郁不振,要么愤慨不平,也可能两者兼具,从此消磨了意志。对美国人来说特别重要的是,要认识到竞争在日本的不同,它不会像在我们的生活体系里那样产生良好的社会效应。我们把竞争当作一桩"好事"来高度依赖。心理测试表明,竞争刺激我们完成最佳作品,工作表现也在这种刺激下提高。当我们独自完成某项任务时,成绩总是不如在竞争下的表现。日本的测试结果则相反。这一点在少儿期结束之后表现得尤为明显,因为日本的儿童把竞争当作玩闹,并不为此过虑。但是青年和成人的表现就随着竞争而恶化。研究对象在独自一人工作时进展顺利,失误减少,速度增加,但是一旦多了个竞争对手,失误就开始出现,速度也大大降低。用自己的纪录来衡量进步时,他们做得最好,和别人进行比较就没有这种效果。日本的实验者们对这种竞争环境中的不佳纪录做出了正确的分析。他们说，一个项目中一旦引入了竞争，研究对象就开始主要关注自己被别人比下去的潜在危险，工作因而受到了影响。他们对竞争异常敏感，视其为对自己的一种侵犯，结果注意力就从手中的工作转移到了和侵犯者的关系上。①

对这些被测试的学生影响最大的是失败可能带来的羞耻。就如同教师或商人坚持维护对自己职业名声的道义，学生们也很容易因为对学生名声的道义而伤心。竞争性比赛中，失利的学生队伍会因为失败的耻辱而表现极度失常。赛艇队员会扑倒在船里，扶桨嚎啕大哭。被击败的棒球队员会抱成一团失声痛哭。要是在美国我们会说他们经不起失败。在我们的礼节中，他们应该说技高者胜。失败一方应该和胜利的一方握手。不管我们多讨厌被人打败，我们瞧不起因为失败就情绪失控的人。

在想方设法躲避竞争上，日本人的花样层出不穷。他们的小学想方设法把竞争最小化，让美国人觉得不可思议。日本教师受到的指令是教育每个孩子提高自己的成绩，不能让他有机会和别人做比较。他们的小学没有留级制度，所有的孩子一起入学也一起毕业。他们的成绩单中评分考绩的是学生在校的操行，而不是功课；一旦竞争情况不可避免，比如中学的入学考试，紧张气氛理所当然地异常高涨。每个老师都知道一些男孩因为得知考试失利而自杀的故事。

这种尽量减少直接竞争的做法贯穿日本人的生活。建立在“恩”的基

---

① 总结见 The Japanese：Character and Morale（誊印版）。Ladislas Farago 为 the Committee for National Morales 准备，9 East 89th Street，New York City。

础上的道德体系不能容忍竞争。美国人在这方面的规则正好相反,鼓励在与同伴的竞争中力争优异。日本人的整个等级系统及其有关阶级的详尽规定都在尽量避免直接竞争。他们的家庭系统也是如此,父子从制度上就不像美国那样存在竞争关系:他们可以脱离关系,但是不能直接竞争。看到美国家庭里父子争车用,或者争夺妻子/母亲的关注,日本人总是惊讶地进行点评。

日本人有很多方法消除两人之间因竞争而引发的直接对抗,其中最引人注目的方法之一就是无所不在的中介制度。只要事情办不成有可能让人感到羞辱,中间人就必不可少。这就造成无数场合都需要中间人:从谈婚论嫁,求职应聘,离职到其他无数日常安排。这个中间人向当事双方汇报情况,或者在像结婚这样的大事上,双方都会雇用自己的中间人,由他们两人商谈具体事宜,然后再向自己一方汇报。直接交流中可能因为名声的道义而怨恨对方的指责和要求,现在通过这种间接的方式就可以避免。中间人以这样的官方身份行事,自己也身价倍增,一旦事成,更是得到社会的尊重。因为谈判顺利,中间人也脸上有光,所以和平解决问题的几率得到大大的提高。无论是为客户探测潜在雇主对求职者的看法,还是向雇主传达雇员离职的决定,中间人起到的都是类似的作用。

日本人有各种各样应对的礼节,以免某些情况会造成对人的羞辱,进而引起“对名声的道义”问题。直接竞争只是这些需要尽可能避免的情形之一。日本人觉得,主人应该穿着考究,用特定的欢迎仪式迎接客人。所以,要是上门拜访农夫时遇见他还穿着工作服,客人就得等上一会儿。农夫会对客人视若无睹,直到他换上合适的衣服并安排好相应的礼节。哪怕客人就在主人换衣服的房间，情形也不会不同。主人只有换上了得体的衣着才能算是到场。在有些乡下地方，男孩可以等女孩全家都睡熟，女孩也已睡下之后夜访女孩。女孩可以接受或者拒绝，但是男孩要蒙面行动，以防被拒绝后第二天感到羞愧。这样的伪装不是为了让女孩认不出他是谁，而是纯粹的掩耳盗铃，日后不必承认其实本人受到了羞辱。日本的礼节还要求项目有成功的把握前尽量忽略不计。谈论婚事的时候，媒人的任务之一就是在订婚前让未来的新郎、新娘见上一面。这种会见要尽量安排成像是巧遇，因为要是在这个阶段就确定了介绍的目的，万一谈判不顺利就会危及一方或者双方家庭的名誉。相亲时两个年轻人都要由各自的父母或其中一人作陪，由媒人扮演主人角色。最合适的安排就是让他们双方在某些场合巧遇，比如一年一度的菊花展、赏樱会，或者任何其他有名的公园和娱乐场所。

通过以上及其他许多方式，日本人尽力避免可能因失败而带来羞辱的场合。尽管他们再三强调每个人有责任为自己洗清污名，事实上，他们尽可能在事务的安排中就减少让人觉得受到侮辱的可能。在这一点上，日本人和许多太平洋群岛上同样重视洗清污名的部落还是有显著反差的。

在新几内亚和美拉尼西亚以种植为生的原住民中，受到侮辱就一定要怀恨在心，这成了部落和个人行动的主要动力。只要一举行部落宴会，肯定就有一个村子开始数落另外一个村子穷得喂不饱十个人，小气到连芋头和椰子也要藏起来，或者说他们的头领奇蠢无比，就算想要组织场宴会也是办不成事。于是被挑刺的村落就要大摆排场，盛情款待客人，让所有的来宾都受宠若惊，这样才算洗清了污名。婚姻的安排和金钱交易走的也是这个套路。战场上双方也要先狠狠对骂一番才开始张弓射箭。再微不足道的小事，也被他们当作非拼死一战不能解决。侮辱是行动的巨大动力，这些部落也因此经常充满活力，但是没有人会把他们描述成彬彬有礼。

日本人正相反，他们是礼貌待人的最佳典范，这种突出的礼貌也正反映出了日本人为了尽量避免必须洗清污名的情况费了多大的劲。他们一方面依然把受辱造成的愤恨当作激励人走向成功的不二手段；另一方面又尽量避免可能导致这种后果的局面。如果发生了，只能是在特定场合，不然就是因为传统的控制手段在压力下失效了。毫无疑问，日本能够在东亚称雄并推行过去这十年来对英美战争的策略，里面不乏这种激励手段的贡献。西方有很多关于日本人对侮辱过度敏感、热衷于复仇的讨论，其实更适用于新几内亚那些善于利用侮辱的部落。很多西方人对日本战后可能行为的预测之所以大大偏离事实，正是因为他们没有认识到“对名声的道义”在日本所受到的特殊限制。

美国人不应该因为日本人彬彬有礼就低估他们对诋毁的敏感。美国人经常漫不经心地表达个人意见，视之若游戏。我们很难理解，在日本玩笑话也会被当真。一位名叫牧野芳雄的日本画家在美国出版了一本自传，全书用英文写成，里面生动地描写了日本人认为自己受到“嘲笑”后的典型反应。撰写自传时他已经在欧美度过了大半辈子，但是感受之强烈仿佛他依然生活在家乡爱知的乡下。他出身于一个有名望的地主家庭，又是幼子，在温暖的家庭里备受疼爱。童年快结束的时候，他的母亲过世了，没多久父亲破产，不得不变卖所有的家产还债。家破人亡又身无分文，牧野难以实现自己的抱负。他的抱负之一是学习英语，为此他就在附近的教会学校做清洁工。直到十八岁，他最远也就到过周围的几个乡镇，却下定决心要去美国。

我去拜访学校里的一名传教士，所有人里面他最得我的信任。我告诉了他自己去美国的打算，希望他能给我提供点有用信息。让我大失所望的是，他惊呼："什么，**你**想去美国？"他的妻子也在屋里，两人一起**嘲笑**我！那一刻，我觉得自己脑袋里的血好像都沉到了脚底！我默默无语地在原地站了几秒钟，"再见"也没说就回到了自己的房间。我告诉自己，"一切都完了"。

第二天我就出走了。现在我想写下出走的原因。我一直相信不诚(insincerity)是这个世界上最大的罪行，而不诚之最莫过于嘲笑！

别人发火，我总是谅解，因为生气是人的本性。要是有人对我说谎，我通常也能原谅，因为人性软弱，很多时候人没有足够坚定的意志来面对困难，说出真相。如果有人无中生有，编造关于我的谣言或八卦，我也会原谅，因为人云亦云，这种诱惑很难抵抗。

甚至连杀人犯，我有时候都能酌情体谅。但是嘲笑罪不可赦。只有故意不诚的人，才会嘲笑无辜。

让我给你讲讲我对两个词的定义。杀人犯：杀死他人肉体的人。嘲笑者：杀死他人**灵魂**和心的人。

灵魂和心远比肉体重要,所以嘲笑是最恶劣的罪行。确实,那名传教士和他的妻子在试图杀害我的灵魂和心,那时我心里一阵剧痛,心头大喊:“为什么是你?”①

第二天一早,他把所有东西打成一个包袱,离开了那里。

听到一个身无分文的乡村少年说想去美国成为一个画家,那个传教士觉得难以置信,这种态度让牧野觉得自己被“刺杀”了。他的名声受到了诬蔑,只有实现自己的目标才能洗清污名。在受到传教士的“嘲笑”后,他别无选择,只能离开本地,证明自己能够到达美国。读着他的英文我们会觉得奇怪,为什么他指控那个传教士“不诚”;至少就我们对诚这个字的理解,那个美国人的惊叹在我们看来挺“真诚”的。但是牧野取的是这个字在日文中的含义,不想挑起争端却又贬低别人,这样的人在日本人看来都是不诚的。这样的嘲笑过于放肆,表明这个人“不诚”。

“连杀人犯,我有时候都能酌情体谅。但是嘲笑罪不可赦”。既然无法原谅,那么对待诽谤的另一种反应就是报复。牧野通过到达美国洗清了污名,但是为受到的侮辱或诋毁进行复仇,在日本传统中也是地位颇高的一件“好事”。为西方读者写书的日本作者有时会在书中用生动的比喻描述日本人对于复仇的态度。新渡户稻造,这个日本最博爱的人之一在1900年写道:“复仇这一行为有些什么东西,能够满足人的正义感。我们的复仇直觉

① 牧野芳雄(Markino, Yoshio),《我的童年》(*When I was a Child*),1912年,第159—160页。黑体字见于原文。

就好像数学计算能力那样精确，方程两边若是不能等项，我们总觉得有什么事情没有干完。”[①]冈仓由三郎在《日本生活和感想》一书中用了一个日本特有的习俗作比较：

> 所谓日本人的心理怪癖，许多源于对洁净的热爱和对污秽的憎恶。污秽不清洗干净，伤口就无法痊愈。既然我们受的是这样的训练，那么家庭或者国家的名誉受到了轻蔑，怎么能不通过复仇来作彻底的清洗呢？日本人的生活里，公私场合都时常可见复仇的例子，你不妨把它们看作一个有洁癖的民族进行的一种晨浴。[②]

他接着说，因此日本人“过着干干净净，一尘不染的生活，像盛开的樱花树那样美丽宁静”。换句话说，这种“晨浴”洗掉了别人朝你扔的脏土，不洗干净你的品行就会有亏。日本没有这样的道德观：只要自己不觉得受到侮辱，就没有人能够侮辱你；只有“己身不修”才会玷污品行，而不是别人说了什么或者做了什么。

日本的传统不断在大众面前宣扬这种复仇如“晨浴”的理想。每个人都知道无数事例和英雄传说，其中最受欢迎的是历史背景的《四十七浪人物语》。这些故事被编进教科书诵读，在剧院里演出，改编成现代电影，还出

---

① 新渡户稻造（Nitobe，Inazo），《武士道：日本人的灵魂》（*Bushido，The Soul of Japan*），1900 年，第 83 页。

② 冈仓由三郎（Okakura，Yoshisaburo），《日本生活和感想》（*The Life and Thought of Japan*），伦敦，1931 年。

版成流行读物。现在它们已经成为日本生活和文化的一部分。

这些故事里面,很多讲述的是对偶然失败的敏感。例如,一位大名让他的三个家臣猜一把好刀的锻造师是谁。三人意见不统一,等到请来行家鉴定之后,发现只有名古屋山三正确地认出了这把"村正"锻造的刀。另两位鉴定错误的家臣把这事当成侮辱,下定决心要杀了山三。其中一人趁他熟睡时用山三自己的刀捅了他,但是山三活了下来,谋害他的人自此矢志复仇,最终成功地杀了山三,全了自己的道义。

还有其他故事,讲的是对自己的主公进行报复的必要性。在日本的伦理中,道义既意味着家臣要至死效忠主公,也同样意味着一旦家臣觉得自己受到了侮辱,就会翻脸成仇。有关德川氏第一任将军家康的故事里就有一个很好的例子。有人告诉他的一个家臣,家康是这样评价他的:"他是那种会被喉咙里的鱼刺卡死的家伙。"这种暗示他将死得毫无尊严的污蔑让人无法忍受,于是这个家臣发誓,终身不忘此辱。家康那时刚刚立足新都江户(东京),正在着手统一全国。敌对势力还未扫清,其中不乏危机。这个家臣就暗中勾结了敌对的诸侯,自请作为内应纵火烧毁江户。这样不仅他的道义得偿,跟家康结的大仇也能得报。西方讨论日本人的忠诚时大多不切实际,因为他们没有意识到道义并不仅仅是忠诚;作为一种德行,它在特定条件下会要求背叛。恰如其所言,"挨打的人会变反叛",受辱则同理。

历史故事中的这两个主题——犯错的人向正确的人报复,因为受辱甚至连自己的主公也要报复——在日本最著名的文学作品里非常常见,还有许多变化。但是不管日本人从传统上多么推崇复仇,只要考察一下近代日本的生活实录、小说和活动就能发现,复仇故事在今天的日本并不比西方国家多,说不定还更少一些。与其说这意味着日本人对名誉的执著减弱了,还不如说他们对侮辱和诋毁的反应更多地从攻击型变为防守型。人们依旧把耻辱看得很重,但是结果通常是让人垂头丧气,而不是挑起争斗。明治以前的时代没有法律,为了复仇进行直接攻击还有可能。现代有了法律秩序,经济上的日益互相依赖也造成管理上的困难,于是复仇不能再光明正大,或者只能针对自己。人们可以偷偷捉弄自己的仇人作为私下里的报复,但是不能明说:有点像一个古老的故事所讲的,主人把粪便混在美味佳肴里呈给敌人吃,这样他就没法察觉,而主人所求的也不过是自己知道自己这么干了,客人一直毫不知情。在当今,即便是这种暗中的挑衅也并不多见,更多的是自己对自己生气。于是每个人有两种选择:把耻辱当作鞭策激励自己成“不能成”之事,或者任它啃噬自己的心灵。

日本人对失败、诋毁和排斥的脆弱使他们很容易陷入自我谴责,而不是责怪他人。他们的小说反复描述了过去几十年来受过教育的日本人是怎样钻进牛角尖不能自拔,一会儿郁郁寡欢,一会儿怒不可遏。这些故事的主人公普遍厌世。他们厌倦了生活的步调,厌倦了自己的家庭,厌倦了城市,厌倦了乡村。但是这种厌倦不是因为目标遥不可及,也不是因为现实和理想的差距。日本人一旦有了对重大使命的憧憬,他们就不再觉得厌倦。不管这个目标是多么遥远,他们也绝对会完全摒弃厌倦情绪。这种日本人特有的倦怠情绪其实是一个过于敏感脆弱的民族所表现出来的病态。对被排斥的恐惧成为他们自我攻击的武器和行动的阻力。日本小说里描写的厌世状态和我们熟悉的俄国小说不同。在俄国小说里,现实和理想的对比是造成主人公倦怠生涯的根本原因。乔治·桑塞姆爵士(Sir George Sansom)曾经说过,日本人缺乏现实和理想的对比感。他不是在说这是日本人厌世的潜在原因,而是说他们是怎样形成自己对生活的哲学和基本态度的。诚然,日本和西方基本观点的巨大反差远不止这里提到的特例,但是这个例子和日本人备受抑郁困扰的情况有种特别的联系。日本和俄国都同样喜欢在小说里描写厌倦状态,这一点和美国形成鲜明对比。美国的小说里很少见到这个主题。我们的小说家总是把主人公的苦难归咎于性格上的缺陷或冷酷世界的摧残;他们很少描写纯粹的无聊。个人对环境的不适应总要有一个起因,还有一个发展过程,要能打动读者从道义上谴责男女主人公的某些缺陷,或者社会秩序的某些弊端。日本也有关于无产阶级的小说,谴责城市中严峻的经济状况和商业渔船上的恐怖,但是他们的人物小说里描述的是这样一个世界,人物的情绪经常说来就来,用一名作者的话来说,就好比一阵飘忽的氯气。不管是人物本身还是作者,都觉得没有必要分析当时的情况或主人公的生平来解释这团阴云。它说来就来,说去就去。人都是脆弱的,旧式英雄曾经用来攻击敌人的锐气,在他们这里都被用来折腾自己,于是他们觉得自己的抑郁毫无来由。他们也可能会归咎于某件小事,但是旁人会觉得奇怪,这件小事在他们看来不过是个符号而已。

现代日本人对自身所采取的最激烈行为就是自杀。根据他们的信条,自杀只要得当,就能洗清自己的污名,留下清白的记录。美国人谴责自杀的行为,把自我摧毁看作对绝望的屈服,但是日本人认为自杀是一种光荣的、有意义的行为,对它敬重有加。在某些情况下,为了尽“对名声的道义”,自杀是最为光荣的选择。在新年前夜无力还债的负债人,自尽以示对某些不幸事件负责的官员,恋情无望双双殉情的恋人,以死抗议政府推迟对华战争的爱国者，他们和考试落榜的男孩、不愿被俘的士兵一样，都对自己动用了最终的暴力。有些日本权威说这种自杀倾向在日本是新近出现的。这一点很难判断，统计数字也表明观察家们近年来经常高估自杀的频率。从比例上看，上一世纪的丹麦和纳粹上台前的德国比日本历史上的任何时期都有着更高的自杀“纪录”。但是有一点是不容置疑的：日本人热爱这一主题。就像美国人大肆渲染犯罪一样，日本人大肆宣传自杀，感同身受似的乐在其中。比起杀人案件，他们更喜欢纠结于自杀事件。用培根（Bacon）的话来说，他们把自杀当作最喜欢的“恶性案件”。人们从中得到了某种满足，思考其他事件就没有这种效果。

与封建时代的历史故事相比，自杀在近代日本更加自虐。那些故事里，武士自杀是因为政府下令，这样可以避免死于不名誉的处决，就好像西方的敌人士兵宁愿被枪打死也不愿上绞刑架，或者是为了避免落入敌人手里惨遭折磨。武士被允许“切腹”，就好像蒙羞的普鲁士军官有时被允许私下吞枪自尽。等他意识到自己已经无法挽回名誉，长官们会把一瓶威士忌和一把手枪留在他房间里的桌上。对日本武士来说，这样的情况注定一死，自尽只不过是能选择的一种方式。在现代，自杀是主动选择去死。人们不再去刺杀别人，反而时常把暴力加诸自身。在封建时代，自杀的行为是一个人勇气和决心的最终体现，在今天，自杀却成了自我毁灭的一种方式。在过去的两代人里，每当日本人觉得“世界失去平衡”，或者“等号两边的项”不等，或者需要“晨浴”来擦去污秽时，他们越来越倾向于毁灭自己，而不是他人。

把自杀当作最终论据为己方赢得胜利的事例古今皆有，但现在连这种自杀也在朝同样的方向发展。德川时代有一个著名故事，讲的是幕府里有位地位很高的老顾问,在顾问团全体成员和摄政大臣前袒腹抽刀,准备一不遂意就立刻切腹。他的自杀威胁奏了效,他举荐的继承人成功继位将军。他达到了目的,就不必自尽了。用西方的表达来说,这位老顾问用了不光彩的手段胁迫了反对方。但是在现代,这种抗议性的自杀都是为信念殉身,而不是用来谈判的手段。自杀都发生在对某些已签署的协议(如海军裁军条约)抗议无效的情况下,也可能是为了公开表示自己的反对立场。这种自杀都要展示给人看,只有成功才能影响舆论,而不是单纯的威胁就会有效的。

一旦名声的道义遭到威胁,就惩罚自己,这种倾向已经愈演愈烈,其实不一定要采用自杀这样的极端手段。把攻击性转向自己可能只是导致抑郁和消极,还有那种日本人特有的、知识分子阶层盛行的厌世态度。这种情绪之所以在这一特定阶层蔓延广泛,从社会学角度来讲是有着充分理由的。日本的等级系统里知识分子人数众多,在等级制中地位却没有保障,只有一小部分人能够满足自己的雄心。在二十世纪三十年代,他们面临着双重打击,因为当局生怕他们有"危险的念头",对他们很是怀疑。日本知识分子通常把自己的不满归咎于西方化带来的混乱,但是这种解释不够深入。日本人典型的情绪不稳定是从极端的专注一下子变成极端的厌倦,这种日本传统方式的精神崩溃让不少日本知识分子备受折磨。二十世纪三十年代中,也有不少人从中脱身而出,用的还是传统的方法:他们热切地接受了民族主义的目标,再次把攻击对外,不再朝向自己。他们通过对外的极权主义侵略,终于又"找到了自我"。他们摆脱了坏心情,感受到内在有了全新的巨大力量。他们无法在自己的人际关系里做到的,却相信能够以征服者的身份做到。

现在,战争的结果已经证明了他们的这种自信毫无根据,消沉又成了日本的一大心理威胁。不管是出于什么原因,日本人总是无力克服消沉情绪,它深植人心。“再也不用担心炸弹了,”东京的一个日本人这么说,“这真是一种解脱。可是我们不打仗了,生活也没了目标。每个人一片茫然,心不在焉。我是这样,我妻子是这样,医院里的人也都是这样。干什么都是慢吞吞的,茫然无措。人们现在抱怨政府在战后的清理和救援工作太慢,我觉得那是因为政府官员们的心情和我们一样。”这种精神萎靡状态对日本是种危险,就像法国解放后一样。德国投降后最初的六到八个月里没有这种问题,日本就有。美国人能够理解这种反应,让我们难以置信的是,随之而来的竟然是对征服者的极度友好。大家几乎一下子就意识到日本人民已经态度友好地接受了战败及其所有后果。他们用鞠躬和微笑来欢迎美国人,还挥手欢呼致意。这些人既不阴郁也不愤慨。用天皇宣布投降时的话说,他们“接受了不可能接受的结果”。那么这些人为何不重整家国呢?根据占领条款,他们完全有机会这么做。占领军并没有入驻每个村落,行政事务也仍然掌握在他们手中。整个国家似乎都在微笑着挥手致意,把自己的事务搁置不顾。然而就是同一个国家,在明治早期实现了复兴的奇迹,在二十世纪三十年代如此精力充沛地准备军事扩张,他们的士兵是如此奋不顾身,在整个太平洋地区,一个岛接一个岛地死战。

但这的确是同一个民族。他们的反应是典型的。从极度的努力到消磨时光,对他们来说这是再自然不过的情绪转换。此刻日本人关心的主要是如何在战败的情况下维护自己的名誉,他们觉得表示友好就能实现这一目标。推论下来,很多人觉得最安全的做法就是依赖美国。再进一步,就有了努力会招来怀疑的想法,还不如消磨时光。消沉态度就这样传开来。

但是日本人并不喜欢无所事事。“从消沉中奋发起来”,“把别人从消沉中唤醒”是日本常见的号召大家改善生活的口号,也是电台时刻广播的内容,连战时也不例外。他们以自己的方式和消极态度作战。1946 年春天的日本报纸连续不断地谈到日本名誉遭到多大的玷污,因为“在全世界瞩目之下”,轰炸后的废墟还没有清理完毕,某些公用事业还没有得到恢复。报纸上还抱怨无家可归的家庭态度消沉,晚上聚集在火车站过夜,让美国人看到了他们的惨状。日本人能够理解这种针对他们的名声作出的呼吁。他们也希望将来能够为日本在联合国组织里赢得一席之地做出最大的努力。这还是为了名誉而努力,不过是换了新的方向。如果将来大国之间实现了和平,那么日本可以靠走这条道路赢回自尊。

名誉是日本人永久的追求。这是赢得别人尊敬的必要条件。为了实现这一目标所采取的手段则可以视时机而定。一旦情况有变,日本人就会改变姿态,重新选择道路。他们和西方人不同,并不把变化立场当作道德问题来看。我们讲究的是“原则”及意识形态上的信念。哪怕失败,立场并不改变。欧洲失利之后到处都是团结起来的地下反抗运动。在日本,除了少数几个顽固分子,没有人觉得有必要组织反抗运动或者在地下反对美国的占领军。他们不觉得在道义上有必要坚持旧主张。从占领一开始,美国人哪怕单身,也可以安全地搭乘拥挤的火车去日本的偏远乡下,所到之处,都有官员礼貌的接待,尽管他们都曾经是民族主义者。没有人想到要复仇。当我们的吉普车从村里穿过时,孩子们夹道高喊“你好”和“再见”。婴儿还太小,母亲就挥动他们的小手向美国士兵致意。

美国人很难相信日本人战败之后的这种大转变是真心的。我们是做不出这种事的。这甚至比俘虏营里日本战俘的态度转变更加难以理解。日本俘虏认为对日本来说自己已经是死人了,而我们则发现,从前实在不知道“死人”也能有所作为。了解日本的西方人里几乎无人能够预见到战败后的日本也会出现上述与战俘一样的态度转变。大部分人认为日本“只知道胜利或失败”,失败在他们看来是奇耻大辱,一定会绝望地坚持用武力报仇。还有些人认为日本人的民族性决定了他们无法接受任何和平条款。这些研究日本的人都没有理解道义。在诸多维护名誉的手段中,他们只看到了复仇和好斗这一醒目的传统方式,而没有考虑到日本人另辟蹊径的习惯。他们误把日本的攻击性道德体系等同于欧洲的模式。根据欧洲模式,任何个人或民族要开战,必须先坚信永恒的正义站在自己这一边,并从憎恨和义愤里汲取力量。

日本人则用另一种方式产生攻击力。他们迫切需要得到全世界的尊重。他们看到强国曾经以武力赢得了敬意,就想效仿他们迎头赶上。由于资源匮乏,技术原始,他们只能以比希律王更残暴的手段制胜。一旦失败,所有的努力付诸东流,对他们来说,这就意味着原来暴力不是通向名誉的捷径。道义一直以来都有双重含义,除了使用暴力,还有遵守互敬互重的关系。于是战败后的日本人从一者转向了另一者,一点心理挣扎也没有。他们的目标还是名誉。

日本在其他历史场合也有过类似行为,让西方人一直十分困惑。1862年,封建时期长期闭关锁国的帘幕才刚刚拉开,一个叫理查森(Richardson)的英国人在萨摩遇害。该藩是鼓动驱除白夷的热土,萨摩的武士也以傲慢好斗冠绝日本著称。英国派兵征讨,轰炸了萨摩的重要港口鹿儿岛。整个德川时代,日本人一直在制造火器,但是他们仿造的是古旧的葡萄牙式火枪,鹿儿岛自然不是英国军舰的对手。这番狂轰乱炸的结果却出人意料。萨摩不但没有誓死向英国报复,反而寻求结交。他们目睹了对手的强大,就想向对手学习。于是他们和英国建立了贸易关系,第二年还在萨摩建了一所学校,据当时一个日本人描述,学校教授"西方科学和知识的奥秘……由生麦事件而生的友谊在不断发展"。①生麦事件就是英国对萨摩的讨伐和对鹿儿岛的轰炸。

这并不是一个孤立事例。另一个和萨摩一样以好战和痛恨洋人著称的藩是长州。两藩都是率先推动天皇复辟的首领。没有正式权力的天皇朝廷曾颁发敕令,以 1863 年 5 月 11 日为限,要求将军把所有的夷狄赶出日本的土地。将军无视这道命令,长州却没有。它从堡垒里向过往下关海峡的西方商船开炮。日本的火枪、火药太过粗劣,无法伤到商船,但是为了给长州一个教训,一支西方的国际联合舰队很快摧毁了那些堡垒。轰炸的结果一如萨摩那样奇怪,这还是在西方列强要求三百万美元赔偿的情况下。正如诺曼就萨摩和长州事件所言:"不管这些攘夷派领袖急速改换立场的背后有着多么复杂的动机,这种行动所表现出来的脚踏实地和沉着镇定还是不得不让人佩服。"②

这种随机应变的现实主义是日式"对名声的道义"的光明面。道义就像月亮一样,有光明的一面,也有阴暗的一面。其阴暗面驱使日本人把美国

---

① 诺曼,前引书,第44—45页及注释85。

② 诺曼,前引书,第 45 页。

的限制移民法案和海军裁军条约看作是对日本民族的莫大侮辱，进而把日本推向了灾难性的战争计划。其光明面又使日本能够在 1945 年带着友好的意愿接受投降的后果。日本依然是在按本色行事。

近代的日本作家和宣传人员筛选了一部分道义所包含的责任介绍给西方人，称之为武士道。这种说法从好几方面误导了别人。武士道是一种现代的正规用语，和"迫于道义"、"完全出于道义"、"为道义竭尽全力"等说法不同，没有深厚的民俗感，也没有道义所具有的复杂性和模糊性，只是宣传人员灵机一动的产物。除此之外，它还成为了民族主义者和军国主义者的口号。随着他们的倒台，这个概念不再能令人信服。但这并不是说日本人就此不再"知道义"。相反，西方人比此前任何时候都更需要了解道义在日本的意义。把武士道与武士混为一谈也是误解的来源之一。道义是所有阶级共有的道德。与日本的其他责任及纪律相似，社会地位越高，道义的负担就越重，但是所有社会阶层都不能例外。日本人认为道义对武士来说更为沉重，外国评论家则有可能认为道义对平民的要求最高，因为他们的获利更少。对日本人来说，能在自己的圈子里得到尊重就足以为报，"一个不懂道义的人"终归是一个"悲惨的家伙"，会遭到同伴的嘲笑和排斥。

第九章

人情界

日本这样的道德准则,既要求对义务有极端的回报,又要求手段激烈的自我克制,可能从头到尾都把个人欲望当作必须从人心中拔除的罪恶。这是古典佛教的教义,因此日本的道德对五种感官的享受如此宽容就更令人奇怪。尽管日本是世界上的佛教大国之一,它的道德准则却和释迦及佛经的教诲形成鲜明对比。日本人并不谴责自我满足,他们不是清教徒。他们认为肉体的快感是件好事,值得培养。日本人追求并重视享受,但是享受要有度,不能影响生活里的正事。

这样的规则使生活经常处于特别紧张的状态。印度人比美国人更容易了解日本人接受感官享受所产生的后果。美国人不相信享乐也需要人教,人可以拒绝沉迷于感官享受,但是这样做是在抗拒已知的诱惑。其实,享乐也像责任那样需要学习。在很多文化中,享乐本身是没有人教的,因此人们更容易专注于自我牺牲的责任。有时甚至连男女间的肉体吸引也要被淡化,直到它无法威胁家庭生活的顺利进行。在这些国家里,家庭是建立在其他考虑的基础之上的。日本人一边培养肉体的快感,一边又规定这些享受不能被当作严肃的人生态度,就是这样自寻烦恼。他们像培养艺术那样培养肉体的快感，充分享受之后，就为责任牺牲了享乐。

日本人最喜爱的一种肉体上的小小愉悦就是泡热水澡。不管是最穷的农夫、最卑贱的仆人，还是有钱的贵族，在烧得滚烫的热水中泡澡是每天傍晚的例行公事。最常见的浴盆是木桶，下面烧着炭火，以便让水温保持在华氏 110 度以上。人们在入浴之前先把全身都冲洗干净，然后就尽情享受泡澡带来的温暖和放松。他们坐在浴桶里，像胎儿那样曲起双膝，让水漫到下颚。虽然日本人也像美国人那样重视每天沐浴的清洁功能，但是他们更为这一行为添加了一种消极享受的艺术，全世界任何其他国家的沐浴习惯都无法模仿这种艺术。日本人有种说法，年纪越大，就越是喜欢泡澡。

人们有各种办法来降低泡澡的成本和手续，但是泡澡必不可少。城镇里有巨大的公共澡堂，大小就像游泳池，人们可以去那里泡澡，和萍水相逢的澡伴在水里聊天。在农村，女人们会轮流在院子里准备洗澡水——在日本，泡澡并不需要避人耳目——她们的家人会轮流入浴。所有家庭的入浴次序都一样，上流社会也不例外：客人优先，然后依次是祖父、父亲、长子，依次类推，直到最低下的用人。他们出浴时浑身红得像煮熟了的龙虾，接下来全家人就共聚一堂，享受晚餐前一天里最为放松的时刻。

就像热水澡是一种备受欢迎的享受一样，传统中的“强身”却采取最为极端的冷水冲洗法。这一流程通常被称为“冬炼”或“冷苦行”，现在依然有人实践，虽然用的不再是传统的方法。按旧习，受炼人要在凌晨出门，在冰冷的山泉形成的瀑布下静坐。哪怕是冬夜用冰冷的水浇身，在没有暖气的日本房子里，这也不是可以忽略的苦行。珀西瓦尔 · 洛厄尔(Percival Lowell)就对十九世纪九十年代存在的这种习俗做过描述。有人立志获得治病或者预言的特殊力量，但又没有当上神官，他们就会在就寝前进行冷水苦行，然后在凌晨两点再度重复，因为这是“众神沐浴”之时。他们清晨起床后，中午和晚上还要再重复一遍。① 黎明前的冷苦行在那些想要认真学习乐器或者为世俗职业做准备的人之中也特别流行。为了强身，人们可以把自己暴露在任何程度的寒冷之中，练习书法的孩子尤以练习结束时手指麻木、长满冻疮为荣。现代的小学没有暖气，这被当成一大好处，因为能够锻炼孩子们变得坚强，以便日后面对生活的艰辛。西方人则对日本孩子经常感冒流鼻涕印象更深。这种习俗之下，感冒也在所难免。

睡觉是另一种广受喜爱的享受。它也是日本最有成就的艺术之一。日本人能够以任何姿势放松地睡觉，哪怕是在我们看来完全不可能的情况下。这一点让研究日本的人倍感惊讶。美国人几乎是把失眠当成精神紧张的同义词，根据我们的标准，日本人的性格容易高度紧张。但是他们要睡个好觉却易如反掌。日本人就寝也早，其他东方国家几乎都不这么做。那些入夜前就早早入睡的村民们可不是为了像我们的箴言所说的那样，为第二天储备精力，他们根本没有这样的打算。一个对日本人知之甚深的西方人这样写道：“当你来到日本，就不能再认为为了明天的工作，今晚有责任好好睡觉休息。每个人必须把睡觉和恢复、休息及放松等概念区分开来。”睡觉就是睡觉，和工作提议一样，都只应“自成一体，无关任何已知的生死之事”。② 美国人习惯性地认为睡眠是为了保持精力。我们大多数人每天早上醒来，

① 珀西瓦尔·洛厄尔（Lowell, Percival），《神秘的日本》（*Occult Japan*），1895 年，第 106—121 页。

② Watson, W. Petrie, *The Future of Japan*, 1907 年。

第一件事就是计算晚上睡了多少小时。睡眠的长度能够告诉我们白天能拥有多少精力和效率。日本人睡觉是为了别的原因。他们就是喜欢睡觉,只要情况允许,就会欣然入眠。

同理,他们牺牲起睡眠来也极其无情。准备考试的学生没日没夜地复习,完全没有睡得好对考试更有帮助的想法。在陆军的训练里,睡眠更是纪律的牺牲品。哈罗德·杜德(Harold Doud)上校在1934年到1935年间隶属日本陆军,他提起过手岛大尉和自己的一次对话:在和平时期的拉练中,部队“有两次三天两夜连续急行军,中间只有十分钟的小憩和短暂的休息可以打个盹,除此之外完全不能睡觉。有时候士兵边走边睡。一个少尉睡熟了,迎面撞到路边的一堆木头上去,让大家乐了一番”。最后扎营的时候,还是没人有机会睡觉,每个人都被派去站岗巡逻。“可是为什么不让一部分人睡觉呢?”我问道。“哦,不行!”他回答,“那没有必要。他们早就知道怎么睡觉。他们需要的训练是怎么保持清醒。”①这话很好地总结了日本人的观点。

像温暖和睡眠一样,饮食既是一种放松,可以自由享受,也是用来训练人的纪律。作为闲暇时的一种仪式,日本人喜欢享用一道又一道的菜肴,每次上的菜都只有一调羹,菜的品相和味道一样供人品评称道。除此之外,日本人强调的就是纪律。“吃得快,拉得快,两者兼具就是日本的最高品德,”埃克斯坦(Eckstein)曾这样引用一个日本农民的话。②“吃饭被看作是无关

---

① *How the Jap Army Fights*,文章见于由企鹅出版的*Infantry Journal*,1942年,第54—55页。

② Eckstein, G., *In Peace Japan Breeds War*,1943年,第153页。

紧要的事……只是维持生命的需要,**因此**要尽量简捷。孩子们被鼓励吃得越快越好,特别是男孩,而不是像欧洲那样,要求吃饭慢慢地来。”(黑体是著者所加)①寺院里的僧众要遵守戒律,他们在餐前祷告里要祈祷自己记住食物只是药品;意思就是修行的人应该把食物当作必需品,而不是享受。

按照日本人的看法,强迫性绝食是考验一个人有多坚强的好办法。就像剥夺温暖和睡眠,剥夺食物也是一个展示自己能够“忍耐”的机会,而且要像武士那样,“嘴叼牙签”。假如一个人能够在一直没有食物的情况下做到这一点,那么他的力量就会因为精神上的胜利而得到提高,而不是因为缺乏热量和维他命而降低。美国人认为身体获得的营养和身体的力量之间是一对一的对应关系,日本人却不这么看。因此,空袭的时候,东京广播电台向防空洞里的人们宣传做体操能让挨饿的人重新强壮有精神起来。

浪漫主义的爱情是日本人提倡培养的另一种“人情”。尽管它与日本的婚姻形式及家庭责任截然相反,浪漫之爱在日本还是如鱼得水般地盛行。日本的小说里充满了这样的爱。与法国小说类似,主人公都是已婚人士。男女双双殉情是最受欢迎的阅读和交谈主题。十世纪的《源氏物语》细致地描写了浪漫之爱,足以与世界上任何其他国家出产的伟大小说媲美。故事里所讲述的封建时代诸侯和武士之爱也属于这种浪漫之爱。爱情也是当代日本小说的主要题材。这与中国文学的差异非常巨大。中国人对浪漫的爱情和性爱的乐趣一向低调,由此为自己减少很多麻烦,他们的家庭生活也因此比较和谐。

---

① Nohara, K., *The True Face of Japan*, 伦敦, 1936 年,第 140 页。

与中国人相比，美国人在这一点上当然更能理解日本人，但是这种理解也不深入。对于性爱的乐趣，我们有很多忌讳，日本人却没有。在这一方面，他们不像我们那样道学。他们认为性就像任何其他“人情”一样，虽然在生活中并不重要，但是完全有益身心。“人情”没有罪恶可言，因此也没有必要对性的享受假道学。美国人和英国人把日本人珍藏的有些画册当作淫秽物品，把艺伎和妓女集中的吉原地区看作是庸俗下流之地，这让日本人至今议论不休。从与西方人接触伊始，日本人就对外界批评非常敏感，不断制定法律以便使他们的习俗和西方标准更为接近。但是没有法律规定能够完全跨越文化的差异。

有教养的日本人清楚地意识到，某些他们觉得无伤大雅的东西，在英国人和美国人眼里却是不道德和淫秽的。但是他们并没完全意识到，我们的传统态度和日本的“‘人情’不应影响人生正事”这一信条之间也存在鸿沟。主要是由于这一差异，我们无法理解日本人对爱与性爱享受的态度。他们把属于妻子的范畴与属于性爱的范畴划分开来，两者都同样的公开和光明正大。不像美国生活中，两者被区分开来，一者可以公开承认，另一者却要避人耳目。日本生活中，这两者有所区分，因为一者属于男人的主要责任范围，另一者则属于无关紧要的消遣范围。这种用划分各自分属范畴的方法把两者区别开来，不管是对家庭里的完美父亲还是花花公子都同样适用。日本人没有美国人那样的理想，把爱情和婚姻混为一体。我们赞同爱情是因为它是选择配偶的基础。婚后丈夫要是在肉体上被别的女人吸引，就是对妻子的侮辱，因为理应属于她的东西被他分给了别人。日本人对此就有不同看法。选择配偶时年轻人要服从父母的安排盲婚盲嫁。和妻子相处必须相敬如宾。在互相迁就的家庭生活里,孩子们也看不到父母之间有丝毫情欲的表现。正如一个当代的日本人在一本杂志里所说:“在这个国家里,婚姻的真正目的是生儿育女,传宗接代。任何其他目的都只会曲解这一真谛。”

但是这并不意味着男人会一直把自己局限在这样的生活中保持德行。只要经济上许可,他们都会包养情妇。和中国形成鲜明对比的是,他们并不把自己看上的女人带回家。那样做会混淆生活中本应区分开的两个领域。他们看中的可能是艺伎,在音乐、舞蹈、按摩和娱宾方面都受到过精心调教,也可能是妓女。不管是哪种情况,男方会和女方的雇主签订合同,保障女方不被抛弃及得到一定的金钱回报。他会为她另置住所,只有在男的想把情妇所出的孩子和自己的子女放在一处抚养这一极少数的情况下,才会把情妇当作仆人带回家,而不是纳为妾室。情妇的孩子尊他的合法妻子为“母亲”,和生身母亲的关系则得不到承认。因此,东方的一夫多妻安排,尤以中国的传统习惯最为突出,在日本却极其少见。日本人在空间上也把家庭责任和“人情”隔离开来。

只有上层阶级能够负担得起情妇,但是大多数男人都或多或少狎玩过艺伎或妓女。这样的出行完全不用偷偷摸摸。他的妻子还可能会为他整理服饰,为他夜晚出去放松做准备。他到访的妓院可以把账单送到他的妻子那里,妻子理所当然地为他结账,就算为此不高兴,也是她自己的事。找艺伎要比找一般妓女更贵,但是艺伎的一夜之资并不包括性行为。他享受的是受过精心训练的女孩子们衣着精美、举止合宜的款待。要是想见某一个特定的艺伎,那个男人必须先成为她的恩客,并且签下合同认她做自己的情妇。不然他就得靠自己的魅力来吸引那个艺伎,使她自愿投怀送抱。当然,与艺伎共度一夜之欢也绝对不会不涉及情欲。根据传统,她们的舞蹈、应答、歌曲和仪态都是暗含挑逗,精心安排,以展现上层社会的妻子们所不能展现的风情。她们"属于人情界",是对"孝界"的一种解脱,没有理由不去尽情享受,但是两个领域所属不同。

妓女生活在有许可证的妓院里,在和艺伎共度一晚之后,男的如果还未尽兴,可以去找妓女。妓女的花费低,没钱的人就只能放弃艺伎,以这种方式放松自己。妓院外面挂有妓女的照片,男人们通常花很长时间在外面研究挑选。这些女孩的地位低下,不像艺伎那样被高高追捧。她们通常都是穷苦人家的女儿,因为家里急需用钱被卖到妓院,也没有像艺伎那样学过娱乐宾众的艺术。在更早的时候,那些女孩会亲自坐在顾客前,面无表情地供人挑选。日本人意识到西方人反对这种风俗后就把它废除了,现在由她们的照片替代。

如果某个男人挑中某个女孩,要成为她唯一的恩客,他就和妓院签订协议,把她包养成自己的情妇。这样的女孩受到协议条款的保护。对于女用人或女店员,男人则可以不必签订协议就包她们做情妇。这些"自愿情妇"是最为无助的。她们大多是因为陷入爱河才会委身于人,却不属于任何得到承认的义务范畴。我们有故事和诗歌描述年轻的女子被爱人抛弃,"抱着膝上的幼儿"哀痛不已,日本人读到后就把这些私生子的母亲和他们的"自愿情妇"等同起来。

同性之恋也是传统"人情"的一部分。在古日本,地位高的男子比如武士和神官是被许可享受同性之爱的。明治时期,日本为了赢得西方人的赞同废除了许多旧习俗,那个时候就规定同性恋要依法惩处。但它仍然属于那些不应以道学态度对待的“人情”之一。它不能出格,不能影响到传宗接代。因此西方人所说的“变成”一个同性恋的危险,日本人基本不能理解,尽管有男人选择以艺伎为职业。日本人尤其震惊于美国有成年的同性恋甘愿做被动的一方。在日本,成年男人会主动寻找少年做自己的伴侣,因为被动的角色在成人看来是可耻的。什么事情做了并不损自尊,日本人对其界限自有论断,总之和我们的界限不同。

日本人对自体性欲的乐趣也并不道学。不像其他民族有那么多的道具服务于这一目的。在这一领域,日本人也试图通过取消对某些道具的过度宣传来减轻外界的谴责,但是他们自己并不觉得这些道具是罪恶的。西方反对手淫的强硬态度在我们长大之前就已经深深地印刻在每个人心中。欧洲的大部分国家对手淫的态度比美国更加坚决。男孩被悄声告诫手淫会让人发疯或者手淫会让人秃顶。母亲在儿子还是幼儿时就开始留心,一旦发现有类似迹象就会严加训斥,甚至进行体罚。或者把他的手绑起来,或者告诉他上帝会惩罚他。日本的幼儿和少年就没有这样的经历。他们长大成人后也不会产生我们那种态度。对于自体性欲这种乐趣他们并不觉得有罪恶感,在他们看来,这种乐趣在体面的生活中没有什么地位,这样就足以控制它了。

酗酒是另一种被许可的“人情”。我们美国人会发誓完全戒酒,这在日本人看来是西方的奇形怪状之一。我们的地方上关于是否投票表决在当地禁酒往往争论激烈,日本人同样不能理解。饮酒的乐趣之大,没有正常人能够抗拒。但是酒精也是属于低级的消遣,正常人同样不会被它迷住。根据他们的思路,一个人不用担心“变成”醉鬼,就像他们不用担心“变成”同性恋一样,事实上日本也的确没有酗酒成瘾的社会问题。饮酒是种令人愉悦的消遣,醉酒者的家人和公众都不会觉得他讨厌。他一般不会有什么暴力倾向,至少没有人觉得他会把孩子暴揍一顿。但痛哭一场是常见的,放浪形骸则更普遍。在城市里的酒席上,男人们还喜欢坐在彼此的大腿上。

守旧的日本人把喝酒和吃饭严格地区分开来。农村里的酒席,一个人一旦尝了一口米饭,就意味着他不再喝酒。他已经进入了另一“界”,这两者的界限必须分明。在家里可以饭后再喝酒,但是不能一边吃饭一边喝酒。两者只能轮流享受。

日本人的这些“人情”观造成几种后果。它彻底推翻了西方关于肉体和精神这两种力量不断在每个人身上一争短长的哲学。在日本的哲学里,肉体并不是罪恶。享受肉体的乐趣不是犯罪。精神和肉体并不是普遍存在的两股对抗力量,日本人从这一信条导出了逻辑性的结论:世界并不是善与恶的战场。乔治·桑塞姆爵士这样写道:“贯穿整个日本史,日本人似乎都没有发展出辨别罪恶的能力,也许他们是不想去解决恶这个问题。”①事实上日本人一直把这一点当作人生观来驳斥。他们相信人具有两个灵魂,但是它们不是相互争斗的善意和恶意,而是“温柔”的灵魂和“粗暴”的灵魂。每个人,甚至每个国家,都有需要“温柔”和“粗暴”的时候。并非一者属于地狱,一者属于天堂。这两者在不同的场合都是必要和正当的。

甚至连日本的神也明显同样的善恶一体。日本人最喜欢的神是素盏鸣

① 桑塞姆,前引书,1931 年,第 51 页。

尊,“迅猛的男神”,天照大神的弟弟。他对姐姐行为粗暴,在西方神话中绝对会被当作魔鬼。他的姐姐怀疑他来她房间的用意,试图把他赶出去。他即肆无忌惮地在姐姐和信众庆祝首批收成的饭厅里随处大便。他毁坏了分隔稻田的田埂——这可是滔天大罪。最不可饶恕的是——也是西方人最无法理解的——他在屋顶上挖了一个洞,把一匹“反着剥了皮的”花斑马扔进了姐姐的卧室。素盏鸣尊因为这些恶行受到了众神的审判,被处以重刑,逐出天堂,流放到“黑暗之国”。但是日本诸神中他依然最受民众喜爱,供奉不断。这样的神在世界神话里并不少见,但是道德性较强的宗教里就没有这样的存在,因为它们的哲学讲的是善与恶之间的无边之争,当然更倾向于把超自然的存在划分为黑白分明的两个集团。

日本人一直都明确地拒绝承认德行在于与邪恶作斗争。正如他们的哲学家和宗教学家在几个世纪里所反复陈述的,这种道德标准与日本格格不入。他们大声宣布,这恰好证明了日本人在道德上的优越性。他们说,中国人必须建立一套道德规范并把“仁”(公正和慈悲的行为)提高到绝对标准的地位,人们如果无法达到这个标准就是有所不足。“有套道德标准对中国人是好事,他们的劣根性需要这样人为的限制。”十八世纪伟大的神道家本居宣长如是写道。现代的佛教家和民族主义领袖也纷纷就同一主题著书演说。他们说,日本人的本性是善良可靠的,不必和自己性恶的一半作斗争,只需要洗涤心灵的窗户,在不同的场合举止合宜。如果不慎变“脏”,污垢可以轻易地除去,人性之善会再度大放光芒。佛教教义在日本深入人心,超过其他所有国家。它教导人们每个人都可以成佛,德行的规矩并不见于神圣的经卷,而是存在于每个人的悟性和纯洁的心灵。为什么要不相信自己的心灵呢？人心本无恶。圣经《诗篇》云："看吧，我成形于罪孽，我的母亲在罪恶中孕育了我。"日本人没有这样的神学。他们没有关于人类堕落的学说，"人情"是福，不应谴责。无论是哲学家还是农民都不会谴责"人情"。

在美国人听来，这样的教义似乎会导致一种自我放纵和自由散漫的哲学。但是如我们所见，日本人把完成自己的义务定义为人生的最高任务。报恩意味着牺牲自我意愿和乐趣，他们完全接受这种事实。把追求幸福当作严肃的人生目标在他们看来是令人吃惊和不道德的。幸福是一种消遣，有机会享受时自当享受，但是把它尊为评判国家和家庭的标准是无法想象的。人们经常为了完成对忠孝道义的义务而历尽苦难，这完全在他们的预期之内。生活因此而更加艰辛，但是人们早有准备。他们时刻都在放弃自己并不以为恶的享受，这样做需要坚强的意志力，而这种意志力正是日本最为崇尚的美德。

与日本的这种观点形成呼应的是日本小说和戏剧里少有"幸福的结局"。美国大众渴望问题得到解决。他们想要相信人们从此幸福地生活下去。他们想要知道美德得到了回报。如果结局必须是让人涕泣的悲剧，那是因为主人公的性格有缺陷，或者他成了不良社会秩序的牺牲品。但是主人公万事如意、幸福美满的结局显然更让人高兴。日本的普通观众则泪流满面地看着命运之轮推动着男主人公走向自己的悲惨结局，美丽的女主人公不幸遇害。这样的情节是当晚娱乐的高潮。人们去剧院就是为了看到这些情节。甚至日本的现代电影也是以男女主人公受难为主题。他们彼此相爱却又放弃了爱人。他们幸福地结了婚，但是一个人为了职责所在而自杀。妻子一生致力于挽回丈夫的职业生涯，鼓励他发展自己的演艺天赋。就在他成名前夕，为了能让他自由地开始新生活，她隐身于茫茫人海。丈夫成功的当天，妻子却无怨无悔地死于贫困潦倒。只要自我牺牲的男女主人公能够唤起观众的惋惜和同情，幸福的结局不是必要的。他们的苦难不是上帝的惩罚，只是证明了他们为了完成自己的责任可以不计代价，没有任何东西——不管是遗弃、病痛，还是死亡——可以使他们偏离正轨。

日本现代战争电影走的也是同一路线。看过这些电影的美国人都会说这是他们所看过的最佳反战宣传片。这是典型的美国式反应，因为这些电影讲的都是战争的牺牲和苦难。它们并不大事宣传阅兵仪式、军乐队、令人骄傲的舰队演习或枪炮展示。不管是描述俄日战争还是七七事变，电影的套路都一成不变：烂泥中的行军、短兵相接的苦战、战役的难解难分。电影的最终镜头不是胜利，甚至也不是高喊“万岁”的冲锋。它们要不终结于士兵们夜宿泥泞不堪的中国无名小镇，要不就是展示一家三代经历三次战争之后，幸存者或残或瘸或瞎。又或者描绘士兵阵亡后，家里人如何一边哀悼失去了丈夫、父亲和一家的顶梁柱，一边振作起来继续没了他的生活。英美战争片里常见的骑兵列队、激动人心的背景在这里无迹可寻。受伤老兵如何恢复健康这一主题也很少见于银幕，甚至连战争到底是因何而起也提都不提。对日本观众来说，看到银幕上的人为了报恩倾尽所有就已经满足了。因此这些电影在日本就是军国主义者的宣传工具。赞助者们知道此类电影不会激起日本观众的反战情绪。

第十章

德之两难

日本人关于忠、孝、道义、仁和人情的模式正体现出了他们的人生观。他们把“人的全部责任”看作地图上可以分割开来的区域。用他们的话说，人生由以下组成:“忠界”、“孝界”、“道义界”、“仁界”及“人情界”等等。每一界都有各自特有的详细规则，人们不用完整的人格来判断自己的同伴，而是说“他们不知孝”，或“他们不懂道义”。日本人不会像美国人那样谴责一个人不公正，他们会说明他的行为没有符合哪一界的标准。日本人不会谴责某人自私或不仁，他们会说明他违反了哪一个特定领域的规则。他们不会援引直截了当的命令或金科玉律。什么行为是被许可的都是相对它所发生的界而言。当一个人“为孝”而这样做是一回事，当他“纯粹为道义”或出于“仁界”这样做，就完全是另一回事。甚至连每一“界”内的规则设定也是这样，界内情况一旦有变，需要采取的行动可能就会完全不同。对主公的道义要求至高的忠诚，但是一旦主公侮辱了家臣，受到的背叛再厉害也不过分。1945 年 8 月以前，“忠”要求全日本人民和敌人死战到底。天皇宣布日本投降的广播改变了这一要求，日本人迫不及待地向来人表示了合作的热情。

这让西方人十分不解。根据我们的经验，人们“按本色”行事。我们区分绵羊和山羊，看的是它们是忠心还是多变，是听话还是倔强。我们把人贴上标签，期待他自始至终表现如一。他们不是大方就是小气，不是轻信就是多疑，不是保守主义者就是自由主义者。我们期待他们一旦信奉了某一种政治意识形态，就会终身不渝地与敌对意识形态作斗争。我们看到，欧洲战场上有和纳粹合作的投降派，也有抵抗组织一派，我们不相信欧洲战场胜利后那些投降派会改变立场，事实证明我们的预计没有错。美国的国内争议里，我们也分为两派，比方说赞成（罗斯福）新政派，和反对新政派，我们认为随着新情况的出现，两派会继续按照本色行事。假如个人从一方倒向另一方——例如一个不信教的人成为了天主教徒，或者一个“激进”人士变成了保守主义者——这样的变化唯有以“转变”名之，与之相应的是一个重新建立的全新人格。

西方这种对行为统一性的信念当然并非一贯正确，但是它绝对不是错觉。在大多数文化里，不管是原始的还是开化的，男男女女的行为都是基于把自己看作某一种人。如果他们追求权力，那么他们通过他人对自己的服从程度判断自己的成功与失败。如果他们想要受到爱戴，那么与人情无关的场合会让他们倍感受挫。他们想象自己铁面无私，或者具有“艺术家气质”，又或者是无害的宅男宅女。他们通常用自己的性格塑造出一个“完全形态”①。人生在世，这样才有秩序。

日本人能从一种行为转向另一种行为而毫无心理阴影，西方人不能轻

① 即 Gestalt，又译“格式塔”，是一个强调整体性的心理学概念。——编注

易认同他们的这种能力。这样极端的可能性在我们的经历里是不存在的。然而,正如我们的统一性植根于我们的人生观,日本生活里这些我们眼中的矛盾,深深植根于日本人的人生观。对西方人来说尤为重要的是,要意识到日本人把生活分隔成"诸界",其中并不包括"恶界"。这并不是说日本人就不承认有不良行为的存在,他们只是不把人生当作善恶相争的舞台。在他们眼中,人生如戏,一"界"的要求与另一"界"的要求,一种行动方针和另一种行动方针,哪怕两者本身都是好的,也需要仔细权衡。假如每个人都根据真正的本能行事,每个人都不会有错。正如我们所见,他们甚至认为中国的道德训诫证明了中国人需要训诫,证明了中国人低人一等。他们说,日本人不需要全面的道德戒律。我们在前面引用过乔治·桑塞姆爵士的话,他们"不想去解决恶这个问题"。根据他们的观点,不用上升到哲理高度,他们也能合理解释坏行为的产生。虽然每个灵魂最初都闪耀着美德之光,就像新铸就的刀,但是如果不是不断地加以擦拭,它就会失去光泽。用他们的话说,这种"体锈"就像刀锈一样,不是好东西。人必须像爱护自己的刀那样爱护自己的品格。但是即便生锈,人的灵魂在底下依然熠熠生辉,只要擦拭干净就行。

因为日本的这种人生观,西方人发现很难从他们的民间故事、小说和戏剧里得出固定的结论,除非我们能够调整情节,使之符合我们对人物性格统一和善恶之间矛盾的要求,我们也的确经常这样做。但是日本人不是这样看待这些情节的。他们的评语是主人公身陷"不讲人情的道义","忠孝难以两全","道义与义务有违"。主人公的失败是因为他为人情抹杀了道义的责任,或者他无法同时回报欠下的忠和孝。因为道义他无法行义。迫于道义他牺牲了自己的家庭。上述矛盾都存在于两种具有同样束缚力的责任之间。两者都是“好”的。这两者之间的选择就像一个人欠了多方债务无力还清，他只能选择偿还一部分而暂时忽略其余，但是还清了一个人的债并不等于他就不欠其他人的债了。

这种看待人生的方式和西方大相径庭。我们的主人公之所以是好人正是因为他们“选择了自己善良的那一半”，与为恶的敌人作斗争。正如我们所说，“美德必胜”。幸福的结局理所当然，善良的人应该得到奖励。日本人百听不厌的却是这类“反面事例”：主人公既迫于社会，又迫于名声，不能两全，最终只能选择一死了之。要是在其他文化中，这类故事的用意都在于劝人认命。但在日本恰恰不是如此。他们宣扬的是主观能动性和不顾一切的无情决心。主人公竭尽全力完成了肩负的某项义务，这样做的同时，他们忽略了另一项义务。但是最终他们与被忽略的“界”了结了前债。

日本真正的民族史诗是《四十七浪人物语》。这个故事在世界文学史上的地位不高，但是对日本人的影响却是无与伦比的。日本少年不仅个个熟知故事的主要情节，对副属情节也不陌生。里面的故事被反复传颂和刻印，还被改编成了一系列颇受欢迎的现代电影。四十七人的墓历代都是万人朝拜的圣地之一。人们还会留下自己的拜访名片，墓地周围经常因此一片雪白。

《四十七浪人物语》的中心思想是对主公的道义。根据日本人的理解，它反映了道义与忠，道义与正义——这两者的较量里道义当然胜出，以及“纯粹的道义”与无尽的道义之间的矛盾。这个历史故事发生在1703年，正是现代日本人梦想中“男人像个男人”的封建主义鼎盛时期，那时的道义也没有丝毫的“不情愿”。这四十七位勇士为“道义”献出了自己的一切:名誉、父亲、妻子、姐妹、正义。最终他们全体自尽,以自己的性命尽了忠。

在故事发生的那个年代,所有的大名都要定期觐见将军。有一次幕府指定两位大名主持仪式,浅野侯就是其中之一。这两位司仪都是地方大名,因此必须向宫廷里显赫的大名吉良侯请教规定的礼节。不幸的是,浅野侯麾下最有才智的家臣大石——故事的主人公——远在家乡,浅野不通世故,因为少了大石的指点,没有向那位了不起的指导人送上重礼。另一位大名的家臣通晓世故,在主公向吉良求教时奉上无数重礼。吉良侯因此没有教给浅野正确的行为举止,故意对他描述了一套完全错误的礼服,让他穿上出席仪式。觐见那天,浅野侯依言穿戴,出现在大家面前,当他意识到自己受到了侮辱,浅野拔刀而起,刺中了吉良的额头,两人随即被众人分开。出于荣誉,也就是“对名声的道义”,浅野必须向吉良复仇,但是在将军的殿前拔刀则于忠有违。浅野侯对得起名声的道义,但是要全忠就只有切腹自杀。他回到府邸,换上切腹时穿的衣服,只等自己最机智、最忠诚的家臣大石归来。两人相见后对视片刻,就此诀别。浅野侯早已端坐如仪,一刀入腹,亲手结束了自己的生命。因为他于忠有违,触怒将军,没有亲戚愿意继位,浅野的藩地被没收,他的家臣成为了没有主公的浪人。

根据道义,浅野的武士家臣有义务为死去的主公切腹自杀,就像浅野所做的那样。浅野切腹是出于“对名声的道义”,如果他的家臣们出于对主公的道义也这样做,就是对吉良侮辱主公的抗议。但是大石早已偷偷下定了决心,切腹过于微不足道,不足以表达道义。他们必须帮主公了结未了之仇,因为浅野当时被众家臣拉开,没能杀掉对手。他们必须完成他的遗志,杀掉吉良。但是这样做一定会陷于不忠。吉良侯与幕府的关系太过亲近，他们无法取得官方批准来进行复仇。通常情况下，任何计划复仇的团体都会在幕府登记他们的计划，立下复仇期限，逾期不报就得放弃。这种安排使得有些幸运的人可以调和“忠”与“道义”之间的冲突。大石明白对他们来说此路不通。因此他召集了曾经是浅野家臣的浪人们，却决口不提自己打算杀掉吉良的计划。这些浪人为数在三百之众，按照1940年日本学校教授的课本所说，他们全体同意切腹自杀。然而大石了解，并非所有的人都有无尽的道义——日语所谓的“道义加诚”——因此不是所有人都足以托付对吉良进行复仇的危险计划。为了把那些出于“纯粹的道义”的人和有着“道义加诚心”的人区分开来，大石用如何分配主公的个人财产作为测试。在日本人眼里，即使这些浪人已经同意自杀，这项测试也同样有效，因为他们的家人可以从中得利。结果浪人们就分配原则爆发了激烈争议。家老在家臣中俸禄最高，以他为首的一派主张按照以前的俸禄高低分配。大石为首的一派主张所有人平分。一旦确立了哪些浪人只有“纯粹的”道义，大石就同意按家老的提议分配浅野的遗产，并允许那些人离去。家老离开了，从此就背上了“狗武士”、“不懂道义之人”、“自甘堕落”等恶名。大石判断只有四十七人有足够强烈的道义，可以参与自己的复仇计划。这四十七人加入他的计划并就此立誓，为了完成复仇可以不讲诚信、不计感情、无视义务。道义将是他们的最高法则。四十七位浪人就这样歃血为盟。

他们的第一个任务是消除吉良的戒心。大家解散后都装出一副弃名誉于不顾的样子。大石成了低级妓院的常客，终日与人争吵，体面全无。以这种浪荡生活为借口，他与妻子离了婚——日本人进行违法活动前经常这样做,也完全有理由这样做,因为事发后可以保护妻子儿女不受他的牵连。大石的妻子悲悲戚戚地离开了他,但是他的儿子加入了浪人一伙。

这时候全东京的人都在猜测他们是否会复仇。所有尊敬这些浪人的人们深信不疑他们会试图杀掉吉良。但是四十七位浪人对此矢口否认,个个装出一副“不懂道义”的样子。他们的岳父对这种不名誉的行为深感愤怒,解除了他们的婚约,把他们赶出家门。朋友们也讥笑他们。有一天,大石的一个知交撞见他醉醺醺地和女人寻欢作乐。即使面对知交,大石还是不承认自己对主公的道义。“报仇?那太蠢了。人就该享受生活,没有什么比得过喝酒玩乐。”他这样对朋友说。朋友不相信,拔出他的刀,希望闪亮的刀能够推翻主人前面所说的话。但是那把刀已经生了锈。朋友不得不信,在大街上公然脚踢醉酒的大石,并唾弃之。

有一个浪人没有足够的钱参与复仇,就把妻子卖了做妓女。妻子的哥哥也是浪人之一,发现妹妹知道了复仇计划,于是提议亲自杀她灭口,这样就能对大石证明他的忠心耿耿,让他入伙。另一个浪人杀了自己的岳父。还有浪人把自己的妹妹送到吉良府上作女佣和侍妾,以便有个内应可以告诉他们什么时候动手;这样做不可避免地导致复仇一旦成功,他的妹妹就必须自杀。因为哪怕只是表面上装作是吉良的人,也只有一死才能洗清污名。

12 月 14 日的雪夜,吉良府举办了一场酒宴,卫兵们都喝得酩酊大醉。浪人们攻破了他防备森严的府邸,制服了他的卫兵,直奔他的卧室。吉良不在那里,但是他的被褥儿有余温。浪人们知道他一定是躲藏在府内什么地方,最后发现有人躲在储藏木炭的外屋里。一名浪人举枪刺穿了茅屋的一面墙,但是抽出枪来上面却没有血。枪头其实的确刺中了吉良,但是抽出时被他用和服的袖子擦干净了血迹。吉良的诡计没有得逞,浪人们把他逼出了茅屋。但是他不承认自己就是吉良,说自己只是家老。那个时候,一名浪人想起了浅野侯曾在将军殿前刺伤吉良的额头。凭着这个刀疤,他们确认了这个人就是吉良,并要求他切腹自尽。吉良却拒绝了——这当然证明了他是个懦夫。浪人们用主公浅野切腹时所用的刀砍下了吉良的脑袋,仪式性地清洗了一下,大仇既然已报,浪人们就浩浩荡荡地带着两次染血的刀和砍下的首级向浅野墓进发。

全东京都为浪人们的伟绩沸腾了。曾经怀疑过他们的家人和岳父赶来拥抱他们,并表达敬意。大藩的诸侯一路盛情款待。浪人们来到墓地,除了首级和刀之外还献上了一篇致主公的祷文,该文被保存至今,其文如下:

余等今日致祭……前主公之仇未复,余等无颜拜见。个中岁月,一日三秋……今送吉良于主公墓前,去岁此刀蒙主公珍爱,余等受托保管,今日携还。望主公持此刀再取敌首,永消此恨。四十七士敬上。

他们报答了“道义”。但是他们还需尽忠。只有一死才能两全。他们违反了不得未经宣告就进行复仇的国法,但是他们并不想不忠。在忠的名义下,不管要求他们做什么,他们都得服从。幕府裁定这四十七人应该切腹。一篇五年级的语文阅读材料是这样写的:

他们为主公报仇,坚定不变的道义足为万世楷模……因此幕府斟酌之后下令让他们切腹,这是个一举两得的办法。

也就是说,通过亲手结束自己的生命,浪人们就能对道义和义务作出最高回报。

日本这部民族史诗的内容在不同的版本里略有变化。在现代的电影里,一开始的贿赂主题被改成色情主题:吉良侯向浅野的妻子大献殷勤。因为垂涎她,吉良故意给了浅野错误的指示来侮辱他。贿赂的情节被彻底删除了。但是道义的所有义务都被清清楚楚地展示出来,看得人毛骨悚然:"为了道义,他们抛弃了妻子,离开了儿女,杀死了父母。"

义务和道义之间的矛盾这个主题也构成了其他许多传说和电影的基础。日本最优秀的历史电影之一所讲的故事就发生在德川家第三任将军在位时期。他当时年纪还轻,没有经验,大臣们关于继位问题分成两派,另一派支持一个与他年纪相仿的近亲,但是他最终继了位。尽管他治理天下井井有条,一个失败的大名始终心怀怨恨,伺机而动。机会终于来了。将军和随从要去某些藩地视察,通知该大名款待将军一行,他便抓紧时机准备雪洗前耻,履行"对名声的道义"。大名的府邸本来就是一座堡垒,为了即将到来的行动,他更是封堵了所有的出口,完全封闭了整个堡垒。接下来他又对墙壁和天花板做了手脚,好让它们被敲倒时正好压到天皇和随行人员的头上。阴谋布置得声势浩大,款待也是无微不至。大名让自己的一个武士舞刀娱乐将军,并让他在舞到高潮时刺杀将军。按照对大名的道义,武士不能存心拒绝主公的命令,忠却又不允许他伤害将军。银幕上的舞充分展现了武士内心的矛盾挣扎。他必须下手,他又不能下手。差一点他就要出击了,但是他又做不到。他的忠还是太强了,道义无法克服。舞姿渐乱,将军一行开始生疑。他们才起身,被逼急了的大名就下令毁掉房屋。将军尽管逃脱了武士的刀,却又面临丧生废墟的危险。就在这时,武士上前,带着将军一行从地下通道逃出脱险。忠战胜了道义。将军的代言人向武士表示感激,劝他跟他们回东京接受嘉奖。那名武士却回望正在倒塌的房屋,“这样不行,”他说,“我得留下。这是我的义务和道义。”于是他转头离去,死在了废墟里。“他用一死兼顾了忠和道义。两者在死亡中得到了统一。”

责任和“人情”的矛盾在古代故事中不占中心位置,近来则成了最醒目的主题。现代小说描述的是为了义务和道义如何被迫摒弃爱情和善心,这种主题不但没有被弱化,反而得到大肆渲染。正如日本人的战争电影在西方人看来像是绝佳的反战宣传,这些小说在我们看来也似乎在呼吁给予人们更多自由,使他们能够随心所欲地生活。小说的确证明了人有这种冲动。但是一次又一次,日本人对小说和电影情节的讨论证明了他们有着不同看法。我们同情主人公,因为他正处于热恋,或者怀有某种个人理想,日本人却谴责主人公懦弱,因为他允许这些情感影响他履行义务或道义。西方人认为反抗陈规旧习、克服障碍抓住幸福是一种坚强的表现,但是在日本人眼里,能够牺牲个人幸福履行义务的人才是强者。他们认为,性格的坚强体现在服从,而不是反叛。因此,他们的小说和电影情节经常在西方人眼里是一种含义,在日本人眼里又是另一种截然不同的含义。

日本人在评判自己或者熟人的生活时用的是同样的标准。在意愿和责任发生矛盾时,一个人如果关注了自己的意愿,他就被看作是弱者。日本人在各种场合都使用这种判断方法,但是和西方道德最背道而驰的是男人对妻子的态度。在“孝界”,父母是中心,妻子只处于边缘地位,因此他的责任非常明确。如果母亲要他休妻，一个有着强烈道德感的人必须服从孝，接受母亲的决定。如果他爱着妻子，或者妻子为他生有孩子，那么他的服从就显得他更为“坚强”。日本有句话叫“孝让你视妻子儿女如同路人”。此后你对待他们的态度最好不过属于“仁界”，最坏的情况则是他们完全无法对你提出任何要求。即使一段婚姻是幸福的，妻子在各种责任里也处于边缘地位。因此男人不应把对妻子的感情上升到对父母和国家的高度。二十世纪三十年代，一个著名的自由主义者在公众场合描述他回到日本是多么高兴，并提到了与妻子团聚是高兴的理由之一。这就成为丑闻流传开来。他应该提到的是父母，是富士山，是对日本国家使命的献身精神。他的妻子不属于同一层次。

这样的道德准则过于强调保持不同层次的区别及不同“界”的独立，进入近代以后，日本人自己也对此表现出了不满。日本的教育有很大一部分致力于灌输忠至上的概念。正如政治家们简化了等级结构，把天皇放在顶点，取消了将军和封建大名，同理，在道德领域他们着力于简化责任系统，把所有较低的德行归类到忠的下面。他们这样做不仅仅是想把全国团结在“天皇崇拜”之下，也是为了减轻日本道德规范“分散化”的程度。他们力图教导世人，尽忠就是履行其他一切义务。他们力图使忠不再是画图上一个圈定的范围，而是道德这座拱门的拱顶石。

这一方案的最佳也是最有权威的明证是明治天皇于 1882 年颁布的《军人敕谕》。这份敕谕和“教育敕谕”才是日本真正的“圣经”。日本的两种宗教都没有各自奉为神圣的经书。神道教完全没有经书，日本佛教的各个教派要么从经文中悟出幻灭的教义，要么就是反复念诵“南无阿弥陀佛”或

“南无妙法莲华经”之类的语句。明治天皇的告诫性敕谕则是真正的“圣经”。它们宣读时要有神圣的仪式,底下的听众鸦雀无声,众人毕恭毕敬、鞠躬如仪。它们得到的待遇就如同犹太教人对待旧约五书,朗读前从神龛中取出,读完后又恭敬地送回,然后才能解散听众。被指派诵读的人可以因为一句读错而自杀。《军人敕谕》颁布的对象主要是现役军人,他们要把内容一字一句地熟记在心,每天早晨默想十分钟。重要的国家节日里,或者新兵入伍、老兵复员等情况下,都要有仪式进行隆重的宣读。所有中学和补习班的男生也都必须学习这份敕谕。

《军人敕谕》长达数页,内容按标题经过仔细的分类,明确详尽。但是西方人读来还是难以理解,因为它的训诫看起来自相矛盾。善良和美德被标榜为真正的目标,这样的描述方式西方人还能够理解。然而敕谕随即警告听众不要像旧式英雄一样名誉扫地而死,因为他们“迷失公道,守信于私”。这是官方的译文,虽然不是逐字翻译,还是很好地表达了原文的意思。敕谕接着说,这些旧式英雄的例子,“汝等自当深引为戒”。

不了解日本的义务系统是没法理解敕谕里的“戒”的。整道敕谕都是官方为了弱化道义并拔高忠而做出的努力。全文中没有出现过一次日本人通常意义上的“道义”一词。作为替代,它强调大节为忠,“守信于私”乃是小节。敕谕不遗余力地要证明,大节足以印证所有德行。它说“正义在于履行义务”。充满忠心的军人必然拥有“真勇”,也就是“日常待人以温和为先,意在博人爱戴”。敕谕暗示,只要遵循这样的训诫就行了,不必援引道义。除了义务以外的其他责任都是小节,没有经过深思熟虑不应承担。

> 若欲(于私)守信,且尽忠义……须自始即虑可行与否。若尔……缚于不智之责,则有陷自己于进退两难之险。若深明信义(敕谕中定义为尽义务)不能两全,应立弃私约。自古以来,常有伟人英雄横遭不幸,身死名败,遗羞后人。皆因其守小节而不辨大是非,又或迷失公道,守信于私也。

如我们所说,所有这些训导虽然只字不提道义,但是讲的都是忠高于道义。然而每个日本人都知道"因为道义我没法行义"这句话。敕谕中这样阐释:"若深明信(个人的责任)义不能两全……"它以天皇的权威要求个人在这种情况下放弃道义,因为这是小节。只要服从敕谕的训诫,大节会保他德行无亏。

在日本,这篇歌颂忠的"圣经"是一份基本文件。很难说它对道义的侧面贬低是否减弱了道义对大众的影响。日本人经常引用敕谕的其他内容——"义,即尽义务","心诚,则无事不成"——来为自己或他人的行为作解释和辩护。尽管不要守信于私的告诫在不少场合也都适用,人们却很少提到。道义至今都是深具权威的道德,评论一个人"不懂道义"是日本最严厉的指责之一。

日本的道德规范并没有因为引入"大节"而轻易得到简化。就像他们经常自夸的那样,日本人没有一种现成的普世美德可以作为检测良好行为的标准。大部分文化中,随着个人优点的增加,比如心地善良、擅长耕作、事业成功,他们的自尊也会随之见长。他们会树立诸如个人幸福、有影响力、自由生活或提高社会地位之类的人生目标。日本人遵循的则是更加特定化的准则。即便在他们提到“大节”时,不管是封建时代还是《军人敕谕》,其含义不过是对等级上层的义务可以推翻对下层的义务。它们还是视特定情况而定。对日本人来说,大节不是像西方人通常认为的那样,对忠诚这个概念忠诚,而是对某一特定对象或事业的忠诚。

当近代日本人试图选择某一种品德凌驾于诸“界”之上时,他们通常都选择“诚”。大隈伯爵在讨论日本伦理学时说过,诚“是诚中之诚;道德教育的根本可以通过这一个词体现。我们的古语中除了‘诚’就没有其他有关伦理的词”。[①] 近代小说家们在本世纪早期宣扬西方的个人主义,后来他们对西方模式产生了不满,转而把“诚”当作唯一的真“理”进行歌颂。

这种道德上对诚的强调在《军人敕谕》里得到了支持。敕谕的开头是一段历史性序言,就像美国人的序言里提到华盛顿、杰斐逊等开国之父。在日本,这段话通过呼吁恩和忠达到高潮:

> 朕以汝等为股肱,汝等以朕为首领。朕能否保护国家,报答祖宗之恩,全赖汝等尽职。

接下来就是以下训诫:(1)最高德行是尽忠。军人再精通技艺,如果忠心不强,也只是个傀儡;一群缺乏忠心的士兵在危急时刻就是乌合之众。“因此,不为时议所移,不干预政治,一心效忠,牢记义重于泰山,而死轻于鸿

---

① 大隈重信(Count Shinenobu Okuma), *Fifty Years of New Japan* ,英文版本由 Marcus B. Huish 编辑, 伦敦,1909 年,第二卷,第 37 页。

毛。”(2)第二条训诫是要根据军队里的级别讲究仪表和礼仪。“视上级之令如朕亲旨”,对下级则要关心。(3)第三条是勇。真正的英勇与“热血沸腾地蛮干”不同,其定义为“不藐视下级,不畏惧长官。尚真勇者,当日常待人以温和为先,意在博人爱戴”。(4)第四条是告诫不得“守信于私”。(5)第五条是告诫要节俭。“若不以简单为宗旨,将日渐文弱轻浮,崇尚骄奢之风,终致自私卑鄙,堕落已极,徒具忠勇,不足以免于世人耻笑……朕心忧此,故再训之。”

敕谕的最后一段称这五诫为“天地之大道,人伦之常经”。它们是“吾军人之魂”。而这五诫之“魂”则是“诚,心若不诚,言行外露,毫无用处。心诚则无不成”。这五条训诫就是这样“易守易行”。在详细说明了各种德行及义务之后再在末尾加上一条“诚”,这是日本的典型作风。他们不像中国人那样把所有的美德都当成发自善心;他们首先树立起有关责任的规则,然后再在结尾要求每个人都必须全心全意、不遗余力地遵守这些规则。

“诚”在佛教著名宗派禅宗的教义里有着类似的意思。铃木大拙在他所著的禅宗纲要里记载了一段师傅与徒弟的对话:

> 和尚:吾知狮子扑敌,不论兔耶象耶,皆倾力而为;请教此为何力?
>
> 师傅:诚意(字面上的解释就是诚实的力量)。
>
> 诚者,不欺也。意即全身以赴,禅宗云“全身而动”……无保留,无矫饰,无浪费。人若如此,可谓之金毛狮;为刚、诚、纯之表征,神人也。

“诚”这个词在日文中的特殊意义前文曾简短提及。日文的诚并不是英文里真诚的意思。它的含义可以更窄,也可以更广。西方人总是容易注意到它的含义比自己语言里的用法要窄。他们经常说,如果一个日本人说一个人没有诚意,他的意思只是那个人和他意见不同。这种说法在一定程度上是正确的。日本人说一个人"真诚"与他是否"真实地"按照内心的爱恨、决心或惊讶而行动无关。美国人有这样一种说法表达他们的赞许,"见到我他是真心地高兴","他真心地觉得满意",日本人没有。他们倒是有一系列俗语嘲笑这种"真诚"。他们鄙视地说,"看那只青蛙,一张嘴就看得到肚子里的货色";"就像一个石榴,大开着口,心里有什么都表现出来";任何人"脱口而出自己的感情"都是一种耻辱;那是一种"暴露"。"真诚"的这些含义在美国备受重视,但是在日本却毫无地位。当那个日本男孩指责美国传教士不真诚时,他完全没有考虑美国人是否是真的对这个可怜孩子身无分文却还要去美国的计划感到惊讶。过去十年里,日本政治家一直都在指控英美不真诚。他们完全没有想到西方国家是否言行不一。他们并非指控英美虚伪——这项罪名本就无足轻重。同样的,当军人敕谕提到"诚乃诸训诫之魂"时,意思并不是说心诚就能将其他德行付诸实践,促使人的言行都发自真心。它更不是教导人实话实说,哪怕自己的信念和他人完全不同。

即便如此,诚在日本还是有其积极意义的。既然日本人这样强调这一概念的道德作用,西方人必须紧迫地把握住它在使用中的含义。日文里诚的基本意义在《四十七浪人物语》里就有清楚的例示。"诚"在那个故事里是道义的附加。"道义加诚"被拿来和"纯粹的道义"作对比,它的含义是"为万世楷模之道义"。用现代日语表达,"诚使其持久"。这里的"其",可以根据语境的不同,指代任何日本道德规范中的训诫或日本精神所要求的态度。

二战期间,日本隔离收容所里的人们对这个词的用法与《四十七浪人物语》里的完全一致,其用法也清楚地表明了该逻辑可以延伸到什么地步,其意义又和美国的用法如何相反。亲日的“一世”(出生在日本的第一代移民)对亲美的“二世”(出生在美国的第二代移民)最频繁的指责是他们没有“诚”。“一世”们的意思是说“二世”们没有那种使“日本精神”“持久”的心灵素质——战时日本曾就“日本精神”公布过官方定义。“一世”们并不是在说自己的孩子们亲美是虚伪的。与之相反,当“二世”们自愿加入美国军队时,谁都清楚他们对第二祖国的支持出自真正的热忱,“一世”们却认为这种行为更加落实了对他们“不诚”的指控。

按照日本人的用法,“诚”的一个基本含义是对遵循日本伦理规范和日本精神的热忱。不管“诚”在特定语境里有什么特殊意义,都可以当作是在赞扬大家都认同的某些“日本精神”,或者是称赞那些广为接受的道德规范。只要认识到“诚”的意义和美国用法不同,它就成为日文里最有用的词。因为它总是无一例外地标明了日本人真正看重的品德。“诚”总是被用来称赞一个人无私。这也从侧面反映了日本道德体系极端反对牟利。如果利不是等级地位的自然产物,就会被认为是剥削的结果,中介人如果避开双方当事人,私自从中牟利,就成了人人厌恶的放债者。人们总是说他“缺乏诚”。“诚”也常常被用来称赞不为激情左右的人,这也反映了日本人关于自我训练的观点。一个日本人如果当得上“诚”这个称赞,绝对不会冒险侮辱别人,除非他的本意就是要激那人动手。这反映了日本人的另一教条,即一个人要对自己的行动及其任何细微后果负责。最后,只有有“诚”的人才能“领导其人民”，物以致用，心境坦然。“诚”的这三种意义以及其他许多意义简明地体现了日本伦理观的同质性。这些意义都反映了这样一个事实：在日本，只有遵守道德规范，才能行事有效而无思想冲突之虞。

既然日本的“诚”有这么多含义，这一德行就无法简化日本的道德规范，尽管军人敕谕和大隈伯爵都进行过尝试。“诚”既不能成为日本道德的基础，也不能给予它“灵魂”。它就好像是一个指数，恰当地放在任何一个数字之后，就能把该数字提高到一定的幂。一个^2 能够一视同仁地让 9，159，b 或 x 都变成二次方。同理，“诚”把日本道德规范中的任何条款都提升到更高的高度。它不再是单独的一种品德，而是狂热分子对信条的热忱。

不管日本人怎样修改，他们的道德规范始终是分散性的，道德的主旨也是如何控制两步本身都不错的棋，使它们相互抵消制衡。日本人就像是按照桥牌的规则建立了他们的伦理系统。优秀的牌手是那些接受了规则并在其间游刃有余的人。他与低劣牌手的区别在于，他推算有方，了解游戏规则下别人出牌的用意，能够跟上别人的牌。用我们的说法就是他根据霍伊尔(Hoyle)规则出牌，每一手都考虑到无数细节。游戏规则考虑到了所有可能出现的情况，计分方式事先也经过大家的同意。美国意义上的好心在这里成了不相干的东西。

在任何语言里，人们提到失去或获得自尊的语境都能在一定程度上说明他们的人生观。在日本，“自重”就是一直当个仔细的牌手。它不像英语里的用法那样意味着有意识地遵守高尚的行为准则——不对人谄媚、不撒谎、不做假证。在日本，“自重”字面上的意思就是“一个有分量的自我”，其对立面是“轻浮的自我”。如果一个人说“你必须自重”，他的意思是，“你必须精确地判断这种情况下的所有影响因素，不做任何可能招来批评或减少成功机会的事”。日语里“自重”隐含的行为经常与美国人理解的意思恰好相反。一名职员说，“我必须自重”，这不是在说他必须坚持自己的权利，而是说他不能告诉雇主任何有可能给自己招来麻烦的话。“你必须自重”在政治用语里也是同样的意思。它意味着“一个有分量的人”如果轻率地沉迷于“危险的念头”，就是不自重。不像在美国，即便是危险的念头，一个人的自尊要求他根据自己的观点和良心进行思考。

“你必须自重”，这是父母教训青春期的孩子时一直挂在嘴边的话，指的是要遵守礼节，不辜负别人的期望。因此女孩得到的训诫是坐姿须端正不移，男孩则要训练学习如何察言观色，“因为现在决定你的将来”。当父母对子女说“你的行为不像一个自重的人”，这是批评孩子举止不当，而不是他们没有勇气维护正义。

还不清债的农民对放债的人说“我本该自重”，但他不是在指责自己太懒，也不是在讨好债主。他的意思是他本该预见到这种紧急状况，考虑得更周到一点。社会上有地位的人说“自尊要求我这样做”，意思不是他必须遵守什么诚实、正直的原则，而是他在处理事务的时候必须考虑到自己家庭的地位；他必须投入自己地位的所有影响力来办事。

企业经理提到自己的公司时说“我们必须自重”，意思就是必须加倍地谨慎小心。人们论及复仇的必要性时说“自重地复仇”，这不是说要往仇敌头上堆一堆燃烧的炭火，也不是指其他什么要遵守的道德准则；这句话等于是说“我要完美地复仇”，也就是说要精密计划，考虑到所有情况。日语里语气最强烈的用语是“自重再自重”，意思是慎重到无穷高的程度。它意味着从不妄下结论,行事精打细算、用力恰到好处。

自重的这些含义完全符合日本人的人生观,即在这个世界里,需要小心翼翼地根据霍伊尔规则行动。这种定义自尊的方式不允许人们把好心当作失败的借口。每一个行动都有其后果,每个人行动前都应该估量这些可能的后果。慷慨大方是好事,但是你必须考虑到承情的人会觉得自己"背上了恩"。因此你必须小心行事。批评别人可以,但前提是你必须为别人生气所可能带来的后果做好准备。年轻的画家指责美国传教士嘲笑他,问题就在于传教士虽是出于好心,却没有考虑到他这步棋在棋盘上的全部含义。在日本人看来,这种行为就是缺乏自制。

谨慎和自重在日本的高度重合还表现在:日本人总是细心观察别人举止中的暗示,强烈地感觉自己时刻在接受别人的评判。他们的说法是,"人必须自重是为了社会"。"如果没有社会,也就不必自重了。"这些偏激的表达所指的是约束人自重的外力,它们没有考虑到自我约束力。就像许多国家的流行语一样,它们过于夸大其辞。因为日本人有时候也像清教徒那样,对自己积累的罪孽反应强烈。但是他们的上述偏激言论还是正确地指出了日本人的侧重点,也就是耻的重要性要远远高于罪的重要性。

在对不同文化进行人类学研究时,那些文化主要依赖耻还是主要依赖罪是一个非常重要的区别。教导绝对的道德标准并依赖良知开启的社会从定义上说是一种罪感文化,这样的社会里,比如美国,一个人要是行动笨拙,虽然这不是什么罪,他一样会感到羞耻。他可能会为衣着不得体或失言而万分懊恼。在一个以耻为主要制约力的文化里,我们认为应该让人产生负罪感的行为,却只能让那里的人感到懊恼。这种懊恼可能非常强烈,并且不像罪恶感那样，可以通过忏悔和赎罪来得到缓解。犯有罪业的人可以通过倾诉得到解脱，我们的世俗疗法也经常用到忏悔这一工具，还有其他许多宗教团体也都这样做，它们除此之外别无共通之处。我们知道忏悔能使人轻松，要是耻才是主要的约束力，那么哪怕对人忏悔自己的错误也不会带来任何解脱。只要他的坏事没有被"公诸于世"，他就没有什么可担忧的，忏悔对他来说是自找麻烦。因此耻感文化没有忏悔的习惯，哪怕忏悔对象是神。他们有祈福的仪式，却没有赎罪的仪式。

真正的耻感文化靠外界约束力来维持良好行为，而不是像罪感文化那样靠内心对自身有罪的确认。耻是对他人批评的反应。一个人感到耻辱不是因为被公开嘲笑，就是因为他幻想自己会被人嘲笑。无论是哪种情况，耻的约束力都是巨大的。但是它要求周围有观众，或者至少是想象中的观众。罪就没有这样的要求。有的民族，荣誉意味着实现自己对自己的要求。即使恶行无人知觉，自己还是会因罪恶感而痛苦，这种罪恶感实际上可以通过忏悔罪行而得到解脱。

早期定居美国的清教徒们试图把自己的整个道德体系建立在罪这个基础上。所有的精神病医生都知道现代的美国人是如何为良心所苦。但是耻感的影响在美国日渐增加，人们对罪的感受也不再像前几代人那样极端。在美国，这种现象被认为是道德的松弛。这样说不无道理，但这是因为我们不指望耻能挑起道德的重担。我们没有把伴随耻感而生的强烈悔恨纳入我们的基本道德体系。

日本人却这样做了。没有遵守他们关于优良品行的明确规定，没有平衡好各种义务，或者没有预见到突发状况，都是耻辱。按照他们的说法，耻辱是德行的根基。对耻辱敏感的人会遵守所有对优良品行的规定。“一个知耻的人”有时被翻译成“有德之人”，或者“有荣誉感的人”。在日本的道德体系里，耻辱的权威性地位类似于西方道德体系里的“良心清白”、“令上帝满意”及避免恶行。因此，人死后不会受惩罚也就顺理成章了。除了熟悉印度佛经的僧侣，日本人没有这一世的功德将决定来世怎样投胎的概念。除了少数皈依基督教熟知教义的基督徒，日本人也不承认死后会受奖惩或天堂地狱的存在。

就像所有对耻辱异常敏感的部落和民族那样，耻感在日本的至高地位意味着任何人都要留心公众对自己的评价。他只要想象他们会说什么，行动上就已经被这种想象中的评价所主导了。只要每个人都遵守同样的游戏法则并且互相支持，日本人就可以在这个游戏里玩得轻松自在。他们一旦觉得这是在执行日本的“使命”，就会狂热地投入其中。他们最为脆弱的时候就是当他们试图把自己的美德输出到别国时，其实那些地方并不奉行他们关于优良品行的标准。日本人对大东亚地区的“善意”行动就失败了，很多日本人就的的确确为中国人和菲律宾人对他们的态度感到怨恨。

如果不是受民族主义的感情驱使，只是个人来到美国学习或工作，这些日本人试着在这个规矩不那么严密的世界里生活时，经常会深深地觉得自己过去受到的精心教育是一种“失败”。他们觉得，自己的美德没法顺利地输出。他们想要表达的观点不是“人很难改变自己的文化”这种被普遍接受的观点。他们想要表达更多的内容，有时就把自己和自己认识的中国人或暹罗人做比较，那两国人适应起美国生活来都比日本人容易得多。在这些日本人看来，日本人特有的问题就是，他们从小受到的教导告诉他们，别人一定能够分辨出他们遵守某一规则时的细微差别。一旦外国人完全无视他们的所有礼节规范,日本人就茫然无措了。他们想方设法地寻找西方人生活所遵循的类似细致礼节,发现自己找不到时,有的人感到愤怒,有的人则感到害怕。

日本人在相对宽松的文化里的生活经历,描写得最好的当属三岛女士的自传《我的狭岛》。[①] 她急切地想来美国读大学,努力说服了保守的家庭接受美国奖学金的“恩”,进入了卫斯理学院。她写道,老师和女同学们都非常和善,但这只会让情况更糟。“日本人普遍举止完美,我本为此感到骄傲,现在却深深受到了伤害。我气自己不知道在这里怎样行动才恰当,也气周围的环境,它们似乎是在嘲笑我以往受到的训练。除了这种模糊却又深刻的气恼,我没有其他任何感觉。”她觉得自己仿佛是“坠落自另一个行星的生物,所有的感觉和情绪在这个另类世界里都毫无用处。我在日本受到的训练是,举止必须文雅,言辞必须符合礼节,这使我在现在的环境里极端敏感和害羞,社交上,我在这里完全就是个瞎子。”她花了两三年才放松下来,开始接受别人的好心帮助。她下结论说,美国人生活在她所谓“优雅的亲密感”之中。但是“亲密感在我三岁的时候就被当作轻佻而扼杀了”。

三岛女士把自己认识的在美日本女孩和中国女孩作了对比,她的评论显示了美国对两国女孩的不同影响。中国女孩们的“镇定和善于交际是大部分日本女孩所没有的。这些上流社会的中国女孩在我看来是地球上最文雅的人,每一个都风度翩翩,近似皇家尊严,看上去就好像是世界的真正主

① Mishima, Sumie Seo, *My Narrow Isle* , 1941 年,第 107 页。

人。她们无所畏惧,沉着冷静,即使是在这个机械和速度的伟大文明里也不曾动容,这和我们日本女孩的胆小怯懦以及过度敏感形成鲜明对比,体现出我们社会背景上的本质性不同”。

像其他许多日本人一样,三岛女士觉得自己就好像是一个网球高手却登记加入了槌球比赛。自己的专业技术就是用不上,她感到过去的所学无法带入到新环境中。她过去所受的训练毫无用处,因为美国人用不到。

日本人一旦接受了美国不那么繁琐的行为规范,不管接受多少,都发现很难想象自己再去应付旧时日本生活里的种种限制。对于过去的生活,他们有时称之为“失乐园”,有时称之为“桎梏”,有时称之为“牢笼”,有时又称之为种盆景的“小盆”。只要微型松树的根被限制在花盆之内,其结果就是一件为美丽的园林增色的艺术品。但是一旦被移植到开阔的土地上,矮小的微型松树就再也不能被栽回到盆里。这些在美国的日本人觉得自己像被移植过的盆景一样,再也无法装点日本园林,因为无法再适应原来的要求。他们的经历最深刻地体现了日本道德的进退两难之境。

第十一章

自我训练

一种文化里的自我训练，在来自另一国家的观察者们看来，好像都没有什么意义。这些训练方法本身是很明白的，但是为什么要下大工夫去这么做呢？为什么自愿吊在钩子上？为什么要意沉于丹田？为什么永远不要动用本金？为什么在这些方面要求严苛，对其他冲动又毫无控制？在外人看来，那些冲动才是真正重要并需要训练的。要是观察家自己的国度并不教授自我训练的方法，却来到了一个高度依赖这种训练的民族，那么就最有可能产生误解。

在美国，自我训练的技术方法和传统方式都相对落后。美国人的设想是，一个人估量了自己的前途之后，为了达到自己选定的目标，自然会在必要的时候训练自己。至于他到底是否这样做，取决于他的雄心或良心，又或者取决于凡勃伦（Veblen）所说的“职业本能”。他可能为了加入橄榄球队而接受禁欲苦修的管理制度，也可能为了成为音乐家或取得事业成功而放弃所有休闲。他可能会出于良心戒绝恶行和轻浮。但是在美国，自我训练和算术不同，作为一种技术性的训练，它的学习不能脱离实例的应用而单独进行。美国即使存在这样的训练方法，也多是出自欧洲某些教派的领袖，或是传授印度新发明的哲人。现在就连圣特里萨(Saint Theresa)或十字圣约翰(Saint John of the Cross)教派传授、实行的默想和祈祷等宗教性的自我训练,在美国也近乎绝迹。

日本人的设想却是,无论是参加中学入学考试的男孩,还是参加剑术比赛的人,或者只是过着贵族生活的人,他们除了学习测试时会考到的特定内容之外,都还需要另外的自我训练。不管他为了考试死记硬背了多少东西,不管他出剑有多么专业,不管他对礼节的注重多么无微不至,他都需要放下书本、刀剑和公众场合的露面,去进行一种特殊的训练。当然,并不是所有的日本人都接受神秘的训练,但是,即使是不接受这种训练的人也承认有关自我训练的术语和实践在生活中的地位。日本各阶层赖以评判自己和他人的一整套概念就是基于他们对自控和自制方式的总结。

日本人的自我训练概念可以系统化地分成两类:一类锻炼出能力;另一类所锻炼出的则超越能力。这种东西,我称之为通(expertness)。这两者在日本被区分开来,以不同的人类精神状态为目标,有着不同的依据,识别标志也不同。有关第一类的例子,即自我训练出来的能力,前面已经描述过不少。那名军官让士兵连续拉练六十个小时,中间只有十分钟的休息时间,他的观点是“他们知道怎么睡觉,他们需要训练的是怎么保持清醒”,尽管在我们看来这是非常过分的要求,这个军官的目标只是士兵们表现称职。他所表达的是日本公认的精神统御原则,即意志应高于无限可塑的肉体,肉体本身没有什么为了健康必须遵守的规则。日本人关于“人情”的整套理论都是建立在这个假设的基础上的。但逢人生大事,肉体的要求就被极度降低到从属地位,不管那些要求对健康有多关键,也不管它们曾经都各自受到过赞同和培养。无论以多少自我训练作为代价，每个人都要发扬日本精神。

但是这样表达日本人的设想失之武断。因为“无论以多少自我训练作为代价”在美国几乎等同于“无论做出多少自我牺牲”。它也通常意味着“无论受到多少委屈”。美国人关于纪律的理论是——不管是外界强制还是内心自发——无论男女，都要从小通过纪律融入社会。不是自愿接受纪律，就是由权威强制接受。这是一种挫折。作为个体，人讨厌这种对自己意愿的限制。他必须做出牺牲，于是不可避免地唤醒了体内的反抗情绪。不仅美国的许多专业心理学家认同这种观点，每一代的家长在家也都根据这种哲学教育孩子。因此心理学家的分析对我们自己的社会来说包含颇多真知灼见。孩子到了一定时间“不得不”上床睡觉，他从父母的态度得知睡觉是一种挫折。数不清的家庭里，孩子们睡前都要大哭大闹以示抗议。他早已经被灌输了美国式的思想，把睡觉当作一个人“不得不”做的事，反抗也只是以卵击石。他的母亲还规定有些东西他“必须”得吃。无论是燕麦、菠菜、面包还是橙汁，美国孩子都要就这些他“不得不”吃的东西提出抗议。他的结论是，对他“有好处”的食物不是好吃的食物。美国的这种习俗在日本并不存在，西方的某些国家例如希腊也没有这种习俗。在美国，成年意味着从饮食的委屈中解放出来，成人可以吃好吃的食物，而不再限于对他有好处的食物。

与西方关于自我牺牲的概念整体比较起来，这些关于睡觉和食物的观念实在微不足道。父母为孩子做出极大的牺牲，妻子为丈夫牺牲了自己的事业，丈夫为养家牺牲了自由，这些都是标准的西方教条。美国人很难想象，某些社会的男男女女不懂得自我牺牲的必要。但事实就是如此。在这样的社会里,人们认为父母天生觉得孩子可爱,女人喜欢婚姻胜过一切其他选择,男人为了养家当猎人或花匠是在从事自己最喜爱的职业。何必提什么自我牺牲?当社会强调的是以上这些诠释,而人们也按照这种诠释生活,自我牺牲的概念就没有人会认同。

美国人眼中为别人做出的巨大“牺牲”,在另外一些文化看来不过是有来有往的交换。它们要不就是一种投资,日后可以收回,要不就是对以前收益的回报。在这样的国家里,连父子关系都可以这样处理,父亲在儿子幼时为他所做的一切,儿子都会在父亲年老时及过世后进行回报。每一种商业关系也是一种民间契约,虽然通常都是保证同一类东西的等价交易,但对于一方提供保护,另一方提供服务的情况也有同样的约束力。假如双方都能从中获利,那么没有任何一方会认为自己的责任是一种牺牲。

在日本,为他人服务的制约力当然是互相往来,往来的可以是同类事物,也可以是不同等级但形成互补的责任。因此,自我牺牲在日本的道德地位与在美国相比有很大不同。日本人一直特别反对基督教传教士关于牺牲的布道。他们的论点是一个好人不应该把为他人服务当作是委屈自己。“当我们做出你们所谓的‘牺牲’时,”一个日本人这么对我说,“那是因为我们想要付出,或者因为付出是一件好事。我们并不为自己感到难过。不管我们为别人放弃了多少东西,我们不认为这种付出提升了我们的精神境界,也不认为我们应该为此得到‘奖励’。”日本人围绕复杂的互相往来义务组织他们的生活,这样的民族当然会认为自我牺牲与他们的生活无关。他们为了履行极端的义务把自己逼到极限,在更个人主义和竞争更激烈的国家里,这很容易导致自怜和自以为是,但是有来有往这一传统原则使得日本人避免了这一结果。

因此,美国人要理解日本的普通自我训练习惯,就必须对自己的“自我训练”概念动一下外科手术。我们必须割掉自己的文化里缠绕于这一概念周围的赘物:“自我牺牲”和“委屈”。在日本,一个人训练自己成为一名出色的选手,日本人的态度是,接受训练就好比是打桥牌,都完全谈不上牺牲。训练当然是严格的,但这是万物的常态。婴儿生来快乐,但是他们没有“品味人生”的能力。只有通过精神上的训练(或自我训练;“修养”),一个人才能活得充实、“体味”到人生。这句话通常翻译成“只有这样他才能享受生活”。自我训练“壮大丹田(自制力所在)”,它使人生更为开阔。

在日本,进行“能力”的自我训练是因为它能提高一个人驾驭生活的能力。训练初期可能感到的不耐烦很快就会消失,日本人这样认为,因为最终他会感到享受——不然就放弃了。学徒学做生意,男孩学习柔道,新媳妇适应婆婆的使唤;在训练初期,不习惯这些新要求的男女可能会想要脱离这种“修养”,这是完全可以理解的。他们的父亲们可能会对他们说:“你想怎么样?有些训练是品味人生必不可缺的。如果这次你放弃了,不接受训练,以后终归不会快乐。一旦到了那种地步,被人说三道四,我是不会袒护你的。”用他们常用的话来说,“修养”打磨掉“体锈”,使人重新变成闪亮的利刃,这当然是他们所希望的。

这些都是在强调自我训练的好处,但是这并不是说,日本的道德规则所经常要求的极端行为就不是真正的严重挫折,也不是说这些挫折感就不会导致暴力冲动。这种区别,体现在游戏和运动里,美国人是理解的。桥牌冠军不会抱怨为了学习打好牌而做出的自我牺牲;他不会把为了成为高手而投入的时间当作“委屈”。尽管如此，医生们说，在某些需要注意力高度集中的情况下，比如赌注极高或者争夺冠军时，注意力的集中和胃溃疡及身体过度紧张不无关系。日本人也是如此。但是，在互相往来的制约以及自我训练有益自身的信念支持下，很多美国人看来难以忍受的行为，日本人却能轻松做到。他们比美国人更注重行为称职，更少给自己找借口。他们不把自己对生活的不满转嫁到替罪羊身上，也不沉湎于自怜。出于某种原因，他们没有美国人所谓的“普通的幸福”这种概念。他们接受的训练使他们比一般美国人更加留心自己的“体锈”。

比自我训练“能力”更高级的是训练“通”的境界。有关后者的训练方法，日本作家有过描写，西方读者却很难读懂。西方专攻这一课题的学者对待这些方法的态度也很草率，有时还称它们为“怪癖”。在一位法国学者笔下，它们全都“违背常识”，至于所有教派里最讲究训练的禅宗，则是“一派郑重的胡言”。他们的训练方式想要达到的目标却不难理解，而且这一课题有助于我们了解日本的精神统御法。

日语里有一长串的词汇表达自我训练成“通”者所能达到的精神境界。有些词适用于演员，有些适用于宗教信徒，有些适用于剑手，还有些适用于演说家、画家或茶道宗师。他们的意思大体相同，我就只用一个词，“无我”表达，这是上流社会盛行的禅宗用语。“通”这种状态描述的是这样一种体验：不管是在世俗还是宗教环境下，人的意与形之间“毫发无间”。放电时，电流从正极直接流向负极。没有达到此精通状态的人，在意与形之间就好像有一道绝缘的屏风。日本人称之为“观察的自我”或“阻碍的我”。当通过特殊训练挪开了这道屏风,“通”者就完全失去了“我正在这样做”的意识。电流畅通无阻,行动毫不费力。这就是“一点”(one-pointed)。行动完全再现了行动者在脑中描绘出的图像。

在日本,最普通的人也追求这种“通”。著名的英国佛教权威查尔斯·艾略特爵士(Sir Charles Eliot)讲过一个女学生的故事。她求助于

> 东京一位有名的传教士,说她想要成为基督教徒。被问到原因时,她回答说她非常想坐飞机。当传教士鼓励她继续解释飞机和基督教之间的联系时,她回答说,有人告诉她,坐飞机上天前必须要有非常沉着冷静的头脑,这种头脑只有通过宗教性的训练才能获得。她觉得所有的宗教里面基督教可能是最好的,所以她就来求教了。①

日本人不仅把基督教和飞机联系起来,他们也把训练“沉着冷静的头脑”和教育学考试、演讲或政治家的职业联系起来。对他们来说,为了达到“一点”而进行的训练几乎对从事任何职业都有不容置疑的好处。

许多文明都发展出了这种技巧,但是日本人的目的和方法都有独到之处。这一点特别有意思,因为日本的很多训练技巧来源于印度的瑜伽。日本关于自我催眠、集中注意力及控制感官的技巧至今仍与印度的训练方式有相似之处。两者都强调心无杂念、身体静止、一句话重复念一万遍,以及

① 查尔斯·艾略特(Eliot, Sir Charles),《日本的佛教》(*Japanese Buddhism*),第286页。

把注意力集中到某一选中的标志上。就连印度使用的术语在日语中也依然可以辨认出来。然而，除了这些教派的梗概之外，日本版的修炼和印度教的几乎没有共同之处。

瑜伽在印度是奉行禁欲苦行主义的极端教派。它是一种解脱出轮回转世的方法。人除了这种解脱，即涅槃以外，没有别的救赎，这一道路上的阻碍就是人的欲望。消除这些欲望的手段包括绝食、侮辱及自我折磨。通过这些手段，人可以超凡入圣，获得灵性，达到与神一体。瑜伽是一种抛弃肉体世界，逃脱人类无用轮转的方法。它也是一种获得精神力量的方法。苦行的方式越极端，通向目标的旅程就越短。

日本没有这样的哲学。尽管日本是一个佛教兴盛的国家，他们的佛教信仰里从来没有轮回转世和涅槃的内容。虽然有些僧侣个人接受了这些教义，但是它们从来没有左右过民间习俗和大众的思想。日本人不会因为动物或昆虫有可能是人的转世就把它们放生，日本的葬礼和庆生仪式也完全不含转世思想。转世不是日本人的思考方式。涅槃也不例外，不仅大众没有这种概念，连僧侣也把它改编得面目全非，近乎不存。大师们声称“得悟”的人就已经处于涅槃；涅槃就在此时此刻，人能从一棵松树和一只野鸟里“见涅槃”。日本人一向对死后世界的幻想不感兴趣。他们的神话都是关于神的故事，却没有提到人死去之后的生活。他们甚至拒绝接受佛教关于人死后有不同奖惩的观点。任何人，农夫也不例外，死后都能成佛；家庭佛龛里供奉的牌位就被称为“佛”。没有其他任何佛教国家有这样的用法。如果一个国家对普通的死人也能用这样大胆的称呼，那么也就不难理解，这个国家不会追求涅槃这样的困难目标。既然无论怎样都会成佛，人就不必通过终身肉体受苦来实现绝对的终结。

同样，日本也没有肉体和精神无法调和的教义。瑜伽是消除欲望的方式，而欲望来自于肉体。但是日本人没有这种教义。“人情”并非魔鬼所有，享受感官乐趣是生活智慧的一部分。唯一的条件就是，只要人生的重大责任需要，就可以牺牲感官享受。日本对瑜伽教派的处理把这个原则在逻辑上延伸到了极致：不仅所有的自我折磨被废除，日本的这一教派根本不是以禁欲苦行为宗旨的。即便是遁世隐居的“得悟”之人，虽然有隐士之称，通常也都是带着妻子和孩子，定居在乡间风景优美之处，生活安逸舒适。妻子的陪伴，甚至孩子的陆续出生都被认为丝毫无损他们的神圣。在流传最广的佛教流派中，和尚完全可以娶妻生子；“得悟”之人的圣洁在于他们通过坐禅进行自我训练，生活也很简朴，而不是身着污秽之服，目不见自然之美，耳不闻丝竹之乐。他们的圣人可以终日作诗、品茶、“观”月、赏樱。禅宗甚至教导信众要避免“三不足：衣不足、食不足、睡不足”。

瑜伽哲学的最后一条教义在日本同样没有得到保留：即神秘主义的修行方式能把修行的人带入到天人合一的极乐境界。无论神秘主义的修行在世界的哪里进行，无论修行的是原始民族、伊斯兰教苦修僧、印度瑜伽信徒还是中世纪的基督徒，那些修行的人都一致同意，尽管信条不同，他们都做到了“人神一体”，感受到了“不世出”的极乐。日本人有神秘主义的修行方式，却没有神秘主义。这不是说他们无法入定，他们能够做到。但是他们只是把入定当作一种训练“一点”的方法，不把它形容为极乐。和其他国家神秘主义者不同，禅宗甚至不认为入定的时候五感皆空；他们认为这种修行方式会把“六”感带入到极度敏锐的状态。第六感存在于脑中，训练使它凌驾于普通五感之上，但是味觉、触觉、视觉、嗅觉和听觉在入定时都得到了特定的训练。禅宗弟子修行的练习之一就是要在入定的时候还能辨别出无声的脚步，并准确地追踪其足迹，或者辨认食物的诱人香气——这是故意引入的——而同时保持入定的状态。嗅、看、听、触和尝“有助于第六感”，人要在这种状态中保持“诸感皆敏”。

这种训练方式在任何有超感觉经历的教派里都是很少见的。即便在入定中，参禅的人也并不试图脱出自我之外，而是如尼采评论古希腊人所说的，“保持其本色，保留其公民之名”。日本佛教宗师的言论中有不少对这种观点的生动阐述。最妙的讲解之一出自道元法师，十三世纪禅宗曹洞宗的伟大创建人，曹洞宗至今仍是禅宗中规模最大也是最有影响力的教派。谈到他自己的“得悟”时，道元说：“我只认识到我的眼睛水平地长在垂直的鼻子上方……（禅的体验）没有任何神秘的地方。时间流逝如常，日出东方，月落西方。”①禅宗著作也不认为入定的经历除了能给人自我训练的力量之外，还能有其他什么力量；“瑜伽声称冥想能给予人各种超能力，”一个日本佛教徒这样写道，“但是禅宗不做这样荒谬的夸口。”②

日本人就这样彻底抹杀了印度瑜伽的根本观点。日本对有限性的热爱让人不由想到与之相似的古希腊人，日本人把瑜伽的训练方式理解成一种以追求完美为目标的自我训练，能使人达到“通”的状态，即形意毫发无间的状态。它是一种对效率的锻炼，也是对自力更生能力的锻炼。它的回报

① Nukariya, Kaiten, *The Religion of the Samurai*，伦敦，1913 年，第 197 页。

② 同上，第194 页。

就在现时现地，因为它使人能够恰到好处地面对任何情况，使力一分不多也一分不少。人的心思本来反复无常，通过瑜伽训练就能得到控制，无论是身体面临的外界危险还是内心激情澎湃，都不再能使人动摇。

这种训练对武士的价值当然不比对僧侣少，正是日本的武士把禅宗变成了他们自己的信仰。采用神秘主义的训练手段，却不追求最终的神秘主义经历，世界上只有日本武士用这种方式进行肉搏战的训练。然而日本从最早受禅宗影响开始就一直如此。十二世纪日本禅宗创始人荣西的巨著就题为《兴禅护国论》，武士、政治家、剑士、大学生都接受过禅宗训练，为相当世俗的目标作准备。正如查尔斯·艾略特爵士所说，中国禅宗史毫无迹象表明日后它会在日本成为一种军事学科。“禅宗像茶道和能剧一样，已经成为地道的日本特产。它的主张是真理不在于经文而在于精神的直接体验，所以不难设想，在十二、十三世纪那样的乱世里，这种冥想和神秘主义的教义会在离世避难的寺院里盛行起来。但是谁也不会想到武士阶级会接受它成为他们最喜爱的生活规则。然而事情的发展就是如此。”①

日本佛教和神道教的许多流派都极为强调冥想、自我催眠和入定的神秘修行方式。它们当中的有些流派声称这种训练的结果证明了神的恩宠，并把他们的理论建立在“他力”，即神的恩宠这一基础上。另有些流派，其中又以禅宗为最，只依赖“自力”。他们教导的是，潜力只存在于体内，只有付出努力才能增强。日本武士完全认同这一教义，于是不管是和尚、政治家还是教育家——这些都是武士们担任过的角色——他们都利用禅宗的训练

① 查尔斯·艾略特，《日本的佛教》，第186页。

方法来巩固一种粗犷的个人主义。禅宗的教义说得再明白不过:"禅只追求人能在自己体内发现的光。它不能容忍任何妨碍。荡清路上的一切阻碍……遇佛杀佛!遇祖杀祖!遇圣杀圣!这是到达救赎的唯一途径。"①

追求真理的人不能接受任何间接的东西,无论是佛的教诲、经文还是神学。"佛经十二卷都是废纸",习之或许有益,但是它们与唯一能引发"悟"的灵光一闪无关。在一本禅宗对话录里,弟子请禅师讲解《法华经》。禅师的阐述精彩纷呈,弟子听完后却非难他:"怎么,我还以为禅师们都鄙夷经文、理论和逻辑体系呢!"这位禅师回答道:"禅不是一无所知,而是相信悟不在经文,或其他任何典籍中。你没有告诉我你想要'悟',你只是向我求解经文。"②

禅师们所传授的传统修行是为了教会弟子如何"求悟"。修行可以是肉体上的,也可以是精神上的,但最后都必须通过修行者内在意识的考验。剑士的禅修就是个很好的例子。当然,剑士得学会并不断练习正确的击剑方式,但是这一方面的熟练仅仅属于"能力"的范畴。除此之外,他还必须学习如何做到"无我"。首先,他被要求站在平地上,把注意力集中在支撑身体的方寸之地。这一小块立足之地会被逐渐升高,直到他站在四尺高的柱子上仍然如履平地。当他在那根柱子上纹丝不动时,他就"悟"了。他的头脑不会再因感到晕眩或因为害怕跌落而违背他的意愿。

西欧中世纪的圣西门派修士(Saint Simeon Stylites)也有立柱这种苦行

---

① 引自 E. Steinilber-Oberlin, *The Buddhist Sects of Japan*。伦敦,1938 年,第 143 页。

② 同上,第 175 页。

方式。日本的立柱训练把这种大家熟悉的苦行变成了一种有目的的自我训练。它不再是苦行。日本所有的身体锻炼,不管是出自禅宗,还是农村的习俗,都经历了这种转变。在世界的其他许多地方,跳入冰冷的水里和站在山间的瀑布下都是标准的苦刑,这样做有时是为了让肉体受苦,有时是为了向神祈求怜悯,还有的时候是为了进入出神的状态。日本人最喜欢的冷苦行是拂晓前站在或坐在冰冷的瀑布里,或者在冬夜里三次用冰冷的水浇身。但是他们的目标是锻炼自我意识,直到自己不再注意到身体的不适。信徒的目标是锻炼自己保持无间断的冥想。当他的自我意识可以在寒冷的清晨完全无视冷水的刺激和身体的颤抖,他就达到了"通"的境界。这也是唯一的回报。

精神上的训练同样需要自主自发。谁都可以请师傅,但师傅不会进行西方式的"教导",因为重要的东西无法从自身以外的任何来源习得。师傅可以和弟子进行讨论,但是他不会温和地引导弟子进入新的知识领域。师傅越是粗鲁,就被认为对弟子越有帮助。如果师傅毫无征兆地打破弟子刚刚送到嘴边的茶碗,或者绊倒他,或者用铜棍敲他的手指关节,这种刺激有可能促使弟子获得顿悟,因为它打破了他的自得状态。僧侣们的书中满是这类事例。

为了引导弟子拼死"求悟",最受欢迎的方法是"公案",从字面上解就是"问题"。据说这类问题一共有一千七百个,轶事录里,一个人花七年时间解决一个问题完全微不足道。这些问题的存在不是为了寻求合理的解答。比如有一个问题是"感受到孤掌之鸣"。另有一个是"未成胎前即体会到对母亲的思慕"。其他的还有"是谁背负着无生命的躯体?"、"是谁在向我走来?”、“万物归一;此一何归?”诸如此类的禅宗问题曾经见用于十二、十三世纪以前的中国,日本引进禅宗时也同时引进了这些方法。但是在中国,这些方法没有流传下来。在日本,它们则成了达到“通”之境界最重要的训练法。禅宗入门书提到它们时极其严肃。“公案体现了人生之两难”。据说,一个正在研究公案的人会进入死局,就像“被追进死胡同的耗子”,又像人“喉咙里哽了一个火热的铁球”,或者像“想要叮铁块的蚊子”。他失去了理智,加倍地努力。最终,“观察的自我”阻挡在心和问题之间的屏风倒下了,两者——心和问题——疾如电闪般得到了调和。他“悟”了。

看完这些关于精神如何高度紧张和努力的描写之后,再在轶事录里寻找所有这些付出所获得的伟大真理,结果就难免让人失望。例如,南岳花了八年来思考“是谁在向我走来”这个问题,最后他明白了。他的原话是,“确定此处有一物,即错失全局”。尽管如此,获得的启示也有一个大致的模式,从以下对话中可以看出:

弟子:我如何才能逃脱生死轮回?

师傅:何人缚尔?(即把你绑在轮回上。)

他们说,借用中国一条有名的成语,他们明白了自己是在“骑牛找牛”。他们明白了“要紧的不是网或陷阱,而是这些工具要捕获的鱼和动物”。用西方的表达方式来说,就是他们明白了两难之境的两个死角都无关紧要。他们明白了只要打开天眼,目标就可以通过现有的手段实现。只要自助,一切皆有可能,无须借助他力。

公案的重要性不在于这些寻求真理的人从中发现了什么,他们发现的不过是神秘主义的普世真理。其重要性在于日本人怎样看待对真理的追求。

公案又被称为"敲门砖"。人性未经启迪时总是担忧现有的手段是否足够;幻想有众多的见证人在留意自己并决定对自己的褒贬,它的四周有堵墙,"敲门砖"里的"门"就在墙上。这堵墙就是"耻",对所有日本人来说它都是再真实不过的。一旦砖敲开了门,人获得了自由,砖就被扔到一旁,不必继续解答更多的公案。该学的已经学到,日本道德的两难处境已经得到了解决。他们已经竭尽所有来对付死局;"为了训练",他们已经变成了"叮铁块的蚊子"。到了最后,他们终于明白了并没有什么死局——义务和道义之间没有死局,道义和人情之间没有死局,正义和道义之间也没有死局。他们终于找到了出路。从此他们获得了自由,第一次彻底地"品味"人生。他们实现了"无我"。他们以"通"为目标的训练获得了成功。

禅宗权威铃木把"无我"形容为"一种忘形状态,全无'我正在这样做'的感觉","不费力"。消灭了"观察的自我",实现了"忘我",也就是他不再关注自己的行动。铃木说:"随着意识的觉醒,意志一分为二:行动者和观察者。冲突在所难免,因为行动者(的自我)想要摆脱来自观察者的自我的限制。"因此,在"得悟"时,信徒发现没有了"观察的自我"或"未知或不可知的灵体"。除了目标和达成目标的行动,其他一切都不再存在。研究人类行为的学者可以把这句话改写一下,使它更贴切地特指日本文化。日本人从小就接受严厉的训练要观察自己的行为,并且用别人会怎么说来评判这些行为;他的"观察的自我"非常脆弱。为了拯救自己进入灵魂的忘形境界,他消灭了这种脆弱的自我。他不再感觉到“他正在这样做”。他觉得自己的灵魂已经训练成功，就像剑术新手觉得自己已经练就立四尺之柱而无惧坠落。

画家、诗人、演说家和武士也都用类似的方法训练自己达到无我的境界。他们学到的不是“无限”，而是清晰、专注地感受有限的美，或者是如何调节手段及目的，以便自己付出恰到好处的努力，“不多也不少”，刚好达到目标。甚至连没有受过任何训练的人也可以经历某种近似无我的体验。当一个人在观赏能剧和歌舞伎时全身心地投入其中，他就可以说是失去了“观察的自我”。他的手掌满是汗水，他感到了“无我之汗”。轰炸机的飞行员接近目标时，在投下炸弹之前也会有“无我之汗”。“他没有在这样做。”他的意识里没有“观察的自我”。一个全神贯注的高射炮手也可以同样说是在出“无我之汗”，并消灭了“观察的自我”。日本人意指在这些例子里，处于这种状态的人都是在发挥自己的最高水平。

这些概念有力地证明，日本人把自我警觉和自我监督当作是沉重的负担。他们认为，摆脱这些限制自己才能自由和高效。美国人把“观察的自我”看成是内心的理性原则，在危机中以“保持冷静的头脑”为骄傲；日本人一旦进入忘我状态，忘记了自我警觉的束缚，就好像去掉了颈上的石枷。就如我们所见，他们的文化向他们的心灵反复灌输谨慎的必要，日本人的反击是，宣布人的意识有更加高效的层次，那里没有这种负担。

日本人表达这一信条最为极端的方式，至少在西方人听来如此，就是他们如何盛赞“像已死之人一样生活”的人。西方的字面翻译应该是“活尸”，而在任何西方语言中，“活尸”都是表达恐怖的意思。我们用这种方式来形容一个人的自我已死，徒留躯体在世。他不再遵循生命的法则。日本人用“像已死之人一样生活”来形容一个人处于“通”的境界。这句话被用于日常勉励。男孩为中学毕业考试担心时，鼓励他的人会说“像已死之人那样去考试，你一定会轻松过关”。为了鼓励正在谈大生意的人，朋友会说，“就当自己是个已死之人”。当一个人经历严重的心灵危机，看不清前路时，他通常会下定决心“像已死之人一样”生活。基督教著名领袖，战后被选为贵族院议员的贺川（丰彦）在自传性小说里写道：“他就像恶灵缠身一样每天在屋里哭泣，抽泣连连，近乎歇斯底里。这种痛苦持续了一个半月，但是生活终于获得了胜利……他要带着死亡的力量生活下去……要像已死之人一样投入战斗……他决定成为基督徒。”①战争期间，日本士兵这样说，“我决心像已死之人一样生活，以此回报皇恩”。这种说法囊括了种种行为，包括出征前为自己举行葬礼，立誓把自己的身体化为“硫磺岛之尘土”，以及决心“与缅甸之花共存亡”。

支撑“无我”一说的理论基础同样支撑着“像已死之人一样生活”。在这种状态下，人消灭了所有的自我警觉，也就消灭了害怕与谨慎。他成为死人，无须再思考什么才是恰当的行动。死人不会再回报“恩”；他们自由了。因此，说“我会像已死之人一样生活”意味着从挣扎中彻底解脱出来。它意味着，“我可以自由地把精力和注意力直接用于实现我的目标，‘观察的自我’和它造成的恐惧这一重负不再阻挡在我和目标之间。随之而去的还有紧张感、压力和早先的尝试中困扰我的抑郁。现在我觉得一切皆有可能”。

---

① 贺川丰彦（Kagawa, Toyohiko），《天亮之前》（*Before the Dawn*），第240页。

用西方人的话说，日本人训练“无我”和“像已死之人一样生活”就是消灭了自己的良心。他们所称的“观察的自我”，“干扰的自我”，其实是对自己行为进行评判的审查者。这里有个例子生动地说明了东西方心理学之间的差异：当我们说到没有良心的美国人时，我们指这个人不再为干了坏事而产生本应产生的罪恶感；但是当日本人使用同类用语时，他的意思是说那个人不再紧张畏缩。美国人指的是坏人，日本人指的是好人、受过训练的人，能够最大限度发挥自己能力的人，他是指那个人能够做出最困难、最忠诚的无私行为。美国使人向善的最大制约力是罪恶感；要是良心泯灭，不再有罪恶感，就变成为害社会的人。日本人对这个问题则有着不同见解。根据他们的理论，人在内心深处是善的。如果行为能直接表现内心的冲动，那人就会很自然地行有德之举。因此要通过训练，在“通”的状态下消除“耻”的自我检查。只有这样，人的“第六感”才能挣脱阻碍，从自我意识和挣扎中得到彻底解脱。

只要不把它与个人在日本文化中的生活经历分离开来，日本这种自我训练的哲学就不是无稽之谈。日本人归之于“观察的自我”的“耻”带给了他们多沉重的负担，我们早已在前文见识过了。但是如果不描述一下日本的育儿方式，我们就无法理解这种哲学在他们的精神统御法中的真正意义。在任何文化里，传统的道德制约要代代相传，依赖的不仅是语言，更是所有长辈对孩子的态度。不对一个国家里孩子的成长方式进行学习，外人就无法理解那个国家生活中看重的是什么。至此，我们仅仅是从成人的角度描述了日本人对人生的许多全民性观点，他们的育儿方式能把这些观点展示得更加清楚。

第十二章

儿童的学习

日本人的育儿方式和善于思考的西方人所设想的不同。美国孩子长大后的生活远不如日本人那样谨慎自制,但是美国的父母在训练他们为将来做准备时,一开始就是要让婴儿明白自己的愿望并不是这个世界里的最高旨意。我们立刻为他制定了喂奶和睡觉的固定时间表,不到规定时间,任他如何哭闹,也要让他继续等待。不用多久,母亲就会敲敲他的小手,制止他吸吮手指或者把他的手从身体其他部位拿开。母亲经常不在孩子身边,一旦母亲外出,婴儿只能留在家里。没等孩子喜欢上其他食物,大人就会给他断奶;如果他是用奶瓶喂养的,大人就不再给他奶瓶。某些特定食物对孩子有益,那么他就一定得吃。要是犯了错,他就要受罚。日本的孩子长大以后必须压抑个人意愿,小心谨慎地遵守一套这样要求严格的道德规范,美国人自然以为,日本婴儿要接受的纪律训练也一定会倍加严格。

但是,日本人并不是这样做的。日本的人生轨迹与美国的恰好相反。它是个大大的浅底 U 字,婴儿和老人享有最大程度的自由和纵容。婴儿期一过,限制就渐渐多了起来,自主能力在结婚前后降至最低线。这个低谷要在青壮年时期持续许多年,但是此后这根曲线终于又开始渐渐上升,到六十岁以后，老人几乎可以像孩子一样不受廉耻约束。在美国，我们所经历的曲线正好颠倒。幼儿要服从严格的纪律，随着孩子的成长，纪律逐渐松弛，直到他有了工作从而能够自力更生并建立自己的家庭，从此开始完全主宰自己的生活。青壮年对我们来说是自由和进取心的鼎盛时期。当我们年老力衰，日渐迟钝并且赖人照料，我们又开始受到约束。按照日本方式安排的人生轨迹生活，这是美国人连想都不敢想的。在我们看来那是完全背离现实的。

然而，事实证明，尽管美国和日本对人生轨迹的安排绝然不同，但是事实上两者都同样保证了各自的个体在青壮年时期都精力充沛地参与了自己的文化。为了实现这一目标，我们美国人依赖在这段时期增加人的自由选择。日本人则依赖把对个人的约束最大化。尽管此时个人的体力和挣钱能力均处于巅峰期，但他无法为自己的人生做主。日本人坚信，这种约束能够修身养性，自由的生活是无法取得同样效果的。但是，虽然日本人在最富生产力的时期所受到的约束增加，这些约束并不就此贯穿他们的一生。童年和老年就是“自由地带”。

一个这样娇纵孩子的民族大体上是想要有孩子的。日本人就是如此。他们要孩子的首要原因和美国父母一样，因为疼爱孩子是一种乐趣。但是他们还有其他对美国人来说无足轻重的原因。日本的父母需要孩子，不仅仅是为了感情上的满足，更重要的是因为不能传宗接代被认为是人生的失败。每一个日本男人必须有个儿子。这样他死后才会有人每天到厅堂的神龛前祭拜他的牌位。他需要儿子传宗接代，保持家族名望和财产。由于这种传统习俗，父亲对儿子的需要不亚于幼儿对父亲的依赖。儿子会在不久的将来取代父亲现有的地位，这不是对父亲的排挤，而是对父亲负责。父亲仅仅是暂时受托管理这个“家”,以后就会由儿子接班。如果父亲无法交接给自己的儿子,那么他自己的角色就失去了意义。正是由于这种根深蒂固的延续感,日本的儿子即便在成年后继续依赖父亲,哪怕时间远远长于美国人的习惯,也不会像在西方国家那样招来羞辱和嘲笑。

同样,女人想要孩子也不仅仅是为了感情上的满足,只有作为母亲,她才能获得地位。没有孩子的妻子在家里的地位是最不稳定的,即使不被抛弃,也无法指望有朝一日成为婆婆,从而有权力安排儿子的婚事和指挥媳妇。她的丈夫必须过继一个儿子来传承他这一脉,但是按照日本人的观念,无出的妻子依然是个失败者。日本人普遍期待妇女能多生养。1930年到1935年,日本的年均生育率是千分之三十一点七,即便和生育率极高的东欧国家相比也是高产。而美国1940年的生育率只是千分之十七点六。日本母亲开始生育也早,十九岁是生育的最高峰。

生孩子在日本就像性交一样私密。女人生产时不能哭叫,以免引人注目。为婴儿备下的小床有自己的新床垫和被子。孩子没有自己的新床是不吉利的,哪怕家里买不起新的,也要翻新一下旧被套和被芯。婴儿用的小被子不像成人用的那样硬,也更轻便一点。因此,据说婴儿睡在自己的床上会更舒服。其实,更深刻的原因应该是源于一种触染巫术:新的生命必须有自己的新床。婴儿的小床通常被放在母亲的床边,但是母亲不和婴儿同睡,除非他长大到能自己表达出这样的意愿。据说大概在一岁左右,婴儿会伸出胳膊表达自己的要求。那时婴儿就睡在母亲怀里,盖母亲的被子了。

婴儿初生的头三天里得不到哺乳,因为日本人要等母亲下奶。在那以后,不管是因为想要吃奶还是需要安慰,婴儿随时都可以吸吮母亲的乳房。

母亲也很享受给婴儿哺乳。日本人坚信哺乳是妇女的最大生理快乐之一，婴儿也很快就学会分享这种快乐。母亲的胸脯不仅提供营养，也是快乐和安慰的源泉。头一个月里，初生的婴儿要么躺在自己的小床上，要么被母亲抱在怀里。只有在三十天左右被抱到神社参拜以后，婴儿的灵魂才算是牢牢地附体，可以安全地抱着出门了。满月之后，母亲就用一条双股的肩带把婴儿从腋下和臀部固定在她背上，肩带的一端越过母亲的肩膀，在腰前打结。天冷的时候，母亲会把夹层的外套穿在外面盖住背上的婴儿。家里大点的孩子，不论男女，也会背婴儿，甚至在玩跑垒和跳房子等游戏时也不例外。农家和穷苦人家更是特别依赖大孩子当保姆。“日本婴儿就这样生活在集体之中，他们很快就会露出一副聪明、感兴趣的样子，就好像和背着自己的大孩子们一样享受他们所玩的游戏”。① 日本这种把婴儿手脚展开绑在背上的方式和常见于太平洋群岛及其他地区的披肩包裹方式有很多相似之处。它助长了被动的性格。被这样背着的婴儿长大后也更容易随时随地入睡，日本人就是如此。但是日本的绑带法又不像包裹法那样助长完全的被动。日本婴儿“学会像小猫一样贴在背着自己的人身上……绑在背上的背带保证了他的安全；但是婴儿……得依靠自己用力来获得比较舒适的位置，很快他就学会巧妙地骑在别人背上，而不再只是一个绑在肩上的包袱了”。②

母亲工作的时候就把婴儿放在他的小床上，上街的时候也会捎上他。

① Bacon, Alice Mabel, *Japanese Women and Girls*，第6页。

② 同上，第10页。

她会对着婴儿说话哼歌,带他做各种礼节性动作。当母亲回应别人的问候的时候,她也会把婴儿的头和肩膀向前压低,让他也做出一个鞠躬的姿势。母亲做任何事都把婴儿包括在内。每天下午母亲泡热水澡时也会带着婴儿,把他放在自己膝上,与他玩耍。

婴儿有三到四个月的时间要系尿布,日本人有时候把自己的罗圈腿归咎于这种厚厚的尿布片。等婴儿到了三四个月大时,母亲就要开始训练他便溺。她会在估计婴儿需要便溺的时间来到屋外,用手托住他的身体开始把尿,同时低声哼着单调的嘘声。婴儿就这样慢慢弄懂了这种听觉刺激的目的。大家都认为日本的婴儿和中国的婴儿一样,很早就开始了这方面的训练。要是偶尔婴儿尿在了身上,有些母亲也会拧他一下,但是一般都只是变换语调训斥一番,同时增加把尿频律。要是婴儿不拉,母亲就给他灌肠或服泻药。母亲们都认为她们是为了让婴儿更舒服一些。一旦训练成功,婴儿就不用再系又厚又不舒服的尿布。日本的婴儿肯定会觉得尿布不舒服,因为尿布不仅很厚,而且习俗通常并不是一尿湿就给他更换。但是婴儿应当还太小,肯定无法理解这种大小便训练与摘掉不舒服的尿布之间的联系。他只是体验到这是每天都逃脱不了的例行差事,自己没有任何选择。此外,母亲必须用手托着婴儿远离自己的身体,因此必须把婴儿抓得紧紧的。这种无情的训练为婴儿长大成人后接受日本文化中更微妙的强迫性要求打下了基础。①

---

① Geoffrey Gorer 在"Themes in Japanese Culture"一文(收入 *Transactions of the New York Academy of Science*,第五卷,第 106—124 页,1943 年)中也强调了日本便溺训练的作用。

日本婴儿通常在会走之前就开口说话了。爬是一向不受鼓励的。传统的看法是婴儿不应该在一岁以前站立或行走，以前的母亲们会阻止他们这样做。近来日本政府发行了价格便宜、广为流传的《母亲杂志》，花了一二十年教育妇女们应该鼓励孩子早日走路，这个习惯才渐渐普及开来。母亲在训练孩子走路时会把带子系成一圈套在孩子腋下，或者干脆自己用手扶着。但是，婴儿一般还是更早就开始说话。当他们开始咿呀学语的时候，大人逗弄婴儿的串串儿语就带上了更强的目的性。他们不会任由婴儿随意地模仿说话；他们会开始教婴儿词语、语法和敬语，大人和小孩一起乐在其中。

在日本家庭里，孩子学会走路以后就会到处闯祸。他们会用手指戳破纸糊的墙，会掉进地板中央的火坑。这样还不够，日本人甚至夸大了家里潜在的危险。比如踩到门槛上是“危险”的从而被严令禁止。日本的房子当然没有地窖，都是靠托梁架离地面的。人们真诚地以为，如果踩在了门槛上，即便只是个孩子，也会使整个房子变形。不仅如此，孩子还必须学会不要踩或坐在榻席的缝隙。榻席都是标准尺寸，房间也因此被称为“三榻室”或“十二榻室”。孩子们被告知，古时候的武士会藏在屋下，用剑刺穿榻席的缝隙把坐在上边的人刺死。只有厚实柔软的榻席才是安全的，缝隙都是危险的。母亲就是用这种语气不断地训斥孩子“危险”、“坏”。第三种常见的训斥是“脏”。日本房子的整洁干净向来有名，孩子也被告诫要尊重这一点。

大部分日本孩子要到下一个孩子快出生了才会断奶，但是政府的《母亲杂志》近年来赞成婴儿在八个月时断奶。中产阶级的母亲经常这样做，但是这远不是日本的普遍习惯。日本人觉得哺乳是母亲的一大乐趣，即使那些逐渐开始采用新习惯的圈子也忠于这种观点，认为缩短哺乳期是母亲为了孩子的幸福做出的牺牲。她们在接受了“哺乳期长的孩子身体弱”的这种新说法之后，就责怪没给孩子断奶的母亲太过任性。“她说自己没法给孩子断奶，其实是她自己下不了决心。是她还想继续喂下去。她得到的好处比孩子多。”考虑到这种态度，就不难理解为什么八个月断奶没有普及开来。断奶晚还有一个实际的原因。日本人没有为刚断奶的孩子准备特殊食物的习惯。如果孩子断奶早，就得喂他吃米汤，但是一般情况下，孩子都直接从母乳转换到普通的成人食品。日本的饮食结构里没有牛奶，他们也不为孩子准备特别的蔬菜。考虑到这些情况，政府教导的“哺乳期长的孩子身体弱”的说法是否正确实在值得怀疑。

给孩子断奶一般在他们能听懂语言之后。在此之前，全家人一起吃饭的时候，母亲就抱着婴儿坐在桌边，喂他一点零星的食物，现在断了奶就可以吃得更多。有的孩子在这一时期很难喂养，如果是因为家里诞生了新婴儿而给他们断奶，这就不难理解了。母亲会经常用糖果甜点贿赂他们不再要求吃奶，有时也会在乳头上涂上辣椒。但是所有的母亲都会嘲弄他们说，如果想要吃奶，就证明他们还是小婴儿。“看看你的小表弟。他已经是个大人了。他年纪和你一样，却不要求吃奶了。”“那个小男孩在笑你，因为你是个男孩却还要吃奶。”三四岁还向母亲要求吃奶的孩子要是听到有大一点的孩子接近，就立刻停止索求，装出不感兴趣的样子。

这种督促孩子早日长大成人的嘲弄并不仅限于断奶。从孩子懂话起，这些嘲弄就常见于几乎每个场合。男孩哭泣时，母亲会对他说，“你不是个女孩”，或者“你是个男人了”。她也可能会说：“看看那个孩子，他就不哭。”

当别人带着小孩上门拜访时,母亲会当着自己孩子的面爱抚别人的孩子,说:“我要收养这个宝宝。我想要个这么乖的好宝宝。你都这么大了,还是一点不懂事。”她的孩子会扑到她的怀里,还经常会用拳头捶打她,哭喊着“不要!不要!我们不要其他宝宝。我会听你的话”。如果一两岁的孩子吵闹不休或者拖拖拉拉,他的母亲会对来访的男客说:“你能把这个孩子带走吗?我们不要他了。”男客会依言扮演角色,准备把孩子从家里带走。小孩于是尖叫着向母亲求救。他会大发脾气哭闹一场。当母亲认为嘲弄起了作用,她就会松口接回孩子,一边听他发狂似的保证以后听话。这样的小把戏有时也会用在五六岁大的孩子身上。

嘲弄还有另一种形式。母亲会转向自己的丈夫,对孩子说:“我喜欢你爸爸多过喜欢你。他是一个好人。”孩子就会充分表达自己的嫉妒,试图挤进父母之间。他的母亲就说:“你的爸爸不会在屋子里大喊大叫、跑来跑去。”“不对!不对!”孩子会抗议说,“我也不会这样。我是好孩子。现在你喜欢我了吗?”戏演够了,父母就会相视一笑。年幼的女儿和儿子一样,都有可能受到同样的嘲弄。

害怕被人嘲笑和被众人排挤是日本成人身上的显著特征。上述的经历无疑是培养这种特征的沃土。我们无法得知孩子从多大开始明白这种嘲弄是跟自己开玩笑,但是他们迟早会明白的。到了那个时候,被嘲笑的感觉就和儿童因安全感和亲密感受到威胁而引起的惊慌融合在一起。即使长大之后,被人嘲笑时依然会感觉到这种孩提时代的阴影。

这种戏弄在两到五岁孩子身上引发的惊慌更加剧烈,因为家对他们来说是真正充满安全和溺爱的港湾。孩子的父母亲之间分工明确,无论是体力还是情感，因此两人很少以竞争者形象出现在孩子面前。孩子的母亲或祖母负责掌管家务，训诫孩子。她们都跪着服侍孩子的父亲，对他无比尊崇。家庭等级结构里的先后秩序是非常明确的。孩子们了解了长辈享有的特权，男人有而女人没有的特权，兄长有而弟弟没有的特权。但是在人生的幼儿阶段，孩子受到家里所有人的溺爱，男孩更是如此。不管是女孩还是男孩，母亲一向都对他们的要求百依百顺，三岁的男孩甚至可以朝母亲发泄怒火。他不能对父亲表现出一丝攻击性，但是他可以向母亲和祖母大发脾气，表达受父母嘲弄时的一切感受和对“被带走”的怨恨。当然并不是所有的小男孩都会这样哭闹，但是无论是农村家庭还是上流社会的家庭，这样的行为都被看成是孩子三到六岁之间的正常表现。孩子会用拳头捶打母亲，高声尖叫，作为最后的暴力手段，还会扯乱母亲精心打理的发型。他的母亲是一个女人，他即使只有三岁，也是个男人。他甚至可以肆意满足自己的暴力倾向。

孩子对父亲只能表示尊敬。对他来说，父亲是高等地位的最佳代表，用日本人时刻挂在嘴边的话来说，“作为练习”，孩子必须学会对他表达恰当的尊敬。和西方国家的父亲相比，日本的父亲更少管教孩子。那是女人的职责。父亲对年幼的孩子有什么要求，通常只需无言地瞪视一眼，或者简短地训诫几句。而且，由于这些都不常见，所以孩子一般都很快服从。父亲在闲暇时会为孩子制作玩具。他有时会把孩子背来背去（母亲也会这样做），即使他们早就学会了走路。对这个年纪的孩子，父亲偶尔也会负担起照顾的责任，美国的父亲通常把这些任务都交给自己的妻子。

尽管祖父母是尊敬的对象，孩子们在他们面前还是享有极大的自由。

祖父母不担任管教孩子的角色，除非对孩子的教养太松而感到不满，这种情况往往会引发一大堆家庭矛盾。孩子的祖母通常二十四小时在家，婆媳之间争夺孩子是日本家庭里的常事。从孩子的角度看，双方都在讨好他。从祖母的角度看，她经常利用孩子来压制媳妇。年轻母亲的人生最大义务就是让婆婆满意，因此，无论祖父母如何娇惯孩子，她都不能抗议。母亲刚说过孩子不能再吃糖，祖母就给他们糖吃，还含枪夹棍地说："我的糖不是毒药。"在许多家庭里，母亲无法给孩子搞到的礼物，祖母却能给得出，她们也有更多的时间陪孩子玩耍。

哥哥、姐姐也被教育着要宠爱弟弟、妹妹。孩子会因为下一个婴儿出生而生气，用我们的谚语说，就是孩子会"气得鼻子都歪了"，日本人完全了解这种危险的存在。失宠的孩子很容易联想到，因为有了新的婴儿，他才不能再吃妈妈的奶，还要把妈妈的床让给新生儿。新生儿诞生前，母亲会告诉孩子，以后他就有了一个活生生的真娃娃，而不只是"假扮"的娃娃了。他被告知以后虽然不再和母亲一起睡，但是可以和父亲一起睡，这被形容成是一种特权。孩子也加入到为新生儿所做的准备工作中来。通常情况下，孩子们都为了新生儿的降临感到由衷的激动和高兴，但是这种情绪也会间隔性地消失，大人们认为这完全是预料之中的事情，也不觉得有什么威胁性。失宠的孩子会抱起婴儿迅速跑开，一边对母亲说："我们把宝宝送走吧。"母亲会回答说："不行。他是我们的宝宝。你看，我们要对他好。他喜欢你呢。我们需要你来帮忙照顾小宝宝。"这样的情景有时候会在相当长的一段时间里反复出现，但是母亲们似乎并不为此感到烦恼。在大家庭里这种情形又会自动得到某种弥补：间隔一个的孩子会更亲近地团结在一起。老大是照顾和保护老三的首选，老二则照顾保护老四。弟妹们也是同样地回报哥哥和姐姐。在七八岁以前，孩子的性别通常对这种安排没有什么影响。

日本所有的孩子都有玩具。父母和亲戚朋友会给孩子制作或购买玩具娃娃及其附属物品，在穷人家里，这些几乎不用花钱。幼小的孩子们用这些娃娃玩过家家、结婚和过节，不仅事先要就大人们的“正确”步骤争论一番，有争议的时候还要请母亲裁断。当孩子们吵架时，母亲一般会用“位高则任重”的说法要求大孩子忍让小孩子。常用的话是：“为什么不以败为胜呢？”三岁的孩子很快就能明白她话的意思，只要大孩子把玩具让给小孩子，小的很快就会玩腻了转向其他东西；受到母亲教训的大孩子虽然在前面放弃了自己的玩具，现在就又赢了回来。如果是孩子们提议玩主仆游戏，那么母亲的意思就是让大孩子扮演大家都不肯演的角色，这样他仍然“赢得了”游戏的乐趣。即便是长大以后，生活里“以败为胜”的结果依然受到日本人尊敬。

除了训诫和嘲弄之外，引开孩子的注意力也是一种颇受推崇的育儿方法。接连不停地给糖吃也被认为是转移注意力的办法之一。当孩子接近学龄时，就要采取“治疗”方法。如果一个小男孩乱发脾气、不听话，或者吵闹不休，他的母亲就会带他上神社或寺院。母亲的态度是：“我们要去求神佛帮助。”通常这就像一次出游，负责治疗的神官严肃地和孩子谈话，问他的生辰和困扰他的毛病。然后神官退回内室祈祷，再回来的时候就会宣布治疗方法，有时候办法是捉走他的淘气虫。然后就是给孩子洁身，让他回家。“这种方法能管用一段时间”，日本人这样说。日本孩子受到的最严重惩罚也被认为是一种“药”。这种惩罚是在孩子的皮肤上点燃一小撮堆成圆锥形的艾粉，事后会留下终身的疤痕。艾灸是一种古老而又流传极广的东亚疗法，日本传统上也用它来治疗各种疼痛。它也能治坏脾气和倔强。六七岁的小男孩就可能被母亲或祖母用这种方式治好。孩子特别难治的时候甚至可以用上两次，但是很少有孩子因为淘气需要第三次艾灸。艾灸不是“如果你那样干我就打你屁股”那种意义上的惩罚。但是它远比打屁股更加痛苦，孩子经历过之后就知道了淘气的后果。

除了用以上方法对付不听话的孩子，日本还有许多其他习俗来教给孩子必要的身体技能。日本人特别强调指导者要手把手地带孩子做动作，孩子应该被动地被引导。孩子不到两岁时，父亲就会把他的腿叠起来摆成正确的坐姿，小腿收拢紧挨大腿，脚背挨着地板。一开始孩子发现很难不仰面摔倒，特别是这种坐姿训练必不可少的一部分就是强调纹丝不动。他不能坐立不安或者变换姿势。据说学习的最好方式就是放松和被动接受，由父亲摆放腿的位置就是对这种被动性的强调。坐姿并不是唯一需要学习的身体姿势，睡姿同样有讲究。日本女人的睡姿关系到她是否显得端庄，其严肃性就如同在美国是否被人看见裸体。本来日本人在澡堂里是不以裸体为耻的，直到政府为了赢得西方人的赞许试图在宣传中引入裸体羞耻的概念。但是他们对睡觉姿势的态度十分强硬。女孩必须学会两腿并拢、直身而睡，男孩们则会自由一点。这是最早把男孩、女孩区别开来进行训练的规则之一。就像日本其他所有规定一样，上层阶级执行得比下层社会更加严格。杉本夫人这样提及自己在武士家庭受到的教养：“从我记事起，就一直注意晚上要安静地睡在小木枕上……武士的女儿受到的教诲是身心永远都不能失控——睡觉也不例外。男孩可以随便地四肢敞开，睡成大字形；但是女孩必须屈身睡成庄重、高贵的‘き’字，意为‘自制精神’。”①日本女人们告诉过我，在晚上上床睡觉时，她们的母亲或保姆会把她们的手脚摆放好位置。

在教授传统的书法时，老师也会把着孩子的手描绘出字样。这是“为了让他体验那种感觉”。孩子还没学会认字，更提不上写字，就已经先学会了体会这种有控制、有节奏的动作。在现代的集体教育中，这种方法不再那么突出，但是依然存在。鞠躬、持筷、射箭、往背上绑枕头模拟婴儿，这些都是通过手把手，把孩子的身体摆到正确位置的方式来传授给他们的。

除了上层阶级，孩子们不必等到上学就能和邻里的孩子们一起自由玩耍。在农村，孩子不到三岁就会组成小型的游戏团体，甚至在市镇，他们也会在拥挤的街道上穿梭在车辆间自由玩乐。他们是享有特权的人。他们停留在商店周围，听大人们讲话，或者玩跳房子和手球。他们聚集在村社里玩耍，社神会保佑他们的安全。上学之前和上学的头两三年，男孩和女孩都在一起玩，但是最亲近的关系总是在同性之间，特别是同一年纪的孩子之间。这些所谓“同年”的团体，特别是农村的团体，可以持续终身，比其他所有团体都更持久。在须惠村，“随着对性的兴趣逐渐减少，同年的聚会就是人生仅剩的真正乐趣。须惠村有种说法：‘同年比老婆还要亲。’”②

这些学龄前儿童的游戏团体之间百无禁忌。他们玩的许多游戏在西方人看来是无耻下流的。孩子们了解性知识一方面是因为大人们言谈随便，另一方面也是因为日本家庭的居住空间狭小。除此之外，他们的母亲在逗

---

① Sugimoto, EtsuInagaki, *A Daughter of the Samurai*. Doubleday Page and Company, 1926年，第15,24页。

② 约翰·恩布里，《须惠村》，第190页。

孩子玩或给他们洗澡时,也经常把孩子的注意力引向他们的生殖器,特别是男孩的。日本人一般不谴责孩子们的性游戏,除非地点或者伙伴不合适。手淫不被看作是危险的。孩子们的团体也可以肆无忌惮地以对成人来说就是侮辱的言辞互相指责,或者进行会让成人羞耻的自我吹嘘。"孩子们不知耻",日本人会和善地笑着说,还会加上一句,"所以他们才这么快活"。这就是小孩和成人之间的鸿沟,因为说一个成人"不知耻"就是说他不成体统。

这个年纪的孩子互相批评彼此的家和财产,还特别夸耀自己的父亲。"我爸爸比你爸爸力气大","我爸爸比你爸爸聪明"是常见的自夸。他们甚至会为各自的父亲大打出手。在美国人看来这种行为似乎没什么值得特别注意,但是在日本,这种行为和孩子们日常听到的对话形成鲜明对比。成人在提到自己家的时候都谦称为"寒舍",提到邻居的家则尊称"贵宅";说起自己一家就是"鄙家",说起邻居家就是"贵府"。日本人都同意,在童年的许多年里——从孩子结伙玩耍到小学三年级大约九岁的时候——孩子们一直都是忙着提出这些个人主义的要求。有时候是"我来演领主,你来当我的家臣"。"不,我才不当仆人。我要当领主。"还有时是夸耀自己,贬低别人。"他们想说什么就说什么。随着年纪渐长,他们发现自己想说的话不能说出口,于是就等别人询问才开口,也不再炫耀了。"

孩子还从家里学会对待超自然事物的态度。神官并不"教导"孩子。通常一个孩子只有在参加节日庆典的时候才会经历有组织的宗教,他和其他参加活动的人一起,接受神官的洒水洁身。有些孩子被带去参加佛教仪式,通常这也发生在节日庆典上。孩子最常接触到、也是最深刻的宗教经历,一直都是家里对神龛或佛龛的祭拜。最突出的是置放家族先人牌位的佛龛,那里供奉着鲜花,一种特别的树枝和香火。除了每天供奉食品之外,家里的长者还要敬告祖先家里发生的所有大事,并天天在佛龛前鞠躬。傍晚的时候,龛前会点亮小灯。人们常常说自己不喜欢离开家过夜,因为没有先人的神灵看护宅子,心里不踏实。神龛则通常都是一个简单的架子,上面主要供奉着从伊势神宫取来的灵符,也会摆放一些其他供品。此外,厨房里还有覆满烟灰的灶神,家里的墙上、门上也贴满了各种护符。他们都是保护神,保护家宅安全。在农村,村里的神社也同样是一个安全的地方,因为有慈悲的神灵镇守保护。母亲们喜欢让孩子在那儿玩耍,因为那里安全。孩子的这些经历从来没有让他畏惧神灵,也从没有什么正义的神或挑剔的神要求他们端正行为来让神满意。神只要受到礼敬膜拜,就会赐福众人。神并不独断专行。

把男孩纳入到日本成人生活的谨慎模式是项严肃的任务,要到男孩入学两三年后才真正开始。在此之前,他被教会了控制自己的身体,不听话的时候,就"治疗"他的淘气,转移他的注意力。他受到过和蔼的训诫,也受到过嘲弄。但是他被允许任性,甚至到了可以对母亲使用暴力的程度。他的小小自我得到了助长。当他刚开始上学时这一切都没有什么变化。小学前三年都是男女混合教育,不论是男老师还是女老师,都很宠爱学生,和他们玩在一起。但是学校和家里都更多地强调陷入"尴尬"处境的危险性。"耻"对孩子们来说还太早,但是他们必须学会避免"尴尬"。比如说,故事里那个男孩在没有狼的时候高喊"狼来了!狼来了",就"愚弄了大家。如果你干了这样的事,人们就不会信任你,这是让人尴尬的事"。很多日本人说他们做错事的时候，第一个嘲笑他们的不是老师或家长，而是他们的同学。在这个阶段，长辈们的任务的确已经不是嘲笑孩子，而是逐渐地把嘲笑和履行对社会的道义这一道德教育结合起来。在孩子六岁的时候，义务只是一只忠诚的狗表现出来的爱心和奉献精神——前文所提到的义犬报恩的故事，出自六年级读物——现在，义务逐渐变成了一系列约束。“如果你这样干了，如果你那样干了”，他们的长辈们说，“世人都会笑话你”。这些规定都是视特定情况而定，很多都和我们所说的礼节有关。它们要求把对邻居，对家庭，和对国家不断增加的责任放置在个人意愿以上。孩子必须约束自己，必须认识到自己背负的恩情和债务。他逐渐过渡到了负债人的地位，如果想还清债务，必须谨慎行事。

这种地位的变化是通过扩展幼时的嘲弄模式，使其后果更加严重来传达给成长中的少年的。当孩子长到八九岁时，他的家庭真的有可能把他逐出家门。如果老师的报告说他不服管教或者不敬，给他的操行评分不及格，他的家人就会和他反目。如果店主人批评他干了坏事，“家族的名誉就蒙了羞”。他的家庭会坚定一致地指责他。我认识两个日本人，还不到十岁就被父亲告知不必再回家。因为觉得羞耻，他们也不愿去亲戚家。起因只是他们在学校受到了老师的处罚。两人只好栖身在外屋，后来被母亲找到，终于安排他们回了家。高年级的学生有时候会被关在家里“悔过”，他们必须专心写日记，这也是日本人的一大痴迷。不管是何种情况，全家都表示他们现在把少年当作自己家在社会上的代表，要是他引来了批评，全家人都会和他翻脸。因为他没有履行对社会的道义，不能指望家里人的支持。他也不能指望同龄伙伴。因为他犯了错，同学们都疏远他。只有他赔礼道歉并作出保证以后，他们才会重新接纳他。

正如杰弗里·格拉(Geoffrey Gorer)所说："值得强调的是，从社会学上来说这种惩罚的严重程度非常少见。通常在有大家庭或其他社会团体活动的社会里，要是某一团体的成员受到了其他团体的指责或攻击，那么他所属的团体通常会全体团结起来保护他。只要能一直得到团体的赞成，个人就能放心地面对整个世界，因为如果有需要，或者遇到攻击，他能得到团体的全力支持。但是，在日本，情况恰好相反。个人只有得到其他团体的认同，才能保证自己团体的支持；如果外人不赞同或者有非议，自己的团体就会站到自己的对立面，对自己施行惩罚，直到或者除非他能够强迫其他团体收回非议。由于这种机制，'外在世界'的赞同在日本具有一种其他任何社会都无法相比的重要性。"①

到此为止，女孩接受的训练和男孩没有本质差别，不管细节上的差异有多大。在家里，她比兄弟受到更多的约束。尽管小男孩也会被指派照顾婴儿，女孩总是承担着更多的家务。她收到的礼物和关心却总是家里最少的。她也不会像典型的男孩那样发脾气。但是作为一个亚洲少女，她已经享有惊人的自由。她能够穿着鲜红的衣服，和男孩子们一起在街头游戏，她可以和男孩子打架，还经常不输给他们。作为一个孩子，她同样"不知耻"。六到九岁之间，她也像哥哥、弟弟们那样渐渐懂得了自己对"社会"的责任，经历了和哥哥、弟弟们类似的体验。九岁时，学校的班级开始划分成男生班和

① 杰弗里·格拉(Gorer, Geoffrey), *Japanese Character Structure*, The Institute for International Studies, 1943 年，第 27 页。(誊印本)

女生班,男孩子们开始就这种全新的男性团结大做文章。他们排斥女孩,讨厌被人看到和女孩说话。女孩们的母亲也警告她们这样做不合礼仪。据说这个年纪的女孩会变得阴郁、内向、难以沟通,日本女人称之为“童趣”的终结。对女孩来说,被男孩排除在外就意味着童年的结束。从此以后的许多年她们都只有一条道路可以选择,那就是“自重再自重”。这一教导将一直持续下去,包括她们订婚时和结婚的时候。

男孩在懂得自重和对社会的道义时,却还没有完全承担起日本成年男人的所有责任。“从十岁起”,日本人说,“他开始懂得‘对名声的道义’”。他们指的当然是他开始了解怨恨受辱是一种德行。他还必须学会有关的规则:什么时候和对手清算,什么时候用间接手段为自己洗刷名誉。我不觉得他们这是在说男孩必须学会对侮辱进行反击;他们从小就被允许对母亲暴力相向,又用打架的方法和同伴们解决了无数诋毁和反驳,到了十岁根本不需要通过学习才会具有攻击性。但是进入少年时期后,他们被包括在“对名声的道义”这一准则的条款之下,这一准则把他们的进攻性导入了公认的模式,并为他们提供了特定的处理方式。正如我们所见,日本人经常把这种进攻性对准自己,而不是用暴力对付别人。就连男学生们也不例外。

对六年小学教育之后继续升学的男孩来说——升学人数大约占日本人口的百分之十五,男生的比例会更高一些——这个时候,他们正开始为“对名声的道义”负责,突然就要面对激烈的中学入学考试,每个人的各个学科都要按成绩进行排名,无人能够幸免。在此之前没有任何过渡,因为小学和家里都尽可能地避免竞争,几乎到了完全没有竞争的地步。这种突然而来的新体验使竞争白热化,学生心里只想着和人较量。争夺名次和怀疑老师偏心的情况屡见不鲜。但是,日本人生活中的故事里谈得更多的不是这种竞争,而是中学里高年级生欺负低年级生的惯例。高年级的学生会命令低年级学生到处跑腿,并用各种手段欺负他们。他们会让低年级生做愚蠢丢脸的动作。低年级生对此普遍感到怨恨,因为日本男孩不会把这种事看作是玩笑。一名低年级的男孩要是被迫对高年级生下跪,为他跑腿,他会怀恨在心,暗地里计划复仇。因为复仇必须推迟到日后才能进行,它就更加让人耿耿于怀。这是对他的"名声的道义",在他看来是一种美德。有时在若干年后他才得以通过家庭的影响力让折磨自己的人丢掉工作。也有的时候,他勤练柔道或剑术,毕业之后在大街上当众羞辱那个人。但是,要是他不能在某个时候算清旧账,就会一直有一种"事有未竟之感",这种感觉正是日本人雪耻的核心。

那些没有进入中学的男孩也可能在军队训练中遭遇类似经历。和平时期,四个男孩里面就有一人被征召入伍,而二年兵对新兵的欺辱比中学高年级生有过之而无不及。这和军官们无关,甚至连士官们都极少牵涉到。日本军队的第一准则就是向军官告状是丢脸的。争端都由士兵自行解决。军官们把它当作是"锻炼"部队的一种方法,但是自己并不参与。二年兵把自己在头一年积累的怨恨转移到了新兵身上,通过各种稀奇古怪的侮辱方式来证明自己"久经锻炼"。常常有人形容受训之后的新兵好像变了一个人,成了"真正的军国民族主义者"。这种变化可不是因为他们接受了极权主义国家的理论,或者是被灌输了忠于天皇的思想。其实饱受羞辱的经历才是更重要的原因。他们在家庭生活里受到的是日本式训练,自尊对他们事关重大,因此很容易在军队的这种环境里变得残暴起来。他们不能容忍嘲笑,他们认为自己受到排斥,于是转过头来就成为折磨别人的高手。

日本中学和军队之所以存在这种现状,其特点自然来源于日本有关嘲笑和侮辱的旧习。日本人对此的反应并不是中学和军队造成的。显而易见,正是因为存在"对名声的道义"这一传统准则,旧人欺辱新人的习俗才会在日本造成极大的怨恨,其怀恨程度远远超过美国人对类似事件的态度。每一批受欺辱的人虽然到了时候会把惩罚转嫁给下一批人,但是他们依然执着于向真正折磨过自己的人寻仇,这一点也符合日本的旧模式。找替罪羊的行为在日本民间并不常见,这一点和西方许多国家不同。以波兰为例,那里的新学徒和年轻的收割手都会被老手狠狠地欺负。他们不报复那些欺负他们的人,却把怨气发泄到下一批新学徒和收割新手身上。日本的少年当然也能得到这种满足,但是他们主要关心的还是直接报仇雪恨。受欺负的人只有和欺负他的人算清旧账,才会"感到痛快"。

在重建日本的过程中,那些领导人们要是把日本的未来放在心上,就应该特别关注这种旧人欺新人的现象,以及中学和军队里让少年们干傻事的习俗。他们应该强调爱校精神,甚至"校友关系",以此来打破高年级和低年级之分。在军队里,他们应该禁止老兵欺负新兵。二年兵应该坚持对新兵进行严格的训练,就像各级军官所做的那样,但是这种坚持在日本并不算侮辱。欺凌、嘲弄人的行为才算侮辱。假如学校和军队严惩欺凌行为,比如让人学狗摇尾巴、学蝉叫,或者在其他人吃饭的时候倒立,那就是日本再教育的一大成功,远比否认天皇的神圣或者删除教科书里的民族主义材料更为有效。

女人们不必学习"对名声的道义"这一准则,她们没有男孩那种中学和军训的经历,也没有类似的体验。她们的生活轨迹远比兄弟们的平稳。从最早有记忆开始,女孩就被训导着万事以男人为先,他们能享有女人无法享有的优先权、关照和礼物。她们必须遵守的人生规则不允许她们明显地表现出自我意愿。尽管如此,婴幼儿时期,她们得以和兄弟们一起共享日本小孩子的特权。还是小女孩的时候,她们曾经被特意打扮,穿上鲜红的衣服。成人之后她们就不能再穿这种颜色的衣物,直到六十岁后进入人生的第二个特权阶段。在家里,母亲和祖母像对待她的兄弟一样争着讨她的欢心。兄弟姐妹也争着要求她像家里其他人一样,"最最"喜欢他们。孩子们要求和她一起睡,以此证明她最喜欢自己。她可以经常把祖母给她的好处分给两岁的幼儿。日本人不喜欢一个人睡觉,晚上经常把孩子的小床放到一个选定的大孩子床边。"你最喜欢我"的证明经常就是当天把两人的床并到一起。九至十岁时,女孩虽然被排斥在男孩的游戏团体之外,但还是能得到一定补偿。为了讨她们高兴,大人给她们梳理新的发型。日本女孩的发型和发饰在十四岁和十八岁之间最为繁复。到了这个年龄,她们可以穿丝着绸,而不仅限于棉布。家里人会不遗余力地给她们做新衣服,把她们打扮得更漂亮。通过这些方式,女孩们都得到了某种满足。

女孩虽然受到各种约束,但是对此负责的是她自己,而不是某个专横的家长。父母们并不用体罚的形式行使自己的特权,而是平静、坚定地期待女儿能达到自己的要求。这里有一个极端的例子值得一提,因为它很好地展示了一种非专制性的压力,那是教养不那么严格,但是出自特权阶层的特征。小钺子(即杉本钺子,婚前姓稻垣)从六岁开始就受教于儒学大师,背诵汉文经典。

> 在整整两个小时的授课过程中,除了双手和嘴唇,他全身其他部分纹丝不动。我也以同样正确的姿势,一动不动地坐在他身前的席上。有一次我动了,那时还在上课。不知道为什么我有点焦躁不安,于是身体微微晃了一下,交叠的双膝滑离了应有的角度。老师的脸上流露出了一丝微不可察的惊讶;他静静地合上了书本,和气但又坚定地说:“小姐,很明显你今天的心情不适合学习。你应该回房静思一下。”我那幼小的心灵几乎羞死。我无法可施,只得卑微地先后向孔子画像和老师鞠躬,尊敬地倒退着出了房间。我慢慢地走去向父亲汇报,就像往常下课后一样。因为还没到时间,父亲很惊讶,他随口说“你的功课做得真快啊”。这句话简直就是丧钟。想起那一刻来,心里至今仍隐隐作痛。①

杉本夫人还在另一处总结了日本最有特色的家长态度之一,具体体现在她对祖母的描写上:

> 她安详地期待每个人都按她的意思去做;既无责骂,也无争吵,但是她的期待,柔软如丝线,也同样牢固,引导着她的小家庭走向她认为是正确的方向。

---

① Sugimoto, EtsuInagaki, *A Daughter of the Samurai*. Doubleday Page and Company, 1926年,第20页。

为什么这种“期待，柔软如丝线，也同样牢固”这样有效，原因之一就是每一种技艺都有明确的训练。教授的不仅是规矩，更是习惯。无论是孩童时期学习筷子的正确使用方式、进入房间的正确方式，还是后来学习茶道和按摩，大人都会手把手地一遍遍重复动作，直到这些动作成为自然反应。成人们不认为孩子到时候“自然而然就会”养成正确的习惯。杉本夫人描述了十四岁订婚后她是怎样为丈夫上菜的。她还从没见过未来的丈夫。他在美国，而她在越后。但是在母亲和祖母的监督下，一次又一次，“我亲自做据哥哥说松雄最喜欢的菜。他的食案就放在我的边上，我总是先给他上菜，然后才轮到自己。就这样，我学会了用心服侍未来的丈夫。祖母和母亲说话时总是当作松雄也在场，我也非常注意自己的衣着和举止，就好像他也在屋中。就这样，我渐渐尊敬起他，也尊敬起自己作为他妻子的地位”。[1]

虽然训练程度没有女孩那样深，男孩同样通过榜样和模仿接受对习惯的训练。一旦“学了”，就不能再有借口。成年以后，只有一个重要的人生领域，他得不到帮助，基本需要靠自己主动。他的长辈们不会教他求爱的习俗。家里禁止任何公开表达爱意的行为，没有亲属关系的男孩和女孩更是从九至十岁起就被完全隔离。日本人的理想是，在他开始对性感兴趣之前，就由父母为他安排一门婚事。因此，男孩与女孩接触时“害羞”是可取的。农村人常常就这一话题取笑男孩，有时的确导致他们一直“害羞”。但是男孩也会试图了解。过去有不少女孩未婚先孕，近来甚至在日本偏远的农村

① *A Daughter of the Samurai*，第92页。

都出现这种现象,有时候甚至是村里的大多数女孩。这样的婚前经历是一个"自由地带",与人生正事无关。父母安排婚事时也不会提到这些风流韵事。但是现在,就如须惠村一个女孩对恩布里博士所说的:"就连女用人也受过足够的教育,知道要保持处子之身。"上中学的男孩也被严格地规定不准跟异性打交道。日本的教育和舆论都旨在阻止婚前两性间的亲密行为。日本电影里,那些在年轻女子面前表现得轻松自在的青年都被当作是"坏"的;至于"好"的那些,在美国人看来,对漂亮女子不是太粗暴,就是太无礼。和女子相处态度自然就意味着他们不是曾经"游戏花丛",就是找过艺伎、妓女或咖啡店女服务生。艺伎馆是"最佳"学习场所,因为"她会教你,男人可以放松地观赏"。他不必担心自己表现笨拙,艺伎也并不期待和他发生性关系。但是没有多少日本男孩有钱上艺伎馆。他们可以去咖啡馆,看男人怎么亲昵地对待那里工作的女孩,但是这种观察又和他们在其他领域接受的训练不同。男孩有很长一段时间都担心自己笨拙。生活中他们必须要自学的行为领域不多,性就是其中之一,没有可信任的长辈亲自教导。有地位的家庭会为新婚夫妇提供"新娘书集"(bride books, 又译《枕草约》)和绘满各种姿势的屏风。就如一个日本人所说的:"你可以从书本中学习,就像学习布置庭院的规则一样。你的父亲没有教你如何布置一个日式庭院;那是长大之后才学会的兴趣爱好。"把性和布置庭院相提并论,认为同样能从书中习得,这种说法很有趣,其实日本大部分年轻人都是通过其他渠道了解性行为。总而言之,他们不是通过长辈的悉心教导才学会的。这种训练上的不同对年轻人强调了这一日本信条:人生的正事有长辈照管,他们会不遗余力地训练他养成正确的习惯。性不是人生正事,它属于自我满足的领域,虽然害怕尴尬,必须自己学习掌握。这两个不同领域有着不同的规则。结婚后,他可以光明正大地在别处寻欢,这样做不会侵犯妻子的权利,也不会威胁到婚姻的稳定。

他的妻子就没有同样的特权。她的义务是对丈夫忠诚。她若红杏出墙,就得偷偷摸摸。但是即便有心,日本的大部分妇女都没有足够的私人空间来进行婚外恋。精神紧张或情绪不稳定的女人被当作是歇斯底里。“女人最常见的问题不在于社交,而在于性生活。很多发疯和歇斯底里(精神紧张,情绪不稳定)的例子都是因为性事不调。女子只能接受丈夫所能提供的性满足。”①须惠村的农夫们说,大部分女人的病“从子宫开始”,然后就上了头。当丈夫另有新欢时,妻子就求助于手淫这一得到日本公认的习俗。从农村到显贵家庭,妇女都珍藏着用于手淫的传统工具。村妇在生过孩子后,在性方面的行为忌讳更是大大减少。为人母之前,她不能讲和性有关的笑话,但是生完孩子之后,随着年纪的增长,她就可以在男女混合的宴会上谈笑无忌。她还会随着淫曲扭腰摆臀,跳着十分色情的舞蹈娱乐宾客。“这样的表演总是无一例外地招来哄堂大笑。”在须惠村,士兵服完兵役回乡时在村外受到热烈欢迎,女人们打扮成男人的模样,讲着黄色笑话,还佯装强奸年轻女孩。

因此,日本女人在性这方面享有一定的自由,出身越低,自由度就越大。她们在人生的大部分时间都必须遵守许多禁忌,但是没有一样要求她们否认自己了解性事。表现得淫荡还是一本正经,全看男人喜好。她们到了成

① 恩布里,《须惠村》,第 175 页。

熟年纪就可以抛开所有禁忌，如果出身低下，更是可以和男人一样下流。日本人讲究不同的年纪和场合有不同的行为标准，而不是前后一致的性格，比如西方的“贞女”和“荡妇”。

男人有放纵的时候，也有需要极力自制的地方。和男性同伴一起喝酒，特别是有艺伎服侍，是男人最大的乐趣。日本男人喜欢喝得醉醺醺的，没有规定要求男人有酒量。几口清酒下肚，他们就不再正襟危坐，而是喜欢靠在彼此身上，姿态亲密。即使喝醉了，他们也很少有暴力表现，尽管少数“不好相处的人”可能会变得喜欢争吵。按照日本人的说法，除了喝酒这样的“自由”地带，男人永远不能“出乎意料”。说一个人在正经事上出乎意料，在日语里是仅次于“傻瓜”的骂人话。

西方人所描述的日本人的矛盾性格，从他们的育儿方式就可见一斑。这种育儿方式造成了日本人人生观的双重性，无论哪一重都不能忽视。他们在幼儿时期过着有特权的生活，心理轻松，即便日后经历了各种训练，心里依然保留了对那个“不知耻”年代轻松生活的回忆。他们不需要描绘未来的天堂；他们的过去就是天堂。他们相信人性本善，相信神灵慈悲，相信作为一个日本人是一种无上光荣，这些信条都是对童年的别样描述。这使得他们很容易就能对每个人身上都有“佛根”，每个人死后都可成佛这种说法作出极端解释，并以此为基础建立了自己的道德规范。这也给了他们果断和自信，从而解释清楚为什么他们经常愿意干任何工作，哪怕看上去是自己力所不能及的。这也能解释为什么他们敢于坚持己见，和政府作对，甚至不惜以死相争。有的时候，这也导致了他们的集体性狂妄自大。

六七岁以后，他们就被渐渐压上了谨慎和“知耻”的责任，同时伴随着最激烈的制裁手段:如果有所违背,自己的家人就会和他反目。这种压力虽然不是普鲁士式的纪律,却无法逃避。早在他们还享受着特权的时代,基石就已铺下:对便溺习惯和身体仪态进行持续不断的、不可逃脱的训练,以及父母嘲弄孩子,威胁说要抛弃他们。这些早期的经历为孩子做好了准备,当他被告知会遭到“世人”的嘲笑或遗弃时,就愿意接受自我约束。他控制住了早年曾经自由表达过的冲动,不是因为它们是恶的,而是因为它们现在不合时宜。现在他正进入人生的严肃阶段。随着童年特权的渐渐减少,他也获得了更多成人才有的享受,但是早期的经历从未真正从脑海里淡去,他的人生哲学随时从中吸取经验。讲“人情”就是出自童年的经历。贯穿成人生涯,他都在生活的“自由地带”重新体验童年。

有一种引人瞩目的连续性贯穿了儿童时代的前后期:被同伴接受的重要性。他们受到谆谆教诲的是这一点,而不是什么绝对的道德标准。在童年早期,母亲会应他的要求带着他一起睡,他会数着自己和兄弟姐妹们从母亲处分到的糖果,以此衡量自己在母亲心里的地位,他对自己受到忽视十分敏感,甚至会追问大姐:“你是不是最喜欢我?”童年后期,他要放弃的个人满足越来越多,但是他得到保证,他会赢得“世人”的赞许和接受作为回报。惩罚则是会遭到“世人”的嘲笑。虽然大部分文明的育儿过程都会使用到这种制约力,但是它在日本格外沉重。早在父母逗弄孩子说要抛弃他时,他们就在夸大遭到“世人”遗弃的结果。他一生中最怕的就是被排斥,甚至超过了害怕暴力。他对嘲笑和排斥的威胁异常敏感,哪怕只是自己脑中的想象。也因为日本的社区少有隐私,“世人”都知道他干了什么,如果反对他的作为就有可能排斥他,这不是什么臆想。日本房屋的构造就是墙薄不隔音，白天还大敞着，要是造不起围墙和庭院，私生活就等于被公之于众。

日本人使用的某些象征物有助于我们了解他们性格的双重性，这种双重性也是由于他们育儿的不连贯性所造成的。童年早期培养出来的那一重是“不知耻的自我”，日本人通过对镜自照来检察自己保有了多少这种自我。根据他们的说法，镜子“反射永恒的纯洁”，它不会助长虚荣，也不会反射“干扰的自我”。它反射的是心灵深处。人能够从镜子中看到自己“不知耻的自我”。在镜子里，他的眼睛就是心灵之“窗”，这有助于他像“不知耻的自我”那样生活。他在镜中看见的是理想化的父母形象。据说有的男人因为这个缘故随身携带镜子，有人还在家中的神龛里专门立了一面特别的镜子，用来日省自身；他“奉祀自己”；他“膜拜自己”。这种做法不常见，只是稍微过了头，因为所有的家庭神龛里都供有小镜子作为神器。战争期间，日本广播还特地为一个女生班级买了面镜子而大唱赞歌，没有人把这里的镜子当作是虚荣的象征。它被描述成一种重新焕发的奉献精神，目的是心灵深处的平静。照镜子是一种外在的表现，证明了她们精神的高尚。

早在孩子们被灌输“观察的自我”概念之前，日本人就产生了对镜子的感情。他们不会在镜子里看到“观察的自我”，那里看到的自我同孩提时代一样，有着发自本心的善良，无须“耻”的教导。镜子在日本所具备的象征意义也是他们自我修炼求“通”思想的基础，他们这样持之以恒地修炼就是为了消除“观察的自我”，回到童年早期的直接状态。

尽管童年早期的特权生活对日本人影响很大，而童年后期耻成为道德基础，但随之而来的各种约束也并没有被当成纯粹的剥夺。就如我们所见，自我牺牲是日本人经常反对的基督教义之一；他们拒绝承认自己是在做出自我牺牲。即使是在极端的例子里,日本人也宁愿说是为了尽忠、尽孝或尽道义而"自愿"赴死,在他们看来,这不属于自我牺牲的范畴。据他们说,这样的自愿赴死是完成了自己的心愿。不然就是"犬之死",意指死得没有价值,而不是像英语里那样,意指潦倒地死在街头。另外有些行为不那么极端,英语里会称之为自我牺牲,日本人则把它们归类到自重的范围。自重永远带有约束自己的意思,自我约束也和自重一样是可贵的。只有自我约束才能成大器,美国人强调自由是有所成就的前提,这一点在经历不同的日本人看来远远不够。他们把这一观点当作道德体系的主要信条:自我约束使自己更有价值。要不然,那些危险的自我充满冲动,很有可能冲出来扰乱正当的生活,怎样才能控制住呢?一个日本人这样表述:

> 经过长年累月的辛勤劳作,毛坯上的漆层越多,漆器成品时的价值就越高。一个民族也是这个道理……有人这么说俄罗斯人:"刮破俄罗斯人的皮,你就看到一个鞑靼人。"同理,日本人也可以被说成:"刮破日本人的皮,刮掉涂漆,你就看到一个海盗。"但是我们不能忘记,漆在日本是一种贵重物品,是手工艺品的材料。漆没有任何作伪之处,它不是用来遮盖缺陷的涂料。它的价值不低于它所装饰的器物。①

日本男人行为的矛盾性在西方人看来非常显眼,其成因是他们教养中的不连贯性。即使经过层层"涂漆",他们的意识里仍然有着童年的深深印

① Nohara, Komakichi, *The True Face of Japan*, 伦敦, 1936 年, 第 50 页。

记,那时的他们在自己的小世界里就像神一样,恣意妄为,甚至可以肆意动用暴力,似乎没有什么不能得到满足。正是因为这种深植的双重性,他们成人后可以从过分的浪漫突然转变为对家庭的绝对服从。他们可以轻松自在地享受乐趣,不管为了承担极端的义务要做多少让步。谨慎的教导经常使他们在战斗中显得怯懦,但是他们勇猛起来又近于鲁莽。他们在等级分明的情况下表现出极度的顺从,但是又不轻易服从上级的管教。尽管他们礼貌周到,却也会心存傲慢。他们能够接受军队里的超严纪律,同时却又桀骜不驯。他们可以对保守主义充满激情,却又被新道路所吸引,相继引进中国习俗和西方知识就是佐证。

性格的双重性导致两者间产生张力,对此不同的日本人有不同的对策,尽管都是用自己的方式解决同一个本质问题:童年早期的经历充满自发性和包容,人生后期经历的种种约束又提供安全的保证,这两者之间应该如何调和。很多人无法解决这个问题。有些人孤注一掷,像钟摆一样严格规划自己的生活,对生活中的任何自发举动都提心吊胆。恐惧之所以会占上风,是因为自发性并不是臆想,那是他们曾经经历过的。他们保持冷漠,严格遵守自己制定的规则,觉得这样自己就等同于权威。另有一些人更加自我分裂。他们把心灵深处的暴力倾向围堵起来,表面表现得若无其事,其实却无比害怕。他们经常耽于细枝末节,以防意识到自己的真正感情。他们就好像是机械般严格完成日常事务,但是实际上这些事务对他毫无意义。还有一些人对幼儿时代更为留恋,面对成人的种种要求感到强烈的焦虑,于是试图更加依赖别人,哪怕年龄上已经不合适。他们觉得任何失败都是对权威的反抗,因此任何努力的尝试都让他们焦灼不安。不能按惯例处理的意外情况对他们来说是可怕的。①

这些是日本人过度担心受到排斥和非难时容易陷入的典型危险。在压力还可以承受的时候,他们在生活里既能显示出对生活的享受,又能以一贯的教养小心不冒犯他人。这是一种了不起的成就。他们的幼年时代培养了他们的自信,也没有唤醒沉重的罪恶感。后来受到的种种约束又是以团结伙伴之名,而且义务也是相互的。尽管在某些事情上,自己的意愿很大程度上要受他人左右,生活里依然有规定的"自由地带"来满足冲动。日本人一向以能从简单事物中获得乐趣闻名:赏樱花、赏月、赏菊,或者赏新雪,把昆虫关在家里的笼子里听它"唱歌",写俳句,布置庭院,插花,还有品茶。这些不是一个身心焦虑、态度嚣张的民族的作为。他们做这些消遣时也并不忧伤。在日本还未开始其后果惨重的军事行动之前的幸福时光里,闲暇时的日本农村充满欢乐和希望,丝毫不亚于任何其他民族,他们干起活来也一样勤奋。

但是日本人对自己的要求太高。为了避免被排斥和责难,他们必须放弃刚刚学会品味的个人享受。在人生的重大事务中,他们必须牢牢克制住这些冲动。背离这一模式的人自己都会看不起自己。那些真正"自重"的人并不是在"善"与"恶"之间寻找前进的方向,而是在"期望之中的人"和"出乎意料的人"之间选择道路,并为了集体的"期望"葬送了个人的要求。这些是"知耻"、慎行的好人。正是这些人给家庭、村子和国家带来荣誉。

① 以上例子的依据是 Doctor Dorothea Leighton 对战时隔离收容所里的日本人所进行的 Rorschach(墨迹)测验,由 Frances Holter 进行分析。

因此产生的张力也无比巨大，具体表现为日本的远大抱负，正是这种抱负使日本成为东方的领袖，世界的强国。但是这些张力也给个人带来了沉重的负担。人们必须小心翼翼，以防失败，避免辛苦付出却依然被人低估自己的表现。有时候，这些人会爆发出极具攻击性的行为。被激的原因不是像美国人那样因为自己的原则或自由受到了挑战，而是因为他们觉察到了侮辱或者诽谤。于是危险的自我就爆发了，如果有条件，就针对诽谤者，不然就针对自己。

日本人为自己的生活方式付出了巨大代价。各种对美国人来说像空气一样理所当然的自由，日本人却放弃了。我们必须记住，既然日本在战败后开始了民主化的进程，对日本人民来说，能够随心所欲地行动该是多么激动人心啊。杉本夫人对此有过绝佳的描述，讲的是她在东京一所教会学校学习英语时，学校给了她一小块地，任她随意种植。老师分给每个女孩一小块荒地和她们索要的种子。

> 这块可以任我种植的园圃给了我一种个人权利的全新体验……人的心里能存在这样的幸福，这一事实本身就让我惊异。……我竟然可以自由行动，不会违背传统，不会玷污家声，不会震惊父母、老师或镇里人，也不会伤害到任何东西。①

所有其他女孩都种了花。她却准备种土豆。

① *A Daughter of the Samurai*，第135—136页。

> 没有人知道这种荒诞举动带给我的放纵感……自由之神在敲我的门。

这是一个全新的世界。

> 在我的家里，庭院里有一处是特意要保持野趣的……但是总有人忙着修剪松枝，剪齐树篱，每天早晨吉雅都要擦拭踏脚石，把松树底下打扫干净后，再仔细地撒上树林里采集来的新鲜松针。

这种仿造的自然对她来说就代表了伪造的自由意志，一直以来她接受的训练就是这种仿造。整个日本到处充斥着这种仿造。日本庭院里每一块半嵌在地上的巨石都经过精心挑选，从别处运来，置放在由小石头铺成的隐形平台上。它的位置经过仔细计算，要考虑到和溪流、房屋、灌木和树木的相对距离。同理，菊花也是养在盆中，每年在日本各地的花展中展出时，每一片完美的花瓣都经过培育人的精心摆放，花中经常插有细不可见的铁丝架，固定住每片花瓣的位置。

杉本夫人有机会撇开铁丝架时感到的激动是幸福的，也是自然的。种在小盆里的菊花，以前每片花瓣都要经过细致的摆放，终于在自然状态下发现了纯粹的快乐。但是，现在的日本人中，“出乎意料”的自由和质疑“耻”的制约力的自由都可能打破他们生活方式的微妙平衡。在新规定颁布以后，他们必须学习新的约束力。改变总是代价不菲的。建立新的观念和新的道德并不容易。西方世界既不能认定日本会立刻采用这些新思想并融会贯通,也不能假想日本最终无法建立一套更加自由、不那么严格的道德体系。美国的日裔“二世”们早已不了解日本的道德体系和实践,祖上的出身并不能让他们固守父母之邦的旧俗。所以在日本的日本人同样可以做到,在新时代建立起生活的新方式,不再像过去那样严格自我约束。即使没有铁丝架和严格的修剪,菊花还是一样可以美丽动人。

在这种转向更多精神自由的过程中,日本人有些旧的传统美德可以帮助他们保持平稳。其中之一就是自我负责的精神,用他们的话来说就是对自己的“体锈”负责。这一比喻把身体比作刀,正如配刀人要负责保持刀的闪亮,每个人也必须为自己的行为负责。他必须承认并接受因自身原因而造成的自然后果,无论是因为自身的弱点、缺乏韧性还是徒劳无功。日本对自我负责的诠释比自由的美国更为严厉。在日本的意义上,刀不再是攻击性的象征,而是理想中自我负责的人的比喻。在尊重个人自由的新规定下,这一美德是最好的平衡轮,日本的儿童教育和行为哲学都一直把它当作日本精神的一部分进行灌输。今天日本人提出西方意义上的“放下刀”,但是在日本的意义上,他们有毅力保持内心之刀不染铁锈,尽管锈蚀的威胁一直存在。作为德行的另一种表述方式,刀是一种象征,在一个更加自由和平的世界里可以继续保留。

第十三章

战败后的日本人

美国在战争胜利后的对日管理中发挥了巨大作用,足以使美国人感到骄傲。8月29日电台广播了国务院—陆军部—海军部联合指令,第一次颁布了战后美国的对日政策,麦克阿瑟(MacArchur)将军随即巧妙地执行了这一政策。这一足以自豪的绝佳理由却经常被埋没在美国报纸和广播的党派性赞扬和批评中,也没有多少人对日本文化有足够的了解,能够确认一种既定政策是否可取。

日本投降时的最大问题就是占领的性质。胜利方是该利用日本现有政府,甚至天皇,还是将其解散?是否该由美国的军政府军官负责,逐町逐村地进行管理?意大利和德国的模式是在当地建立盟军军政府(A. M. G.)总部,作为战斗部队的一部分,并把当地民政事务的处理权交付到盟军官员手中。日本投降当天,太平洋地区的盟军军政府负责人依然期待在日本也建立起类似管理机制。日本人也不知道自己能保留哪些内政的处理权。波茨坦公告里只是声明"盟国所指定的日本领土地点将被占领,以保证我们在此宣布的基本目标",以及必须永久消除"那些欺骗误导日本人民妄图征服世界之人的权威和影响"。

国务院—陆军部—海军部对麦克阿瑟将军发出的联合指令代表了美国针对这些问题所作出的一个伟大决定，也得到了麦克阿瑟将军指挥部的全力支持。日本人将为自己国家的管理和重建负责。“只要美国的目标能够得到令人满意的推进，最高指挥官将通过日本政府机构和组织，包括天皇，来行使他的权威。日本政府将获许在他（麦克阿瑟将军）的指导下，在内政管理方面行使正常的权力。”因此，麦克阿瑟将军对日本的管理和德、意两国受到的管理相当不同。对日管理层完全只是一个指挥机构，它充分利用了日本政府上上下下的各级官员。管理层的通告直接发给日本天皇政府，而不是日本民众或某町某村的居民。它的任务是为日本政府确定工作目标。如果某位日本大臣认为该目标不能实现，他可以自己请辞，但是如果他的意见言之有理，也可能让指令得到修改。

这种管理方式是一步大胆的棋。从美国的角度来看，这种政策的优势是显而易见的。正如希德林（Hilldring）将军当时所说：

> 通过利用本国政府，我们所获得的好处是巨大的。管理一个七千万人口的国家需要复杂的机制，如果没有日本政府可资利用，我们将不得不自己直接运行这样的复杂机制。这些人从语言、习俗到态度都和我们不同。通过清理日本的政府机制并将以其为工具，我们节省了时间、精力和资源。换而言之，我们是在要求日本人自己进行大扫除，但是具体的要求由我们提出。

当华盛顿起草这份指令的时候，仍然有许多美国人害怕日本人会心怀不满、充满敌意，担心日本到处都会有人伺机报复，暗中破坏和平计划。这些恐惧被证明是没有事实根据的。其原因就在于奇特的日本文化，而不是什么关于战败国、政治或经济的普遍真理。这种完全依赖信任的政策，要是用在任何其他民族身上，也许都不会产生在日本所取得的偌大成效。在日本人眼里，这个政策抹去了战败这一赤裸裸事实的侮辱标记，刺激他们施行新的国策。新策之所以能够得到接受，正是因为深受日本文化熏陶的日本民族特性。

在美国，我们为和平条款是强硬还是怀柔争论不休。真正的问题不是选择强硬还是怀柔，而是强硬到什么程度，才能够不多不少恰好打破日本危险的侵略性旧模式，进而让它设立新的目标。选择何种方法则取决于该国的民族特性和传统社会秩序。普鲁士的极权主义深植于家庭生活和日常公民的生活之中，因此在德国必须采用某些特定的和平条款。明智的和平条款对日本应该不同于对德国。德国人不像日本人那样认为自己亏欠社会和历史的恩情。他们的努力不是为了偿还无法计算的巨债，而是为了避免自己沦为受害者。父亲是一个权威性人物，就像任何有着超然地位的人一样，用德国人的话说，他“强迫别人尊敬他”。如果得不到尊敬，就觉得自己受到了威胁。在德国人的生活里，每一代的儿子都会在青春期反抗独断专行的父亲，最终在成人时屈服，接受和父母一样平淡无味的生活。人生的最高潮永远是青春期叛逆的狂飙年代(Sturm und Drang)。

日本文化的问题不在于简单粗暴的极权主义。日本的父亲对待幼儿亲切有礼，几乎所有西方观察家都认为这在西方极为罕见。日本的孩子理所当然地认为自己和父亲之间存在着某种真正的同伴情谊，并公开表示为父亲感到骄傲。所以父亲只要语调一变,就能让孩子执行他的意愿。但是父亲绝不是幼儿的严师。与其说青春期是反抗家长权威的时期,还不如说在这一时期,孩子开始在世人评判的眼光下,成为负责、顺从的家庭代表。就像日本人所说的,他们对父亲表示尊敬是“为了实践”,“为了练习”。也就是说,作为尊敬的对象,父亲是等级和正确处世态度的去人格化象征。

孩子早年在与父亲的接触中学到的这种态度成为了整个日本社会的一种模式。有些人因为自身的等级地位而受到最高尊崇,通常其人本身并没有绝对的权力。等级制度最高层的官员通常并不行使真正的权力。自天皇以下,都是顾问们和隐蔽势力在背后运作。对日本社会的这一面描述得最清楚的莫过于某个极端爱国主义团体的首领。二十世纪三十年代初,这个黑龙会式团体的首领对东京一份英文报纸的记者说,“社会,”这里当然就是指日本,“就是被一角的大头针所控制的三角形。”换句话说,三角形放在桌上,人人都看得见。大头针则不在视线以内。三角形有的时候倒向右边,有的时候又倒向左边,它绕着一个从不现形的枢轴摇摆。用西方人的话说,一切都“掩人耳目”地完成。日本人竭尽全力不表现出独断专行,尽量使每一个行动看上去都好像是在对地位标志表示忠诚,其实这个地位的标志一直都与真正的权力无关。如果日本人真的发现了无遮掩的权力来源,他们就像看待放债者和暴发户一样认为这些人是剥削者,不配在日本的体制里存在。

因为这种看待世界的方式,日本人可以不通过革命就掀起反对剥削和不公的浪潮。他们并不要求彻底摧毁旧制度。他们可以施行最彻底的变革,而毫不批判现有体制,就像明治政府所做的那样。这种变革被称为复辟，即“回归”过去。日本人不是革命者。西方作者中有人寄希望于日本全民性的意识形态运动。他们在战时仔细观察日本的地下势力，冀望其在日本投降时能领导全国。日本投降以来，他们又预言激进政策将赢得日本民意。但是他们都严重误解了实际情况。他们的预言都被证明是错误的。保守派的首相币原男爵在1945年10月组成内阁时的发言更能准确地代表日本人：

> 日本的新政府有着民主的形式，尊重人民的意愿……我国自古以来就以天皇之意志为民众之意志。这是明治天皇宪法的精神，我所说的民主政府可以被认为正是这一精神的体现。

对美国读者来说，对民主作如此解释简直毫无意义；但是，和西方的意识形态相比，以这样的认同作为基础，毫无疑问更方便日本扩大公民自由的范畴，增加国民的福利。

当然，日本也会试验西方的民主政治机制，但是它不会像美国那样，把西方的套路当作值得信赖的工具，以此建设一个更美好的世界。普选和当选人的立法权威所造成的问题不会比它们所能解决的问题少。这些问题一旦发展下去，日本就会修改那些我们赖以实现民主的方式。然后美国就会抗议说这场战争白打了。我们相信自己的方式是正确的。但是，日本要重建成一个和平的国家，在很长一段时间里，普选充其量只能处于边缘地位。自十九世纪九十年代第一次试行选举以来，日本并没有发生本质性的变化，小泉八云（Lafcadio Hearn）在那时描述的老问题不是不可能重现：

> 那些激烈的竞选中有不少人送命,其实当中并没有什么个人恩怨;议会辩论中的暴力让路人瞠目,其实双方也没有针对个人的敌意。政治斗争其实不是在个人之间进行,而是党派族系的利益之争;每一方的忠诚追随者只把这种新政治理解成一种新的战斗方式——一场为了效忠领袖而进行的战斗。①

在更近期的二十世纪二十年代的选举中,村民们在投票前会说"我已经洗干净头颈就等着刀来(砍)"。这种说法把竞选等同于旧时特权阶级的武士对平民的攻击。即使是现在,选举在日本所包含的各种意义也和在美国不同。不管日本是否正在推行危险的侵略性政策,这种差异是真实存在的。

日本的真正力量在于它能够承认一种行动路线"失败了",然后全力投入到其他路线中去。日本可以凭借这种力量重新把自己建设成爱好和平的国家。日本人的道德体系允许多项选择。他们试图在战争中找到自己的"恰当地位",但是他们失败了。现在他们可以抛弃那条路线,因为他们一直以来受到的训练就使他们习惯了改变方向。价值观更加绝对的民族必须说服自己是在为原则而战斗,如果其向胜利者投降,就会说"我们战败的那一刻,正义不复存在"。他们的自尊要求他们为"正义"在下一次获胜而继续努力,不然就是捶胸顿足,忏悔自己的罪孽。日本人不需要做这样的选

① *Japan: An Interpretation*, 1904 年,第 453 页。

择。日本宣布投降五天之后,还没有一个美国人登陆日本,东京的著名报纸《每日新闻》已经就战败及其将带来的政治变化发表如下论断:"但是这都有利于日本的最终救赎。"这篇社论强调每个人都应该时刻不忘他们被彻底地打败了。既然试图依靠武力建设日本的计划已经彻底失败,他们必须从此走和平国家的路线。同一周,东京另一家著名报纸《朝日新闻》把日本近来"对武力的过度信任"总结为一个内外政策的"严重错误"。"旧的态度让我们损失惨重却近乎一无所获,我们应该用基于国际合作和爱好和平的新态度取而代之。"

西方的观察家们把这种转变看成是原则性的转变,因此有所怀疑。但是,它其实是日本生活方式的有机组成部分,无论是个人关系还是国际关系都是如此。

日本人把行动路线没有达到目标看成是自己犯了一个"错误"。路线一旦失败就被放弃,因为日本人不习惯坚持失败的路线。他们有种说法,"咬自己的肚脐没有用"。二十世纪三十年代,日本人普遍认为能借军事主义赢得世界的钦佩——一种靠强大的军事实力争取来的钦佩——于是他们心甘情愿地为这一计划做出牺牲。1945 年 8 月 14 日,日本神圣的代言人天皇告诉他们日本战败了。日本人接受了这一事实所包含的一切。这意味着美国军队的到来,于是日本人表示欢迎。这意味着王朝企图的失败,于是日本人愿意考虑制定一部禁止战争的宪法。宣布投降十天之后,日本报纸《读卖报知》就以《新艺术和新文化的开端》为题,提到"我们必须坚信军事上的失败与民族的文化价值无关。应该以军事上的失利为动力……(因为)日本人民付出了民族性惨败的巨大代价,才开始真正地抬眼望世界,真正客观地看待事物。我们必须通过坦诚的分析消除一切在过去扭曲了日本思想的非理性思考……正视战败这一事实需要勇气，(但是我们必须)对日本未来的文化充满信心”。日本人尝试的一种行动路线失败了。现在，他们将尝试和平的生活艺术。日本的社论反复强调“日本必须得到世界各国的尊重”，日本人民的任务就是在新的基础上赢得这种尊重。

这些报纸的社论并不只是少数知识分子的意见；东京街头和偏远村落里的平民同样做出了急剧的改变。这些友好的民众竟然就是曾经发誓用竹枪死战到底的日本人，这让美国的占领军感到不可思议。日本的道德体系里有很多内容受到美国人的唾弃，但是这一奇特体系也有许多值得赞许之处，美国人在占领日本时期的经历就很好地证明了这一点。

以麦克阿瑟将军为首的美国对日管理层承认了日本人这种转换航向的能力。它没有坚持用侮辱的手段来阻挠新的进程。根据西方的道德体系，这样做在文化上是能够被接受的。西方的道德信条认为，侮辱和惩罚是让犯错者认罪的有效社会手段。这种认罪又是改过自新的第一步。就如我们所见，日本人用另一种方式来论述这个问题。他们的道德让人对自己行为的所有后果负责，一个错误所带来的必然后果就能说服他那个方法不可取，哪怕这些必然后果是全面战争中的失败。但是日本人并不把这些当作侮辱而心生怨恨。在日语词汇里，侮辱的方式有诽谤、嘲笑、鄙视、贬低及坚持使用不名誉的标记。当日本人相信自己受到了侮辱，复仇就成为了美德。不管西方的道德体系如何谴责这样的信条，美国对日占领的有效程度取决于美国人在这一点上的自制。因为日本人痛恨嘲笑。根据他们的投降条件，战败的“必然后果”可以包括解除军备，甚至是严苛的战争赔偿，但是“嘲笑”被排除在这些“必然后果”之外。

日本在唯一一次战胜另一强国时的表现证明，只要日本认为敌对国未曾嘲笑自己，对方最终投降时，日本即使作为胜利者，也会小心地避免侮辱战败的敌人。有一张1905年俄军在旅顺港投降的著名照片，在日本人尽皆知。照片上显示俄国人都佩着刀。日本人并没有收缴俄国人的武器，因此胜利者和失败者的区分只是军服不同。关于这次投降的故事在日本家喻户晓，讲的是当俄国指挥官斯提塞尔（Stoessel）将军表示愿意接受日本的投降条件时，一个日本大尉和翻译带着食物去了他的指挥部。“除了斯提塞尔将军的坐骑，所有的马都被杀来吃了，所以日本人带来的五十只鸡和一百个新鲜鸡蛋受到热烈欢迎。”斯提塞尔将军和乃木将军的会面被定在第二天。“两位将军握了手。斯提塞尔将军对日本人的英勇表达了钦佩之情……乃木将军赞扬了俄国人防守时间之长和战斗之勇猛。斯提塞尔对乃木在这次战役中失去两个儿子表示同情。……斯提塞尔把自己的阿拉伯种白马献给乃木将军，但是乃木说，尽管他很想从将军手里接过这匹马直接作为自己的所有物，他必须先把马献给天皇。但是他保证，如果不出所料，这匹马会被赐还给他，他会像对待自己的马一样爱护它。”①乃木将军在自己家的前院为这匹马建了马厩，每个日本人都知道这个马厩——据传它比乃木自己的住宅还要考究。乃木将军死后，马厩也成为了乃木神社的一部分。

有人说，自俄国投降以来，日本人已经变得不同了。比方说，在日本占

---

① 引自一个日本故事，出自 Upton Close，*Behind the Face of Japan*，1942年，第294页。这个俄国投降的故事不一定完全符合史实，但不影响其文化上的重要价值。

领菲律宾的那么多年里，他们毫无节制的破坏性和残暴举世皆知。对日本来说，结论却未必如此，因为他们的道德规则随时根据情况发生变化。首先，巴丹战役之后，除了局部地区，很多敌人并未投降。甚至轮到日本人在菲律宾投降时，日本也依然还在战斗。其次，日本人从来不曾认为俄国人在本世纪早期"侮辱"了他们，但是二十世纪二三十年代成长起来的每个日本人都认为美国的政策"藐视日本"，用他们的话来说就是，"视其如粪土"。美国的限制移民法案、美国人在朴茨茅斯条约中扮演的角色，及海军裁军条约都在日本人中激起了这样的反应。日本还鼓励国人以同样的方式看待美国在远东日益加强的经济影响，以及美国人对非白人的种族主义态度。因此，对俄胜利和在菲律宾对美的胜利例证了日本人行为中的两个对立面：受到侮辱时是一面；无关侮辱时又是另一面。

美国的最终胜利再度改变了日本人的处境。就像日本生活中常见的那样，他们的最终失败使他们放弃了此前坚持的路线。日本特有的道德体系使他们能够有全新的开始。美国的政策和麦克阿瑟将军的管理成功地避免了带给日本人新的耻辱标记，而是仅仅坚持那些日本人眼中战败的"必然结果"。这种策略生效了。

保留天皇具有非常重大的意义。这个问题得到了很好的处理。天皇首先拜访了麦克阿瑟将军，而不是将军拜访他，这对日本人来说是一次生动的教育，其影响力是西方人所无法体会的。据说，天皇听到让他否认神性的建议时曾提出抗议，说去除自己原本就没有的东西将让他个人感到尴尬。他的话并不假，日本人没有把他看作西方意义上的神。但是麦克阿瑟将军的指挥部劝他说，西方人对天皇自称为神的看法不利于日本的国际声誉，于是天皇同意宣布自己放弃神性,忍受这样做给自己带来的尴尬。他在元旦发表了声明,并要求把所有世界媒体对此声明的评论翻译给他看。读完评论后,天皇致函麦克阿瑟将军的指挥部表示满意。显然外国人此前并不理解,他很庆幸自己发表了声明。

美国的政策也让日本在特定方面得到了满足。国务院—陆军部—海军部联合指令里特别指出“对于在民主基础上组织起来的劳工、工业和农业组织,应鼓励其发展并为其提供便利”。日本许多产业中的工人都组织了工会,二十世纪二三十年代曾经活跃一时的旧式农民联盟也重新开始发挥自己的影响力。对许多日本人来说,他们现在可以主动采取行动来改善自己的处境,这就证明了战争的后果之中,日本还是有所斩获的。一位美国记者报道过一个东京的罢工工人,他抬头望向一个美国大兵,喜笑颜开地说:“日本赢了,不是吗?”今天日本的罢工和旧时的农民起义有很多类似之处。那时的农民起义都是因为压在农民身上的苛捐杂税影响了正常的生产。它们不是西方意义上的阶级斗争。放眼全日本,现在的罢工也并不影响生产。最受欢迎的罢工方式是工人们“占领工厂,继续工作,通过增加产量让管理层丢脸。在三井所有的一家煤矿,罢工工人禁止所有管理人员进入矿井,然后把每日的产煤量从二百五十吨增加到了六百二十吨。足尾铜矿的工人在一次‘罢工’中继续工作,提高了产量,还把自己的工资翻了番”。①

当然,不管采取的政策多么明智,管理任何战败国都是困难的。在日本,食物、住所和复原的问题不可避免地异常尖出。就算没有利用日本政府

① *Time*, 1946年2月18日。

人员来进行管理,这些问题也不会有任何改善。复员军人的问题在战争结束前让美国当局万分担心,如果没有保留日本官员,这一问题一定会比现在更具威胁性。但是它也不容易解决。日本人也意识到了这种困境。去年秋天,日本的报纸同情地讲到,对饱受苦难依然失败的军人来说,战败是多么难以入口的苦酒,报纸恳求他们不要为此影响了自己的"判断力"。遣返的军队普遍地表现出了可观的"判断力",但是失业和战败使某些士兵重新投入旧模式,参加秘密团体,追逐民族主义的目标。他们动辄对自己的现有地位感到愤慨。日本人不再赋予他们旧日的特权地位。过去的伤兵都身着白衣,路上的行人会向他鞠躬致敬。就连和平时期新兵入伍,村里都会出面为他举办欢送会,等他复员时又举办欢迎会。宴会上酒水不断,歌舞佐餐,士兵坐在首席。现在的遣返士兵再也没有这样的待遇。他的家人会为他腾出一席之地,仅此而已。遣返军人在许多城镇受到冷遇。这种行为转变让人倍感痛苦,了解了这一点,就很容易想象和老战友一起回忆往昔该多么令人满足,那时日本的荣誉还寄托在军人手中。有些老战友还会告诉他,某些更加幸运的日本士兵已经在爪哇、山西和满洲与盟军作战;他们会告诉他,为什么要绝望?他也会再度投入战斗。民族主义的秘密团体在日本由来已久,他们为日本"洗清污名"。日本的男人接受的教育是为了报仇必须竭尽所能,否则"世界就会失去平衡",所以他们极有可能加入这样的地下团体。像黑龙会、玄洋社之类的秘密团体所宣扬的暴力,以"对名声的道义"为名,这是日本道德所允许的。日本政府长期以来一直强调义务,忽略"对名声的道义",而为了根除暴力,这种努力在往后若干年里还需继续下去。

为了达到这个目的,仅仅求助于"判断力"是不够的。必须重建日本经济,使那些现在二三十岁的人能够找到生计和“各得其所”。农民的境况也必须有所改善。每逢经济萧条,日本人总是回到农村故乡,但是那些农场占地很少,负债累累,很多地方还要交租,无法再养活更多的人。工业也必须发展起来。因为日本人反对把遗产平分给所有的儿子,除了长子之外,其他人终究要到城市里谋生。

日本人无疑面临着一条艰险的漫漫长路。但是,只要国家的财政预算不包括重整军备,日本人就有机会提高全国的生活水平。袭击珍珠港事件发生之前的十年里,日本一直把一半的国民收入用于军备和军队,只要能够禁止这样的开销,逐步减轻农民的赋税,日本就可以为一个健康的经济打下基础。就如我们所见,日本分配农产品的公式是百分之六十自留,百分之四十交租税。这与缅甸、暹罗等其他种稻国家形成了巨大反差,那里的传统是耕种者保留百分之九十的出产。正是日本耕种者的沉重赋税为日本的国家战争机器买了单。

任何欧洲或亚洲国家,只要未来十年里不扩军,就会具备潜在的优势,因为它们可以把财富用于建设健康繁荣的经济。在美国,我们很少在推行亚洲和欧洲政策时考虑到这一点,因为我们知道美国不会因为昂贵的国防计划而陷入困境。我国没有受到战乱的重创。我国也不是以农业为主的国家。我们的关键问题是工业上的生产过剩。我们的大规模生产和机械设备太过完善,如果不大搞军备、奢侈品生产、福利和研究性服务,我们的人民就有可能失业。我国对盈利性资本投资的需求也很突出。其他国家的情形就很不一样,甚至连西欧也和我们不同。德国尽管面临诸多的赔偿要求,但因其不能重新置军,只需十年左右就可以打下健全繁荣的经济基础,而法国如果推行扩充军备的政策,就无法做到这一点。日本对中国也有这种优势,可以尽量加以利用。中国目前的目标是军事化,并且得到了美国的支持。日本如果不把军事化纳入预算,只要他们愿意,用不了多少年就可以奠定繁荣的基础,并成为东方贸易不可或缺的一分子。日本可以凭借和平时期的获利奠定经济基础,提高国民的生活水平。这样一个和平的日本将在世界各国中占有光荣的一席,如果美国继续动用自己的影响力支持日本的这项计划,将是对日本的很大帮助。

美国无法做到的——也是没有外国能够做到的——是通过命令创造一个自由、民主的日本。这一策略从未在任何被占领国家成功。任何外国人都不能强迫一个习俗和观念都和自己不同的民族按照自己的方式生活。立法无法强迫日本人接受当选人的权威,无视日本等级体系的“各得其所”原则。立法也无法强迫日本人像美国人那样,与人交往时轻松自在,有强烈的独立要求,对自主选择伴侣、工作、住宅和责任充满激情。但是,日本人自身也认为有必要朝这一方向发展,并对此做出了明确表示。自从宣布投降以来,日本的公众人物多次提到日本必须鼓励自己的国民按自己的意愿生活,信任自己的良心。他们当然没有直接质疑“耻”在日本所扮演的角色,但是所有日本人都明白他们是这个意思,他们还希望国人中兴起新的自由之风:不再畏惧批评和“世人”的排挤。

这是因为,不管个人如何心甘情愿,日本的社会压力对个人的要求实在太多。他必须隐藏自己的情绪,放弃自己的欲望,以家庭、组织或国家代表的身份面对世人。这种生活方式要求严格的自我训练,日本人证明了他们都能够忍受。但是他们身上的负担太过沉重,压抑过多则有损自身。因为害怕精神负担较轻的生活，他们被军国主义者引上了一条后患无穷的道路。付出如此沉重的代价之后，他们变得自以为是，看不起那些道德观念不那么严格的民族。

认识到侵略战争是一个“错误”，是失败的路线，这是日本人通向社会变革所迈出的第一步。他们希望能够通过自己的努力，在和平国家之中赢得光荣的一席之地。这只有在和平的世界里才有可能。如果未来的数年里俄国和美国忙于扩军备战，日本会利用自己的经验加入战争。但是承认这种必然结果并不是质疑和平日本的内在可能性。什么样的动力能够左右日本取决于特定情况。如果形势允许，日本会在和平的世界里谋求一席之地。如若不然，就在武装世界里谋求。

日本人现在知道自己的军国主义之路已经不通。他们将关注军国主义是否在世界其他国家同样遭到了失败。如果它没有完全失败，日本有可能重燃自己的战争狂热，以显示自己所能作出的贡献。如果军国主义在他处也遭到了失败，那么日本就会力证自己充分汲取了教训：帝国主义的王朝企图不是通向荣誉之路。

附录

我在暧昧的日本

大江健三郎 著　许金龙 译

灾难性的第二次世界大战期间，我在一片森林里度过了孩童时代。那片森林位于日本列岛中的四国岛上，离这里有万里之遥。当时，有两本书占据了我的内心世界，那就是《哈克贝里·芬历险记》和《尼尔斯历险记》。

通过阅读《哈克贝里·芬历险记》，孩童时代的我为自己的行为找到了合法化的依据。我发现，在恐怖笼罩着世界的那个时代，与其待在峡谷间那座狭小的房屋里过夜，倒不如来到森林里，在树木的簇拥下进入梦乡更为安逸。而《尼尔斯历险记》中的少年，则变成了一个小不点儿，他能够听懂鸟类的语言，并进行了一次充满冒险的旅行。在这个故事中，我感受到若干层次的官能性愉悦。首先，由于像祖先那样长年生活在小岛茂密的森林里，自己天真而又固执地相信，这个大自然中真实的世界以及生活于其中的方式，都像故事中所描绘的那样获得了解放。这，就是第一个层次的愉悦。其次，在横越瑞典的旅行中，尼尔斯与朋友（野鹅）们相互帮助，并为他们而战斗，使自己淘气的性格得以改造，成为纯洁的、充满自信而又谦虚的人。这是愉悦的第二个层次。终于回到了家乡的尼尔斯，呼喊着家中思念已久的双亲。或许可以说，最高层次的愉悦，正在那呼喊声中。我觉得，自己也在同尼尔斯一起发出那声声呼喊，因而感受到一种被净化了的高尚的情感。如果借助法语来进行表达，那是这样一种呼喊：“Maman，Papa！ Je suis grand je suis de nouveau un homme！”

他这样喊道，妈妈、爸爸，我长大了，我又回到了人间！

深深打动了我的那个句子，是“Je suis de nouveau un homme！”随着年龄的增长，我继续体验着持久的苦难，这些苦难来自生活的方方面面，从家庭内部，到与日本社会的联系，乃至我在二十世纪后半叶的总的生活方式。我将自己的体验写成小说，并通过这种方式活在世上。在这一过程中，我时常用近乎叹息的口吻重复着那声呼喊：“Je suis de nouveau un homme！”

可能有不少女士和先生认为，像这样絮叨私事，与我现在站立的场所和时间是不相宜的，可是，我在文学上最基本的风格，就是从个人的具体性出发，力图将它们与社会、国家和世界连接起来。现在，谨请允许我稍稍讲述有关个人的话题。

半个世纪之前，身为森林里的孩子，我在阅读尼尔斯的故事时，从中感受到了两个预言。一个是不久后自己也将能够听懂鸟类的语言；另一个则是自己也将会与亲爱的野鹅结伴而行，从空中飞往遥远而又令人神往的斯堪的纳维亚半岛。结婚后，我们所生的第一个孩子是个弱智儿。根据 light 这个英语单词的含义，我们替他取名为光。幼年时，他只对鸟的歌声有所知觉，而对人类的声音和语言却全然没有反应。在他六岁那年夏天，我们去了山中小屋，当听见水鸡的叫声从树丛对面的湖上传来时，他竟以野鸟叫声唱片中解说者的语调说道：“这是……水鸡。”这是孩子第一次用人类的语言说出的话语。从此，他与我们之间用语言进行的思想交流开始了。

目前,光在为残疾人设立的职业培训所(这是我国以瑞典为模式兴办的福利事业)工作,同时还一直在作曲。把他与人类所创造的音乐结合起来的,首先是小鸟的歌声。难道说,光替父亲实现了听懂小鸟的语言这一预言?

在我的生涯中,我的妻子发挥了极为丰富的女性力量,她是尼尔斯的那只名叫阿克的野鹅的化身。现在,我同她结伴而行,飞到了斯德哥尔摩。

第一个站在这里的日语作家川端康成,曾在此发表过题为《美丽的日本的我》的讲演。这一讲演极为美丽,同时也极为暧昧。我现在使用的英语单词vague,即相当于日语中“暧昧的”这一形容词。我之所以特意提出这一点,是因为用英语翻译“暧昧”这个日语单词时,可以有若干译法。川端或许有意识地选择了“暧昧”,并且预先用讲演的标题来进行提示。这是通过日语中“美丽的日本的我”里“的”这个助词的功能来体现的。

我们可以认为,这个标题首先意味着“我”从属于“美丽的日本”,同时也在提示,“我”与“美丽的日本”同格。川端的译者、一位研究日本文学的美国人将这一标题译成了Japan,the Beautiful,and Myself。虽说把这个句子再译回到普通的日语,就是“美丽的日本与我”,却未必可以认为,刚才提到的那位娴熟的英译者是一个背叛原作的翻译者。

通过这一标题,川端表现出了独特的神秘主义。不仅在日本,更广泛地说,在整个东方范围内,都让人们感受到了这种神秘主义。之所以说那是独特的,是因为他为了表现出生活于现代的自我的内心世界,而借助“独特的”这一禅的形式,引用了中世纪禅僧的和歌。而且大致说来,这些和歌都强调语言不可能表现真理,语言是封闭的。这些禅僧的和歌使得人们无法期待这种语言向自己传递信息,只能主动舍弃自我,参与到封闭的语言之中去,非此则不能理解或产生共鸣。

在斯德哥尔摩的听众面前,川端为什么要朗诵诸如此类的和歌呢?而且还是用的日语。我敬佩这位优秀艺术家的态度,在晚年,他直率地表白了勇敢的信条。作为小说家,在经历了长年的劳作之后,川端迷上了这些主动拒绝理解的和歌,因而只能借助此类表白,讲述自己所生存的世界与文学,即《美丽的日本的我》。

而且,川端是这样结束讲演的:有人评论说我的作品是虚无的,可它却并不等于西方所说的虚无主义,我觉得这在"心灵"上,根本是不相同的,道元的四季歌命题为《本来面目》,一方面歌颂四季的美,另一方面强烈地反映了禅宗的哲理。我觉得,这里就有直率和勇敢的自我主张。他认为,虽然自己植根于东方古典世界的禅的思想和审美情趣之中,却并不属于虚无主义。川端特别提出这一点,是在向阿尔弗雷德·诺贝尔寄予信赖和希望的未来人类发出心底的呼喊。坦率地说,与二十六年前站立在这里的同胞相比,我感到七十一年前获奖的那位爱尔兰诗人威廉·勃特勒·叶芝更为可亲。当时,他和我年龄相仿。当然,我并不是故意把自己与这位天才相提并论。正如威廉·布莱克——叶芝使他的作品在本世纪得以复兴——所赞颂的那样:"如同闪电一般,横扫欧亚两洲,再越过中国,还有日本。"我只是一位谦卑的弟子,在离他的国度非常遥远的土地上,我说了以上这番话。

现在,我总结自己作为小说家的一生而写作的三部曲已经脱稿,这部作品的书名(《熊熊燃烧的绿树》),即取自于他的一部重要诗作中的一节:"从树梢的枝头,一半全是辉耀着的火焰,另一半全是绿色,这是一株被露水湿润了的丰茂的大树。”他的全部诗集,在这部作品的每一处都投下了透彻的影子。为祝贺大诗人叶芝获奖,爱尔兰上院提出的决议案演说中,有这样一段话:“由于您的力量,我们的文明得以被世界所评价……您的文学极为珍贵,在破坏性的盲信中守护了人类的理智……”

倘若可能,为了我国的文明,为了不是因为文学和哲学,而是通过电子工程学和汽车生产工艺学而为世界所知的我国的文明,我希望能够起到叶芝的作用。在并不遥远的过去,那种破坏性的盲信,曾践踏了国内和周边国家的人民的理智。而我,则是拥有这种历史的国家的一位国民。

作为生活于现在这种时代的人,作为被这样的历史打上痛苦烙印的回忆者,我无法和川端一同喊出“美丽的日本的我”。刚才,在谈论川端的暧昧时,我使用了 vague 这一英语单词,现在我仍然要遵从英语圈的大诗人凯思琳·雷恩所下的定义,“是 ambiguous,而不是 vague”,希望把日语中相同的暧昧译成 ambiguous。因为,在谈论到自己时,我只能用“我在暧昧的日本”来表达。

我觉得,日本现在仍然持续着开国一百二十年以来的现代化进程,正从根本上被置于暧昧(ambiguity)的两极之间。而我,身为被刻上了伤口般深深印痕的小说家,就生活在这种暧昧之中。

把国家和国人撕裂开来的这种强大而又锐利的暧昧,正在日本和日本人之间以多种形式表面化。日本的现代化,被定性为一味地向西欧模仿。然而,日本却位于亚洲,日本人也在坚定、持续地守护着传统文化。暧昧的进程,使得日本在亚洲扮演了侵略者的角色。而面向西欧全方位开放的现代日本文化,却并没有因此而得到西欧的理解,或者至少可以说,理解被滞后了,遗留下了阴暗的一面。在亚洲,不仅在政治方面,就是在社会和文化方面,日本也越发处于孤立的境地。

就日本现代文学而言,那些最为自觉和诚实的“战后文学者”,即在那场大战后背负着战争创伤,同时也在渴望新生的作家群,力图填平与西欧先进国家以及非洲和拉丁美洲诸国间的深深沟壑。而在亚洲地区,他们则对日本军队的非人行为做了痛苦的赎罪,并以此为基础,从内心深处祈求和解。我志愿站在了表现出这种姿态的作家们的行列的最末尾,直至今日。

现代日本无论作为国家或是个人的现状,都孕育着双重性。在近现代化的历史上,这种近现代化同时也带来了它的弊端,即太平洋战争。以大约五十年前的战败为契机,正如“战后文学者”作为当事人所表现出来的那样,日本和日本人在极其悲惨和痛苦的境况中又重新出发了。支撑着日本人走向新生的,是民主主义和放弃战争的誓言,这也是新的日本人最根本的道德观念。然而,蕴含着这种道德观念的个人和社会,却并不是纯洁和清白的。作为曾践踏了亚洲的侵略者,他们染上了历史的污垢。而且,遭受了人类第一次核攻击的广岛和长崎的那些死者们,那些染上了辐射病的幸存者们,那些从父母处遗传了这种辐射病的第二代的患者们(除了日本人,还包括众多以朝鲜语为母语的不幸者),也在不断地审视着我们的道德观念。

现在,国际间有一种批评,认为日本这个国家对于在联合国恢复军事作用以维护世界和平持消极态度。这些言论灌满了我们的耳朵。然而,日本为重新出发而制定的宪法的核心,就是发誓放弃战争,这也是很有必要的。作为走向新生的道德观念的基础,日本人痛定思痛,选择了放弃战争的原则。

西欧有着悠久传统——对那些拒绝服兵役者，人们会在良心上持宽容的态度。在那里，这种放弃战争的选择，难道不正是一种最容易理解的思想吗？如果把这种放弃战争的誓言从日本国的宪法中删去——为达到这一目的的策动，在国内时有发生，其中不乏试图利用国际上的所谓外来压力的策动——无疑将是对亚洲和广岛、长崎的牺牲者们最彻底的背叛。身为小说家，我不得不想象，在这之后，还会接二连三地发生何种残忍的新的背叛。

支撑着现有宪法的市民感情超越了民主主义原理，把绝对价值置于更高的位置。在长达半个世纪之久的民主主义宪法下，与其说这种情感值得感怀，莫如说它更为现实地存续了下来。假如日本人再次将另一种原理制度化，用以取代战后重新出发的道德规范，那么，我们为在崩溃了的现代化废墟上建立具有普遍意义的人性而进行的祈祷，也就只能变得徒劳无益了。作为一个人，我没法不去想象这一切。

另一方面，日本经济的极度繁荣——尽管从世界经济的构想和环境保护的角度考虑，这种繁荣正孕育着种种危险的胎芽——使得日本人在近现代化进程中培育出的慢性病一般的暧昧急剧膨胀，并呈现出更加新异的形态。关于这一点，国际间的批评之眼所看到的，远比我们在国内所感觉到的更为清晰。如同在战后忍受着赤贫，没有失去走向复兴的希望那样，日本人现在正从异常的繁荣下竭力挺起身子，忍受着对前途的巨大担忧，尽管这种说法有些奇妙。我们可以认为，日本的繁荣，有赖于亚洲经济领域内的生产和消费这两股潜在势力的增加，这种繁荣正不断呈现出新的形态。

在这样的时代，我们所希望创作的严肃文学，与反映东京泛滥的消费文化和世界性从属文化的小说大相径庭，那么，我们又该如何界定我们日本人自身呢?

奥登为小说家下了这样的定义:他们“在正直的人群中正直,在污浊中污浊,如果可能,须以羸弱之身,在钝痛中承受,人类所有的苦难”。我长年过着这种职业作家的生活,已然形成了自己的“生活习惯”。

为了界定理想的日本人形象,我想从乔治·奥威尔时常使用的形容词中挑选“正派的”一词。奥威尔常用这词以及诸如“仁慈的”、“明智的”、“整洁的”等词来形容自己特别喜爱的人物形象。这些使人误以为十分简单的形容词,完全可以衬托我在“我在暧昧的日本”这一句子中所使用的“暧昧”一词,并与它形成鲜明的对照。从外部所看到的日本人形象,与日本人所希望呈现的形象之间,存在着显而易见的差异。

倘若我将“正派的”人这一日本人的形象,与法语中“人道主义者”的日本人这一表现重叠起来使用的话,我希望奥威尔不会提出异议,因为这两个词都含有宽容和人性之义。不过,我们确实有一位前辈不辞辛劳,为造就这样的日本人而付出了艰辛的努力。

他,就是研究法国文艺复兴时期文学和思想的学者渡边一夫。在大战爆发前夕和激烈进行中的那种爱国狂热里,渡边尽管独自苦恼,却仍梦想着要将人文主义者的人际观,融入到自己未曾舍弃的日本传统美意识和自然观中去,这是不同于川端的“美丽的日本”的另一种观念。

与其他国家为实现近现代化而不顾一切的做法不同,日本的知识分子以一种相互影响的复杂方法,试图在很深的程度上把西欧同他们的岛国连接起来。这是一项非常辛苦的劳作,却也充满了喜悦。尤其是渡边一夫所进行的弗朗索瓦·拉伯雷研究,更是取得了丰硕的成果。

年轻的渡边在大战前曾在巴黎留学，当他对自己的导师表明了要将拉伯雷译介到日本去的决心时，那位老练的法国人给这位野心勃勃的日本青年下了这样的评价：“L' enCtreprise inouie de la traduction de l' in traduisible Rabelais.”即“要把不可翻译的拉伯雷译为日语，这可是前所未闻的企图”。另一位惊讶的帮腔者则更为直率地说道：“Belle entreprise Pantagrueline”，即“这是庞大固埃式的、了不起的企图”。然而，在大战和被占领期间的贫困、窘迫之中，渡边一夫不仅完成了这项伟大的工程，而且还竭尽所能，把拉伯雷之前的、与拉伯雷并驾齐驱的，还有继他之后的各种各样的人文学者的生平和思想，移植到了处于混乱时期的日本。

我是渡边一夫在人生和文学方面的弟子。从渡边那里，我以两种形式接受了决定性的影响。其一是小说。在渡边有关拉伯雷的译著中，我具体学习和体验了米哈伊尔·巴赫金所提出并理论化了的“荒诞现实主义或大众笑文化的形象系统”——物质性和肉体性原理的重要程度；宇宙性、社会性、肉体性等诸要素的紧密结合；死亡与再生情结的重合；还有公然推翻上下关系所引起的哄笑。

正是这些形象系统，使我得以植根于我置身的边缘的日本乃至更为边缘的土地，同时开拓出一条到达和表现普遍性的道路。不久后，这些系统还把我同韩国的金芝河、中国的莫言等结合在了一起。这种结合的基础，是亚洲这块土地上一直存续着的某种暗示——自古以来就似曾相识的感觉。当然，我所说的亚洲，并不是作为新兴经济势力受到宠爱的亚洲，而是蕴含着持久的贫困和混沌的富庶的亚洲。在我看来，文学的世界性，首先应该建立在这种具体的联系之中。为争取一位韩国优秀诗人的政治自由，我曾参加过一次绝食斗争。现在，我则对中国那些非常优秀的小说家们的命运表示关注。渡边给予我的另一个影响，是人文主义思想。我把与米兰·昆德拉所说的“小说的精神”相重复的欧洲精神，作为一个有生气的整体接受了下来。像是要团团围住拉伯雷一般，渡边还写了易于读解的史料性评传。他的评传涵盖了伊拉斯谟和塞巴斯齐昂·卡斯泰利勇等人文学者，甚至还包括从围绕着亨利四世的玛尔戈王后到伽布利埃尔·黛托莱的诸多女性。就这样，渡边向日本人介绍了最具人性的人文主义，尤其是宽容的宝贵、人类的信仰以及人类易于成为自己制造的机械的奴隶等观念。

他勤奋努力，传播了丹麦伟大语法学家克利斯托夫·尼罗普的名言“不抗议(战争)的人，则是同谋者”，使之成为时事性的警句。渡边一夫通过把人文主义这种包孕着诸多思想的西欧母胎移植到日本，而大胆尝试了“前所未闻的企图”，确实是一位“庞大固埃式的、了不起的企图”的人。作为渡边的人文主义的弟子，我希望通过自己这份小说家的工作，能使那些用语言进行表达的人及其接受者，从个人和时代的痛苦中共同恢复过来，并使他们各自心灵上的创伤得到医治。我刚才说过被日本人的暧昧“撕裂开来”这句话，因而我在文学上做出了不懈的努力，力图医治和恢复这些痛苦和创伤。这种工作也是对共同拥有日语的同胞和朋友们确定相同方向而做的祈祷。

让我们重新回到个人的话题上来吧。我那个在智力上存在着障碍却存活下来的孩子，在小鸟的歌声中走向巴赫和莫扎特的音乐世界，并在其中成长，终于开始创作自己的乐曲。我认为，他最初的小小作品，无异于小草叶片上闪烁着的耀眼的露珠，充满新鲜的亮光和喜悦。纯洁一词好像由 in 和

nocea组合而成，即没有瑕疵。光的音乐，的确是作曲家本人纯真的自然流露。

然而，当光进一步进行音乐创作时，作为父亲，我却从他的音乐中清晰地听到了“阴暗灵魂的哭喊声”。智力发育滞后的孩子尽了最大努力，使自己“人生的习惯”，即作曲，得以在技术上发展和构思上深化。这件事的本身，也使得他发现了自己心灵深处尚未用语言触摸过的、黑暗和悲哀的硬结。

而且，“阴暗灵魂的哭喊声”被作为音乐而美妙地加以表现这一行为本身，也在明显地医治和恢复他那黑暗和悲哀的硬结。作为使那些生活在同时代的听众得到医治和恢复的音乐，光的作品已经被广泛接受。从艺术的这种不可思议的治愈力中，我找到了相信这一切的依据。

我无须仔细进行验证，只是遵循这一信条，希望能够探寻到一种方法——如果可能，将以自己的羸弱之身，在二十世纪，于钝痛中接受那些在科学技术与交通的畸形发展中积累的被害者们的苦难。我还在考虑，作为一个置身于世界边缘的人，如何从自己的意愿出发展望世界，并对全体人类的医治与和解做出高尚的和人文主义的贡献。

经典译林

Yilin Classics

书名	单价	书名	单价
癌症楼	78.00 元	艾青诗集	35.00 元
爱的教育	39.00 元	爱丽丝漫游奇境	29.00 元
安娜·卡列尼娜	65.00 元	安徒生童话选集	42.00 元
傲慢与偏见	36.00 元	奥德赛	92.00 元
八十天环游地球	32.00 元	巴黎圣母院	42.00 元
白洋淀纪事	39.00 元	百万英镑	35.00 元
包法利夫人	38.00 元	悲惨世界（上、下）	98.00 元
背影	28.00 元	被侮辱与被损害的人	39.00 元
边城	36.00 元	变色龙：契诃夫中短篇小说集	39.00 元
变形记 城堡	38.00 元	草叶集：惠特曼诗选	39.00 元
茶馆	32.00 元	茶花女	35.00 元
查拉图斯特拉如是说	38.00 元	沉思录	29.00 元
城南旧事	29.00 元	大卫·科波菲尔（上、下）	79.00 元
当代英雄	45.00 元	稻草人	29.00 元
地心游记	32.00 元	飞鸟集·新月集：泰戈尔诗选	39.00 元
飞向太空港	39.00 元	福尔摩斯探案集	58.00 元
复活	42.00 元	傅雷家书	49.00 元
富兰克林自传	36.00 元	钢铁是怎样炼成的	39.00 元
高老头	39.00 元	格列佛游记	35.00 元
格林童话全集	49.00 元	给青年的十二封信	38.00 元

书名	单价	书名	单价
古希腊悲剧喜剧集（上、下）	118.00 元	海底两万里	38.00 元
红楼梦	69.00 元	红与黑	49.00 元
呼兰河传	35.00 元	呼啸山庄	39.00 元
基督山伯爵（上、下）	108.00 元	纪伯伦散文诗经典	42.00 元
寂静的春天	35.00 元	假如给我三天光明	32.00 元
简·爱	39.00 元	金银岛	35.00 元
经典常谈	29.00 元	荆棘鸟	45.00 元
静静的顿河	128.00 元	镜花缘	49.00 元
局外人·鼠疫	38.00 元	菊与刀	35.00 元
克雷洛夫寓言	32.00 元	宽容	32.00 元
昆虫记	39.00 元	老人与海	32.00 元
理想国	45.00 元	聊斋志异	55.00 元
了不起的盖茨比	38.00 元	列那狐的故事	39.00 元
猎人笔记	38.00 元	林肯传	39.00 元
鲁滨逊漂流记	39.00 元	鲁迅杂文选集	36.00 元
绿山墙的安妮	36.00 元	罗马神话	16.80 元
罗生门	39.00 元	骆驼祥子	32.00 元
美丽新世界	35.00 元	名人传	39.00 元
拿破仑传	49.00 元	呐喊	29.00 元
牛虻	38.00 元	欧·亨利短篇小说选	36.00 元
欧也妮·葛朗台	32.00 元	彷徨	32.00 元
培根随笔全集	38.00 元	飘（上、下）	88.00 元
普希金诗选	42.00 元	骑鹅旅行记	36.00 元
乞力马扎罗的雪	39.80 元	热爱生命·海狼	38.00 元

书名	单价	书名	单价
人间草木：汪曾祺散文精选	49.00 元	人类群星闪耀时	36.00 元
人性的弱点	39.00 元	日瓦戈医生	68.00 元
儒林外史	42.00 元	三个火枪手	59.00 元
三国演义	59.00 元	沙乡年鉴	42.00 元
莎士比亚喜剧悲剧集	49.00 元	少年维特的烦恼	28.00 元
神秘岛	48.00 元	神曲（共三册）	128.00 元
十日谈	68.00 元	世说新语（上、下）	89.00 元
双城记	45.00 元	水浒传	69.00 元
四世同堂（上、下）	78.00 元	苔丝	39.00 元
谈美	35.00 元	谈美书简	36.00 元
汤姆·索亚历险记	32.00 元	汤姆叔叔的小屋	45.00 元
唐诗三百首	39.00 元	堂吉诃德	78.00 元
天方夜谭	42.00 元	童年	38.00 元
童年·在人间·我的大学	49.00 元	瓦尔登湖	36.00 元
我是猫	39.00 元	乌合之众	35.00 元
物种起源	42.00 元	雾都孤儿	44.00 元
西顿野生动物故事集	38.00 元	西游记	62.00 元
希腊古典神话	49.00 元	乡土中国	36.00 元
小妇人	45.00 元	小王子	29.00 元
星星离我们有多远	35.00 元	喧哗与骚动	58.00 元
雪国　古都	39.00 元	羊脂球	38.00 元
一九八四	36.00 元	一间自己的房间	36.00 元
伊利亚特	82.00 元	伊索寓言：555 则	36.00 元
尤利西斯	58.00 元	约翰·克利斯朵夫（上、下）	98.00 元

书名	单价	书名	单价
月亮和六便士	45.00 元	战争与和平（上、下）	108.00 元
朝花夕拾	22.00 元	中国民间故事	39.00 元
子夜	49.00 元	最后一课	36.00 元
罪与罚	66.00 元